上海大亨杜月笙續集

簾外風 著／蔡登山 編

杜月笙先生像
六新速

序

給您一個真實的杜月笙

蔡登山

杜月笙的名字雖然如雷貫耳，但大多數人對杜月笙還停留在他是青幫老大，似乎一天到晚只是打打殺殺的刻板印象。這是長期受到媒體及大陸寫杜月笙書籍的極大影響所致，是相當偏頗的看法。因為很長的時間裡，在大陸杜月笙和蔣介石一樣，都是共產黨的死對頭，尤其是在一九二七年四月十二日的「清黨」行動中，杜月笙是幫著蔣介石的，因此共產黨對之恨之入骨，半個多世紀以來，他們一直醜化杜月笙，是可以想見的。而在臺灣的讀者也受其影響，對杜月笙則認為是黑幫老大，餘則無足觀矣。

曾經與杜月笙有過交往的「中醫才子」陳存仁就說：「杜氏並不是理想中的偉男子，完全是一個文弱書生的品型，真所謂『英雄見慣亦平常』。」陳存仁極佩服的是杜月笙判斷力，杜月笙常說：「不識字可以做人，不懂事理不能做人。」他辦一件事，先決定上策如何？中策如何？

下策如何？還要考慮到後果會如何？好會好到如何地步？壞會壞到如何程度？他往往先聽別人講話，自己默不出聲，等到別人講完，他已定下了決策，無非是說：「好格，閒話一句」，或者是說：「格件事，不能這樣做」，他的判斷力極強，說過之後，從來不會變更的。

杜氏聲譽鵲起，威名遠震，無數人輾轉設法要想「立雪杜門」，範圍遍及軍政工商各界，其門生究竟有多少，估計至少有兩千人。後來，門生間在上海組織了一個「恆社」，取「如月之恆」，暗含杜月笙姓名。恆社宗旨為：「進德修業，崇道尚義，互信互助，服務社會，效忠國家」。「一二八」抗戰聲響，杜氏領導全上海工商機關組織抗敵後援會，支持抗戰，捐獻物資。還把自己中匯銀行電話總機拆下，送到前線去給十九路軍使用。

杜氏全盛時期，上海凡是規模龐大的工商機構，都延攬他當董事或董事長。他擔任過七、八十個董事或董事長，何以一個最初不識字的人，有這般威望呢？都是因為他處理人事問題，有特殊的方式，往往只用一句話，就可以解決了一個大組織的困難問題，好多公司召開董事會，都移樽就教到他家中去舉行，大抵小事他都不管，大事才請他出來說句話。當時社會間的各式各樣的勢力很大，任何機構只要是由他擔任董事長的話，什麼事情都可煙消雲散，所以他成為上海百行百業眾望所歸的領袖人物。

筆者曾編校《上海大亨杜月笙》一書，該書分為兩大部分，除找出杜月笙秘書胡敘五所寫的《杜月笙傳》一書，重新編排分段點校，改正錯字外。另一部分則蒐集與杜月笙有過深交或資深報人親歷親聞的文章，這些文章遠較坊間的杜月笙書籍，要具有史料價值，有很多事都是信而有徵的。唯有這些信而有徵的史料，您才能還原一個真實的杜月笙。在編畢該書後，又找到筆名「簾外風」寫的一系列《杜月笙軼聞》的連載文章，作者用的是筆名，告訴人們有如「簾外一陣風」。其實他可能是跟隨杜月笙身邊的秘書，或是杜月笙的策士，或是與杜月笙極為莫逆之人。因為只有具備這些條件的人，才知道杜公館裡面的內幕。只是目前尚未考證出來。

作者以親身見聞寫出居港期間的杜月笙，並細寫在杜月笙身邊的大將，有謀士，有武將，另外還有同時代相關的一些人物。從這些人物及事件中，將可窺見杜月笙一生的起落浮沉。作者掌握太多的細節，從這些細節中，您將可以捕捉到時代的脈動，還原到真實的杜月笙。這些文章寫的是杜月笙最後的一段時光，也可說是杜月笙最後的「完結篇」。但從未結集出書，只存在老舊的雜誌中，今重新整理編校，成《上海大亨杜月笙》一書之續集。另外簾外風在書中寫到的顧嘉棠、楊管北、胡敘五諸人，我們都找到他們寫的文章，一併收錄，可以和書中相對應。

目次

第一章

從「三鼎甲」說到「四大金剛」

由半島遷居告羅士打

民廿六年（一九三七）抗戰軍興，國軍自淞滬撤退後，杜月笙即於是年仲冬的一個晚上，悄然離滬，棲踪香港，表示他堅決抗日的態度。月笙向少出門，以往到過的地方，以滬寧、滬杭兩路地帶為最多，較遠一點，亦不出寧漢、平津等處，雖說滬港之間，一葦可航，信宿可到，卻是他生平飄洋過海的第一次。香港固為中國地，但在領域上他早劃歸英國統治，蹤異殊方，究非吾土，所以他這次去港亦算是踏出國門的第一次。

到港後，他和錢新之投寓於九龍半島酒店。這是第一流的高貴場合，論他身價，確屬人地相宜，配合得上。無如他是習慣於散漫生活的，那一套外國規矩，卻把他拘束的縛手縛腳，須得處處留神，才免鬧成笑話。花了大錢，受夠洋罪，這是大不合算的，因此僅住幾天，他便移寓於香港中環告羅士打酒店（今已由香港置地公司拆卸改建）。

照說，告羅士打也是一個洋氣十足的酒店，和半島並無異樣，搬來搬去，豈非仍受「罪」？但其中卻有不同之處，即其所賃的七〇五室，是由毛和源讓給他的。毛為寧波人，先期來港，在告羅士打住有時日，一般僕歐，他多摸熟了脾氣，相當遷就，不像半島那樣，一成不變。而杜月笙這塊招牌，又屬遠近皆知，居停主人，自更樂於接納，凡可通融，無不照辦，馴至向不設備的痰盂，也能破除成例，給他辦好，比之半島，稱意得多，由此他便久住下來，其後雖在九龍柯士甸道賃有住宅，而七〇五室仍然保留，作為會客辦公之所，直至日軍進占香港，租賃關係，才告終結。

小阿五貪便宜鬧笑話

當時月笙帶有隨從一名，名叫小阿五，乾癟的身材，矮小的架子，眼精眉企，做事伶俐；但為十足文盲，除了數目字外，目不識丁。月笙等到港之初，酬應自繁，日夕飲宴，卻苦了這小阿五，頓頓得上館子，吃獨桌飯。他原是杜家的老佣人，經過多年積累，在蘇州置有田產，建有新屋，又在上海八仙橋開著一爿水果店和一爿旅館，相當殷實。可是他把銀錢看成月亮般大，決不肯浪費分文，為了填實肚子，他不能不買飯吃，卻總揀最便宜的吃。一天，他因揚州炒飯實在吃膩了，發一個狠，就菜單上每款二毫（一九三七、當時物價如此）的菜是用指頭一劃，吩咐夥計照做。夥計朝他笑笑，又朝他咕嚕幾聲。他也朝夥計笑笑，卻開聲不得，因為他是根本不懂廣東話的。一剎間，夥計把菜端來了，第一碗是湯，第二碗也是湯，第三第四碗還是湯。此時夥計們都笑的前仰後合，他卻盯著四碗湯，以為店家和他搗鬼；而不知他為了貪吝便宜，又不識字，手指劃下去的一排全是「湯類」，怎能不鬧笑話。因此，他覺得這地方實在挨不住，辭別東家趕回上海去了。

杜錢王結為三位一體

不久，王曉籟也到了香港。他是上海市商會會長，卻不是大商家，北伐後他從閘北地盤打進租界，根本是脆弱的，所以他雖不失為頂兒尖兒的人物，但如和錢新之、杜月笙等比較起來，他所能占勝的衹為軀幹粗肥，精神健旺，其他就都夠不上了。他和新之的交情如何，所知甚淺，不敢妄贊一詞；若說他和月笙的交情，則以前在滬，每年一關，月笙總是拿起聽筒，在電話你問他：「二哥，那能啦？頭寸可軋齊了？」十有九次，曉籟是尷尬的，要待月笙幫忙，年關才能渡過。即此一點，可見他倆關係之密。此時國難當頭，避兵藕孔，彼此相濡以沫，互相拉攏，自更為應有之義。因此最初一個階段，他們三位一體，如影隨形，請客帖上，往往杜、錢、王三人並列，和桃園三結義的兄弟一般。至於對外接洽，款待客人，添補用品，訂製筵席，一切皆委託毛和源辦理。這因他先來香港，情形較熟，外加會說幾句洋涇浜，可以應付外國人，隨喚隨到，著實便利不少。

由三鼎甲到四大金剛

毛和源是力爭上游的人，此輩「大亨」，以往苦難時想接近，已嘆緣慳，如今海外相逢，重蒙青睞，投效自虞恐後，用是他以朱貴宋清的身分，伺應其間，凡他經辦事件，無不竭誠盡力，務使他們同感滿意。這麼一來，果然有用，第一步是稱呼改變了，除卻錢新之稍見矜持外，月笙、曉籟，都相繼摒除客套，直呼「亞毛」而不名，雖屬刺耳，聽來卻十分親熱。

第二步是他的地位提高了，以後他們的請客帖上由「杜錢王」轉為「杜錢王毛」，由三鼎甲轉為四大金剛，進退周旋，他儼然躋身「大亨」之林了。其實許靜老（許世英）時來香港，他與月笙是在上海共辦善舉的老搭檔，毛和源便由這條根子插入了賑務委員會，仰膺一命之榮。胡文虎、杜月笙原是把兄弟，毛和源又因而與胡結成友誼，及蘇浙旅港同鄉會創辦成立，杜月笙是第一任會長，毛和源便是第一任的總幹事，從此他的聲名洋溢，江浙同鄉無不知有其人了。

凶神惡煞的杜家星宿

毛在百尺竿頭逐步攀登之際，不意惱怒了幾個紅眉毛綠眼睛的人，那就是月笙手下新八個黨中的顧嘉棠、芮慶榮、葉焯山等一般白相人。他們看到請帖上居然列入毛和源的姓名，一百個不樂意，他們想：當年大家闖江湖、打天下，迭兩個都曾挨打過、淌過血，費了大把子的勁；出頭以後，雖說富貴同享，痛癢相關，迭兩個卻從不做非份之想，要做一字並肩王，仍認你老杜是老大。如今迭個癟三算的那一門？專靠馬屁功；混進混出，老子早就看不順眼。請客帖上，如果他僅和錢新之王曉籟一同具名，那是另一回事，迭兩個沒有話可說，不料老杜竟昏了頭，也和他拉得緊緊的，帖子上一個做龍頭，一個做龍尾，把迭兩個都刷下去了，不要氣煞人麼？這番見解，大有鳥盡弓藏之慼，出自他們的想法，亦並不算錯。

他們對老杜當然無可奈何，又為了老杜的面子，不便和毛和源太過不去。但黃瓜刨不了，匏子終歸要刨的，這口怨氣，就不時地尋芽頭、覓碎縫，向亞毛身上陸續發洩。尤其是芮慶榮，臉孔是簾子做的，瞬息之間，拉上拉下，變化好幾次。單說他那對凸出的金魚眼，從玻璃片裡盯住人，兇光閃鑠，已令人不敢嚮邇。因此毛和源碰到這般星宿，總是訕訕地抱著「敬鬼神而遠之」的態度。一見頭路不對，趕緊鬆人。

把毛和源當作出氣筒

話說回來，這般星宿，離鄉別井，萬里投荒，果真為了江湖義氣，願在月笙跟前續效馳驅？或因富於愛國熱忱，表示和日本鬼勢不兩立麼？就形跡看來，他們在月笙策動下，或多或少，也曾為抗戰幹過一些工作；抗戰八年之中，他們絕少回上海，太平洋戰事發生後，他們毅然背起包袱，投奔重慶，並不因情勢大變，氣短心空，所謂江湖義氣，愛國熱忱，也都有其表現。可是他們最初來港的動機卻是另有所在，所帶的行李中，除了隨身必需品，還帶有大批賭具，包括輪盤在內。他們把香港認為上海的租界，上海做得通的，香港的番鬼佬未必全吃「齋」。煙賭兩行，都是生財大道，又都是他們的本業。

販煙土太不名譽了，不幹也罷。賭賭白相相，應當不算一回事吧！何況這場戰事，看來一時不會解決的，上海要開銷，香港要澆裹，不撈幾文，誰有大把錢熬下去。他們計劃著，蛇無頭不行，老杜當然是個「主」，其餘的事，他們盡可辦得了，無非多花幾個錢。因此，他們把一八一號封存了的賭具，一古腦兒從上海搬了來，滿腹密圈，以為得計。那知事事都可商量，這類事杜月笙卻咬定牙齦，不肯答應，即使他們單獨幹，他也力加阻止，不許亂動。因為惹出事來，這擔子還是要他挑的。他不肯挑擔子，他們也只得罷手了。原來月笙到了香港後，警務當局就曾約他談過幾次話，態度儘管客氣，但已夠月笙警覺到香港和上海的租界絕不相同，無論犯禁的事不能沾手，即愛國行動亦不能過分露骨。何況他於煙賭兩行，早經擺脫，如須舊調重彈，日本人歡迎不暇，就不必離開上海了。這些星宿，看到此路不通，已是心懷怏怏，再看到毛和源竄起了來，在月笙身旁，左「輔」右「弼」，摘去了他們的臺型，無怪怒火中燒，把他當做出氣筒看待了。

與錢新之最相親相敬

月笙自成名以後，交遊之中，彼此相親相敬，始終如一的，當以錢新之為第一人。新之出身於日本高等商業學校，回國後在南京高中兩等學堂任教，辛亥革命後在北京工商部任庶務科科員。嗣由曹汝霖之汲引入交通銀行，曹擬派其妻舅王荃士任上海交行經理，新之任長春分行經理；但他倆一個不願回南，一個不願北進，於是互相對調，新之乃得任滬行副理，旋任經理。及中（國）交（通）兩行擠兌事起，交行幾至不能維持，改由張四（季直）先生出面整頓，新之乃以滬行經理一躍而為總管理處協理。並因張四先生，公私叢脞，無暇專理行務，一切多委託新之代辦，故能以協理而握實權。至其與北四行（金城、中南、大陸、鹽業）的淵源，則由於吳鼎昌的推挽。其後新之出任上海四行儲蓄會總經理，即以此顧。國民革命軍進抵上海後，江浙財閥代表之一人，迄至揚鞭北指，定鼎南京，新之便以擁護之功，任財務部次長，籌劃政費，供應餉糈，深受當局倚畀，一度成為政海紅員。

用經劍鈔票排難糾紛

月笙以偏門腳色，力爭上游，其始一般所謂上流人物，每多嗤之以鼻，羞與為伍。即使有人破除成見，稍與往還，亦被視為嘲笑對象，咄咄稱怪。唯有新之不以其為異類見嫌，折節下交，曲加提挈，對於做人道理，處世方略，並能遇事指點，著意誘導。月笙向善念堅，求勝心切，一時范園錢宅，每天都有他的踪跡。

久經薰染，他才踏上正途。又由新之的推介揄揚，而月笙所表現並不如人們意想中的壞，所謂上流人物不肯相與接近。反之，所謂上流人物者，光鮮的只是一層皮，骨子裡所幹的亦多不可告人之事，譬如欺壓善良，操縱市面，坐地分贓，投機倒把，賭場出術，醋海爭風，也是他們的慣伎，和黑社會一樣的既髒且臭，但求遮羞過去，不出紕漏，便算是體面中人。萬一事機不密，惹起糾紛，經官動府，當然是身敗名裂的。如果到此地步，就得運用另一路人馬，半軟半硬，威脅利誘，把這個然著藥引的鞭炮，中途揑熄，不致爆裂開來，那就非得請教月笙不可。他像大教主一般一手持「經」，一手握「劍」，鎮壓了一陣後，又拿著花花綠綠的鈔票，晃來晃去，對手方亦就退一步想，以後，本身惹了禍事，或許有找他幫忙的一天，行得春風，收得夏雨，何況他並不要人過分吃虧，倒不如衝著他的面子，大事化小，小事化無，一天烏雲，就讓他掃開了吧，如此這般，月笙露過幾手後，聲名日顯，所謂上流人物，為了防範未然，就不由不轉過性來，和他結納；而月笙也就由此水漲船高，躋身於上流社會，並提高其在黑社會中一呼百諾的氣勢。

拖錢新之脫出脂粉獄

新之嗜杯中物。酒與色連，故常有其風流韻事。風流與下流只爭一線，跨進半步，風流便是下流。他來港後，一次在×（按：文中×符號為作者對其人採保密之故）宅宴會中，饌供數簋，酒過多巡，猶未散席，他的人兒忽然不見。約待片晌，才見他從廳後臥室內闌珊而出，×宅內眷，雲鬢蓬鬆，亦隨其後而行。大家面面相覷，新之則似醉態可掬。通家至好，出入閨闈，原算不了什麼；但大家總覺得酒這東西，不宜多飲，多飲亂性。×先生雖是量大福大，不曾介意，如果張揚開來，究竟是不好意思的。不久，他和×家大嫂又在酒後勾搭上了，如魚得水，繾綣纏綿。這位×大嫂貌雖不揚，卻還端正，體雖壯碩，卻也痴肥。天賦她一張鸚哥嘴，喳喳吱吱，巧舌如簧；又賦她一副玲瓏心，三教九流，都能拉攏。雖非系出名門，卻是慣經場面。她與新之結合，目的不在金錢，送抱推襟，意在取得一個地位。無如新之的聲望和環境，偷偷摸摸，猶不妨作戲逢場，若果公然納寵，則影響極大，那是萬難辦到的事。因此這位大嫂，哭哭啼啼，鬧得滿城風雨，也就鬧的新之頭昏腦脹。召鬼容易退鬼難之下，只有起動大師登壇作法，才能消災解結。

好在太平山雖非龍虎山，而月笙則因為一代「真人」，見義勇為，當仁不讓，便自動插手其中，唸動真言，祭起銀彈，把新之從脂粉獄中拖了出來，總算一刀兩斷。可是這位大嫂，用情頗專，陰魂不散，以後雖難附身，卻仍自認為錢門×氏，逢人便說，似是有意唱衰他，天師也就無可如何了。

其時交通銀行董事長胡筆江，因公由港飛往重慶，所乘飛機被日軍擊落遇難，遺缺由新之接任。交行總經理唐壽民，錢莊出身，屬於鎮江幫，資格頗老。北伐軍進抵漢口時，他於金融方面亦曾有所效力，故其聲望亦殊不弱。不知怎麼一來，他與新之，頗難融洽，新之向以打太極的手法接待人，壽民則開門見山的心口並快。相處越久，裂痕越深。及至後來短兵相接，交行公事，在壽民把持下，新之竟無法窺其全豹。這又得月笙出面周旋，使他倆在表面上保持完整。這些瑣事，月笙頗能任勞任怨，總算是報答新之的。

王曉籟埋怨厚此薄彼

抗戰以後，國府始由南京遷往武漢，繼由武漢遷往重慶，上海雖已成為孤島，而其重要性並不因其為淪陷區而稍減色，其間人心物力，中央爭取甚力，尤其特工部門，與敵偽進行地下鬥爭，更集中於上海一隅，逞其身手。月笙身雖在港，而於上海的控制，猶有其潛力可供運用，當時由重慶去上海的人，香港為必經的中途站，而月笙則為中途站上負有任務之人。我們不必強調他有何突出的建樹，單就消極方面言之，如果集情報、傳遞命令、籌劃款項、協助特工等項，他確能出錢出力，佈置安排，因此他的光芒並未稍斂；車馬盈門，視前尤異。這麼一來，王曉籟當然相形見拙了。如前所云，曉籟的根基，原是脆弱的。逢到大宴會，雖由月笙、新之措辦，不需花費，但身處客中，在在需錢，場面上已是「大亨」姿態，出手又未便過寒酸；何況使慣用慣了的，緊縮亦難辦到，僅就經濟一項，已使他感覺困難。而今看到月笙仍然騎在馬背上，意態軒昂，重慶有事要找他，上海有事也要找他，好似藥中甘草，輕病重症，都有份兒。回顧自身，則閒得發慌，撫髀興嘆，伴著幾個粉頭，飲茶吃飯，藉資排遣，又須顧住荷包，不能縱情行樂，這份味兒，確不好受。以致牢騷滿腹，不免口不擇言，以為重慶於月笙獨予支持，厚彼薄此，有欠公平；而月笙於滬渝兩方，獨攬包辦，以前往來極密的人，都沾不到邊兒，更乖友道。尤其是紅十字會的事，其中秘書會計，抓實權的都由月笙以代理會長名義派任，他雖為常務理事，竟致無從插手。

關於華僑捐款，如何支配，如何轉解，始終無從問津。這裡面是大有伸縮性的：姑以其時重慶香港間的匯率而言，貼水之大，已夠經手入坐享其成，而又不同於營私舞弊，更足使他眼紅眼熱，心頭越發難於容忍。從來鐘鼓在內，鳴聲在外，他的話兒，中會吹到月笙的耳朵裡去的。加以月笙又是耳軟的人，而傳話的加油加醬則為挑撥離間的慣伎，浸潤既久，自然誤會日深，以致彼此之間，表面上雖仍道弟稱兄，方寸間則已各存芥蒂。迄至最後，曉籟的資力已不容許他在港久住，只得轉入內地，往來於昆明重慶之間，所謂杜、錢、王這一環節，也就由此打破。

愛惜羽毛不讓蛇纏身

話說回來，那幾年來，月笙果能恪守清規潔身自好了麼？這話得從兩方面說：一面是他在外表，尚能愛惜羽毛，未嘗有所沾惹，當時他的朋友刻在香港的仍有其人，可以作證。

筆者記得其實有一位窰姐出身的婦人，懷著一個大肚子自上海而來，自承肚中這塊肉是由月笙經手的，此行目的是要他擺出一句話來，換言之，即為要求月笙承認她的地位。月笙事先已經得報，回想過去的事，照時間推算，不會留有手尾，即使屬實，也不須結巴巴的趕來香港。於是扣準她抵埠之日，託人去船上截住她，要她原船回轉，否則待下班船回轉，不容在港久留。可是善者不來，來者不善，這婦人見慣聽慣，是不容易說服的。受託人經過諸般勸解後，提出了月笙託帶的一個口訊，問她：「以後是否還要各個好相見？」這話說來簡單，含意則重，她才憬然於眼前逞強，徒足敗事，有朝月笙回滬，這日子是不會好過的，只得含淚茹悲，白跑一趟。當時月笙所以如此絕情，初非於她有何厭惡，祇以處此時會，吃吃喝喝，賭賭玩玩，逢場作戲，都無不可。決不能讓一條肥蛇把他纏住，落得一個不好聽的名聲，故不得不作斷然處置，表示決絕。

如此說來，難道他身邊果真沒有了蛇麼？不然，不然，這又須從另一面說起：

原來杜公館中，男客固多，女客亦不少。這般女客中大多是掛過牌子的，不是在戲館裡掛過招牌，便是在書寓中掛過花牌，此時雖皆「名花有主」，被人稱為「某太某太」，但那腔調、氣味、談吐，還脫不掉老調兒。月笙躺在梳化椅上，含著煙捲，敞開胸部，叉開二郎腿，笑瞇瞇地讓她們來逗引，他也逗引她們，彼此擠眼睛，說雙關話兒這份乾調情，比之王曉籟帶粉頭孵茶館，錢新之借故出後門，一逸一勞，已自相去甚遠。

月笙的家庭原始便是畸形的，家雞野鶩，大可同眠。他果有意銷魂，儘有人甘承雨露，隨時隨地，便可打一場「友誼波」，誰都沒有他的方便，有蛇可弄，無蛇可纏，一室之中，妖嬈百態，他在需要上，自然無須向外發展了。

徐慕邢對性有個秘本

抗戰期中，杜月笙在港的記室，最初為徐慕邢，安徽人，是屬客串性質。月笙原有記室三人，為什麼一個都沒有來呢，下文再說，現在先從徐慕邢寫起。慕邢曾在吳佩孚處任事，文理尚佳，寫得一手好小楷，月笙在上海時每天曾騰出片晌工夫，臨池習字，就是由他從旁指點的。他喜集郵，厚厚的三大本，中西舊郵票，搜集頗多，文采斑爛，視為珍品，某年年關，負債甚鉅，急待歸償，他將集郵本子向月笙抵借三千元，月笙是不感興趣的，銀子照借，對這些花花綠綠的龍頭（郵票俗稱），則嗤之以鼻。

慕邢是公子哥兒出身，吃喝嫖賭，都很內行，嫖字上頭尤其認真。上海高級韓莊中，提到他的大名，「主政」既皆熟識，且因其為豪客，特予優待，如有新鮮貨初到待沽，往往留待他先行

「嚐新」，然後應市發客。他雖為色鬼，卻不同於急色兒。春風一度之先，他須探詢這雌兒的芳名叫啥？仙鄉何處？生肖什麼？家庭怎樣？待皆得到答覆後，再就其肢體肥纖，膚色明晦，毛髮濃淡，妙處高下，作一番臨床觀察，然後提槍上馬，磬控縱送，以測驗其床笫功夫，有無特徵異稟。如此細緻，比之選妃選后，還要進一步，其用意所在，則為廣徵品類，從異求同，在「性」學上，增深閱歷。所以他備有一個秘本，凡所涉獵，皆以蠅頭小楷，筆錄其中，旖旎風光，躍然紙上，小江平所著性史，無此真材實料。其時三圍尺碼尚未發明，否則玉尺量才，他又須多費一番手腳了。

他又是一位放誕不羈的人：一次，他在韓莊裡提著掛錶的金鍊條隨手搖晃，鍊子上是勾住一個鑽石戒子的，不經意間鑽石脫縫丟了。待他發現，趕忙搜索，端的不見蹤影，他便馳返家門，呼喝子女兒媳隨他奔往韓莊，翻床倒褥，幫同大索。在他意內，老子去得的地方，小輩也就去得，良家娼門，有何分別；何況「有事弟子服其勞」，還是孔老二的教訓哩！

這回他為月笙來港，勉效筆墨之勞，是自覺委屈的。香港的繁華，絕比不上上海，初來乍到，人地生疏，要嫖要賭，即使摸到門路，氣味總覺不同；加以鴃舌之音，使人難懂，更屬掃興。因此三個月後，他便回滬，由翁左青來港接替。

翁左青原先跟張嘯林

翁左青為杭州人，原先跟張嘯林的。張、杜兩宅是屬緊鄰，以往杜家要人寫寫弄弄，就由他就近承乏。及後杜的場面越扯越大，手頭越使越鬆，他既少不了一個搦筆管的人，這一些搦筆管的也巴不得依草附木，翁以近水樓臺，便一面倒的投入杜門，作為私人記室。翁原出身於浙江警察學堂，頗會扭計，小聰明是有的，筆底下卻不很高明。又因在偏門裡混了好久，染有嗜好，如需依照一般規矩，按時到值，他是辦不到的，所以後來月笙派他專管翻譯電報，筆頭上的事就不一定要他插手了。

月笙此番來港，帶些亡命意味，亡命縱不一定熬苦，至少比在上海租界裡的生活要差得多。左青以為跟著別人，亡命他鄉，是大大犯不上的，所以他在初時就不免躊躇不前了。及後聽到月笙的氣勢，並不因易地而遜色，抗戰雖極艱苦，而人心依舊振奮，前途還是光明的，這條路線，值得一走；因此他聽到徐慕邢無意客串下去，便又自告奮勇投到老東家的跟前了。

事實上，他的能力只能在煙賭場上做個配角，應付文書，是不夠獨當一面的，所以月笙又敦促王幼堂、邱訪陌兩個人南來。

幼堂是一位老先生，遜清時遊宦廣西，曾署賓州府知縣，嗣去廣東，在兩廣總督張鳴岐幕府內任事。入民國後，沈金鑑任浙江省長時代，他在浙東辦過釐卡；後在上海市公安局擔任科長。他進杜門是由翁左青介紹而來，因左青以前一度當過他的朋友，原是舊識之故。大凡老一輩的人，多能謹守繩墨，辦事按部就班，不肯苟且，惟以精力不繼，繁劇則所不勝，其實幼堂已屆望七之年，又沾煙癖，加以時局不靖，烏篷出海，已屬無心；但因月笙一再相約，賓主之情，未能恝置，乃不得不賈其餘勇，仍為出岫之雲。

邱訪陌隨和常遭戲弄

訪陌在港故世，距今已十數年。他是一位廣交遊的人物，識者甚多，無煩介紹。月笙任為記室，大概是因為陳群的關係。此君最出色的有三件事：第一是寫得一手好字，自視甚高，以為時下無人能出其右。第二是逢賭必「精」中帶劣，往往被人當場看破，好在大家摸熟了脾氣的，訕笑一番，也就了事，從不把他當老千看待。第三是一團和氣，十分隨便，高鑫寶、芮慶榮這批白相人把他當作酥桃子，時加捉弄。一次，他們在杜家竟將訪陌的褲子剝了下來，恰巧月笙回家，有事急於和他見面，一時無奈，他只得披上長衫，揿緊腰際，在遲回卻顧下，趦趄而前。

這副尷尬相雖使月笙詫異，幸能遮蓋過去。無如時值熱天，在他後面的風扇卻不饒人，陡把他的長衫下擺吹的隨風飄蕩，他顧住腰際，顧不住下半截，登時忙於掩蔽，風勢卻緊迫而來，一脫手間，前裾已是整幅捲起，將他那座「祠堂」赤裸裸的豁露於月笙的眼前；月笙萬想不到他是不穿褲子的，在大家哄笑聲中大感錯愕。他雖滿臉緋紅，轉如有人給他解圍一般，索性不理月笙，一溜煙逃出去了。這類惡作劇在杜家並不稀罕，但這批白相人也因人而施，邱訪陌太和氣了，因此便成為他們戲弄的對象。

訪陌既和這批白相人混的熟絡，嫖賭吃喝，當然都有他的份兒。白相人是五路財神，招財進寶，頭頭是道，悖入悖出，已成慣常。他卻是靠搦筆管為生的，每月進帳，能有幾何，而為了攀「龍」附「驥」，就不得不虛張場面，打腫臉子充壯漢，因此他特別鬧窮。其時張嘯林忽然送他一輛汽車，使他頓然躍為有車階級，四個輪盤，滿街飛滾，表面上自是洋洋得意，骨子裡卻加深了他的窘迫，使他喘不過氣來。原來這輛車子已是五癆七傷，渾身毛病，單說修理一項，已使他花了幾個月的薪水，以後每天的汽油費，東挪西借，零沽「碗拆」，更使他大費腦筋，連到杜家幾位小少爺的糖果錢都要借來應急。也許張嘯林是出於一番好意，不料反害苦了他。

有人或說，當時杜家幹著特種營生，肥水十足，月笙又是慷慨性成的角色，跑得進杜家的不是澤身，便是潤屋，何況邱訪陌等都是貼身辦筆墨的，其人又非大觀園外的石獅子，難到每月除了固定薪水外竟沾不到一分光麼？殊不知個中情形，並不簡單。這三位記室中，王幼堂是一個忠厚人，自掃門前雪，百事不問，所能得到的酬贈，全由月笙的朋友出於自動，以表敬老尊賢之意，可以略而不談外。即如翁左青，雖夠不上是月笙的嫡派，也算是那個圈子裡的人，而他在煙賭兩項所能吃到的「俸祿」，如以總額作為比例，還是微不足道的。有時他因揮霍過度，豁了邊兒，只能要求月笙邀集賭友，連賭幾場，讓他抽點水兒，以資彌補，其間還得磨牙弄舌，月笙方才應允，平日地是不會有所調劑的。邱訪陌在本質上原屬外圍碼子，比翁左青差一大截，就更不必多說了。至於那批白相人呢，在煙賭兩行雖亦為當權腳色，訪陌走著他們的道兒，不失為聰明的一著。

而不知其中壁壘森嚴，界限劃清，他只能在聚賭冶遊中占到一份，要想進一步分肥染指，那是鼻頭上的蜜糖，看的見，舐不著，休想休想。

杜氏慷慨另有其道理

那麼對於月笙的慷慨，又將如何解釋呢？如所周知；多少遜清遺老、北洋官僚、帝制餘孽、過氣軍人、邏輯專家、東南學閥，以至馬路政客、無冕帝王，在那些年頭裡不是都曾向他伸手的麼？殊不知所謂慷慨，終究是有底有面的一樁事。捐冊上見到的無名氏，可算是無意沽名釣譽的了，但誰能保證在他的潛意識中，絕不參雜著為兒孫積福的想法呢？月笙把淌來的錢隨手淌去，不關血本，自無足惜；可是得過好處的，自會變成他的啦啦隊，為他揄揚，為他歌頌，不知不覺間把他在社會上的地位逐步抬高。而他也就借此一帆風順，逐步擴大其在呼風喚雨上的力量。所以進一步說，他的大慷其慨，決不同於肉包子打狗，一去不回，其中是有道理的。話說回來，這雖是他的一種手段，卻也難為他對於金錢，看得輕，捨得用。

不願來香港吃西北風

可是此一尺度並不適用於月笙對待身旁幾位搦筆管的，因為他另有一番想法：他以為在他門內吃飯的，不會有乾淨人，搦筆管的並不例外，即使膽小怕事，至少也會扯他旗號，在外招搖，這裡面便以大有文章，不患無人孝敬；何況他已出足了薪水，而他們所幹的，無非塗塗寫寫，已屬酬重事輕，待人不薄，此外他怎能管得許多呢。其實，按之實際情形，包括翁左青在內，他們三人雖非全為正人君子，卻始終不曾「狗仗人勢」，像他意想中的招搖過。廁身杜門，猶須仰給薪水作為生活開支，說來反使人不會相信哩。

邱訪陌既經嚐透了個中滋味，所以月笙要他去港時，他以為杜老闆在上海算得是一把抓的，在他門下，幾歷十年，如此場面，還撈不到一些油水，反因搭空架子，窮得捉襟見肘。香港是陌生的地方，打開碼頭，絕非易事，杜老闆本身便鬧虧空，時局又復如此，縱為百足之蟲，恐亦僅能自了，如果跟著走，不要喝西北風麼？因此月笙再四催促，他總一味支吾；及至最後，他已選擇了另一條路，恰和月笙背道而馳，月笙才死了這條心。

胡敘五事徐采丞介紹

是時月笙因與渝滬兩方函電往返，日見其繁，王幼堂以老病之身，艱於應付，而訪陌南來，又成絕望，乃找胡敘五來港幫忙。胡原為上海地方協會秘書，該會自史量才被殺後，即由杜月笙繼任會長。此一畸形機構，於法無據，但為各界各業巨頭所組織，陣容甚壯，故為當局所重視，亦為當局所歧視。月笙是無暇忙到這上面來的，亦不是他的興趣所在，掛個名兒而由黃炎培以總秘書的名義主持一切。敘五在該會服務，即由黃炎培汲引而來，與月笙並無直接關係。淞滬淪陷後，該會處於停頓狀態，黃炎培隨軍西撤，所遺職務交由徐采丞代理。采丞原是史量才的門客，兼跑張家（嘯林），後因史死張衰，倒入杜家懷抱，原為商人，甚工心計。此時他聞月笙需人相助，即以敘五為介，這在杜家人事系統上是不相符合的，以故月笙左右及其恆社中若干門徒，多誤認胡敘五屬於黃炎培的職教派，而職教派在他們眼裡，則一向當做鬼神看待，敬而遠避，因此對於敘五特懷戒心，防其為黃炎培所派坐探。所幸這般疑忌並不足以影響敘五所處的地位，因他們只能私地設防，而在月笙跟前是不敢有所挑撥的。

事後有人問起月笙，搦筆管的腳色，車載斗量，就近取材，已夠選擇，何必要用一個向無淵源的人？

月笙說：「你只知其一，不知其二。我的門下，魚龍混處，良莠不齊，表面上雖無黨派之分，而於利害，總不免形成各個小圈子，使我所用的為身邊人或為學生，誰能保證他在小圈子中毫無關係。如遇牽涉到小圈子的事故，誰又能保證他處於超然立場而不為左右袒。現在事頭日多，範圍日廣，為使內外關節，容易打通，所以我寧願用外邊人。王老先生（指王幼堂）和老邱不都是外邊人麼？我覺得都還不壞，敘五是采丞介紹的，相信也不會錯到哪裡去。淵源有什麼用呢？『窩裡反』不就是為了淵源太深麼？」

寫到此處，讓我掉轉筆鋒，談談抗戰當年九龍柯士甸到杜宅的來客吧。其中有老面孔，有新面孔，老面孔多從上海來的，新面孔則為重慶來人及當地人士。老面孔中的吳季玉，在臺灣被刺身殞，成為港臺間的頭條新聞，該案早破（兇手李裁法在臺被判死刑，後改終身監禁），就把他先提出來作為底筆資料吧。

第二章

杜門中兩個寶貝：吳季玉、李裁法

大凡在社會上能夠混出名堂的人，無論名堂是大是小，是好是壞，總有他的一套本錢，幾度散手，作為他的看家本領。吳季玉以一卑微腳色，遊戲人間，經歷數十年。論時代，從北洋政府以至國民政府；論地區，由平、津、蘇、滬以至港、澳、臺、澎；論人物，自軍閥官僚，豪門鉅賈，以至名伶名妓與名女人。在這不同場合不同對象中，他都能兜得轉，吃得開，拉下了或深或淺的交情，這就不能不佩服他的手段高強，卻有過人之處。

除了最後一次碰到李裁法這個剋星撞了大板外，吳季玉過的全是快樂逍遙的生活，單就這點，在他來說已屬此生不虛，死無遺憾。至於流芳遺臭，那是道學先生的話，科技時代，應無庸議。

吳季玉幾項特殊本錢

在我的探索下，吳季玉的幾套本錢，有先天的，也有後天的。先天的一為資質聰明，精神飽滿，善於適應環境，掌握時機，自我創造機會。在其苦心孤詣曲折以赴之中，子女玉帛，儘可犧牲；身體髮膚，亦非珍惜。雖索求未必果皆如願，而情意纏綿，已使人深留印象，縱難收效一時，仍可取償他日。

一為老天生就是他的臉龐俊俏，體態風流，性情溫婉，舉止柔曼，男子漢帶些娘娘腔，女人固寵著他，男人亦寵著他。在港的這些年來，他雖年近古稀，滿頭白髮，而額上無紋，頷下無鬚，容貌生春，腰腳甚健；無論穿唐裝，穿西服，近看仍然丰度翩翩，遠看更不知其為老叟。以貌取人，世情如此，吳季玉占到這個大便宜，交際場中，無分南北，自富於吸引力，使人刮目相待。

他在少壯之年，把這兩項本錢交相為用，當然左右逢源，搞得風生水起；及其老年，盛況雖不如前，而天憐幽草，人重晚晴，加以夙緣廣結，他自仍能發揮作用。

于髯翁對吳特別寵愛

他是不時要去臺灣的，機場之上，迎接者雖不多，但有一引人注目的特點，即黨國元勳于髯翁（右任），以耄耋高齡，降貴紆尊，親蒞機場，目極天邊，支撐腳下，非待他下機見面，不肯遽去。如此隆遇，季玉外恐無第二人。

尤其是髯翁八秩大慶那一年，季玉在臺祝壽，更得到不尋常的榮寵。據說當時蔣總統曾問髯翁，香港有什麼人來？髯翁當時將名單送閱，赫然有吳季玉的名字在內。蔣總統指名問道：「這不就是當年和張宗昌廝混的那一個麼？他還在世？」髯翁唯唯以應，並說：「他的身體挺好。」過不幾天，髯翁不待先容，直拉季玉同去總統府覲見蔣總統。按之季玉在北方待了多年，北洋政府的總統儘管不值錢，他的好友潘復、張宗昌之流，卻都不曾帶挈他見過，而今髯翁卻把他硬拉去，俾得瞻對天顏，親聆玉音，於此可見髯翁對他是何等的提攜拂拭。季玉自言，他的交通銀行監察人，經髯翁提名後，留中不發，時越一年，屢經髯翁力催，始獲發表。於此又見髯翁對他，是何等的栽培維護。

李祖永大意上了大當

季玉後天的本錢，即為他的先兄，精於博塞，家學相承，深加淬礪，故能眼明手快，隨心所欲。

他既掌握精湛的技藝，在益以手腕靈活，氣魄雄厚，故又能取精用宏，局面大展。及其晚年，修養之功，與日俱進，周旋應付，別出心裁，更見爐火純青，駸駸乎已入於道。這裡且說他一個故事：

李祖永（按：李為電影界大亨）生前在賭牌九中和他有一次交手，他所贏進的並不太多，祖永所負的則已達三十萬，而與其同來的賭友則多贏得滿盤滿砵。事後祖永疑遭翻戲，越想越不是路，逕向他提出質問。他卻氣度從容，絕不計較，只答以事或有之，為了老友，待他摸下底子，再作區處，三天內包有回信。及期，他果然來了，告以「事經查明，確有人做了手腳，但你是有地位的人，鬧出來反會被人笑話，所以『回水』是談不到的。不如這樣吧，由你出面請一次客，我再邀大家來玩一場，讓你得一扳本機會，相信你的手氣不會再蹇，『失地』終歸可以收復的。」祖永無可無不可的也就答應了他。

及至請客那一天，他和朋友陸續到來，有的是上次人馬，有的是新戶頭，飯罷開場，賭的仍是牌九。一宵易過，勝負分明，則大贏家仍屬上次人馬，大輸家多為新戶頭，祖永稍有收穫，他本身反而小負。臨走，他背地和祖永說：「我明天來，我明天來。」明天，他又果然來了，把上次祖永所輸的如數退還，一面笑瞇瞇的說：「幸不辱命，幸不辱命！」祖永以錢已收回，一切也就懶得深究，而不知即在大意之間，祖永又被弄於掌股之上，因為這次的客是不應由他出面邀請的，而這些錢更是不應接受的。及待通盤想過，猛覺所付代價，比拿回三十萬尤為重大，則事早過去，補救無及。從此，祖永認識他的道力，越老越發高明，賭博場中，不敢和他再度交手了。

與軍統關係絕非泛泛

至於待人接物，在某一類作風上，他和月笙，倒不無相同之點：月笙喜接納文士，如楊度、章士釗、楊千里等，均曾做過杜門清客；他亦喜結納文人，這般文士，亦曾同樣做過吳門清客，花他的錢，抽他的鴉片煙，享受他的供俸。月笙與軍統有關，他亦與軍統有關。月笙是無條件的幫忙軍統，他亦是無條件的幫忙軍統。所不同者，月笙這次南來已與軍統疏遠，而他則始終一貫，並未因軍統的名義變更而有所隔絕。

他和軍統的關係，絕非泛泛，這裡姑且提一小事例作為說明：

約在民卅二（一九四三）年間，王××由重慶踏上航機，飛往桂林，回轉淪陷區去。這人當時的身分為江蘇省黨部委員，其來重慶是為述職兼領機宜，其回去則為繼續地下工作。詎當航機將近啟飛之際，他突然被拉下來，而由吳季玉頂替他的空位。這一下可把王××氣壞了，回到寓所，寫成報告，通過組織部呈送最高當局，控訴軍統辦事顢頇，因當時旅客出入重慶，是由軍統控制的，所以如此。這一下可又把月笙急壞了，因王××雖非月笙的嫡系，而兩人關係卻是一向密切的，月笙深恐軍統誤會其事先知情，不加勸阻，有意讓其事態擴大，所以不能不急。而不知王××是烈性的漢子，無論事先與月笙絕無商量，即使月笙得聞其事，這圓場也是不易打的，因王××並不一定要賣月笙的帳。

據悉事後軍統曾因此受到責備，著將王××早日送走。就此可見，當時際遇飛往桂林，並非因公，則軍統儘可聲敘理由，作為解釋。就此又見季玉之隨心所欲，忽東忽西，在重慶是享有特權的。

吳季玉的錢用不得的

賭類中的「挖花」，月笙較為擅長，平居消遣，多以此為戲，輸贏雖不甚鉅，每場亦在五六萬元港幣上下。一次，月笙邀張慰如、羅××及劉航琛太太入局，羅住香港，未能及時趕達，成為三缺一局面。季玉適在杜家，不禁技癢，毛遂自薦。張慰如倒無所謂，劉太太卻拉下臉來，離座而起，月笙亦以主人地位，打著哈哈說道：「小局面呀，自己人白相相的，季玉，你還是寬坐一下吧！」

又月笙的記室胡敘五，有次因急需向吳季玉挪移一萬元。季玉拍拍口袋說：「沒有這許多，明早一定送到。」翌晨，季玉果然來的，掏出一萬元票子來，並說：「等你有了再還我，自己人，不必忙。」胡敘五覺得這人很不錯，一萬元又不是小數，於是逢人便說，為之揄揚。過幾天，月笙聽到了，把敘五找來，問明屬實，便囑敘五代開一萬元支票，著速歸還，然後帶著不愉快的神色向敘五說：「你缺錢，應向我商量，即使向人借，也不必向他借，他的錢是你使得的麼？」敘五眼光光的聽得莫名其妙，月笙接口又說：「這也難怪，我這門檔裡是太複雜了，你才來幾個月，未必曉得。以後要留意，在我這裡進出的妖魔鬼怪可多著哩！」

李裁法戰前是小腳色

我所知道的吳季玉，大致如此，那麼自承刺殺吳季玉的李裁法當時在杜門又處於何等地位呢？當年案發（吳季玉被刺殺）時，香港報紙都在李裁法的姓名上冠以「上海大亨」字樣，而不知他躋身「亨」字頭，地點是在香港，時間是在香港光復之後；以前他無論在滬在港，都是沒沒無聞，即在白相人地界中，亦只是一個「小腳色」，無足齒數。他的「出道」，可說是受戰神之賜，從日本軍閥掀起太平洋戰事的砲火裡烘托出來的。

事緣日軍進犯香港的次日（一九四一年十二月九日），香港總督楊慕琦、警務處長伊雲士，會同出面，在香港大酒店茶會中招待張子廉、范祖光、謝憒生、虞維亞、劉伯芹等幫會首領，此外尚有陳策、李晉等名流。港督並未到場，由伊雲士出席講話。

他指出香港人口，華人占百分之九十八，在此緊急時期，官民必須合作，地方秩序，華人應協助政府，共同維持，尤其是升斗小民與無業遊民，在戰禍中越發無法謀生，須加接濟，以期遏止亂源，使治安得以維護，所需經費，匯豐銀行可以負擔；惟此項工作則須由華人辦理。切望在座各位共體時艱，能使政府作有效的幫助。

搖身一變任日憲密探

這是戰時的緊急措施，張子廉等自皆奉命唯謹，即組織忠義慈善會，分發財務、糧食、防空、糾察等部門，推定專人，各負其責。就中救濟一項辦得最有成效，除將食糧分配於貧民小戶外，每天並發現金二元；又因區域頗廣，戰時交通不便，為使照顧能周，貧苦大眾不因地僻向隅，除在何東行設立總部外，並於西區的梅芳街，東區的菩園，各設支部，以期救濟得以普及。

當日茶會中，無論李裁法挨不到邊兒，即後來騰踔一時的王志勝亦不夠格。但李裁法卻由此稍露頭角，由該會委充跑馬地防空洞大隊長，在空襲時擔任指揮和救護的任務。

經過十八天的戰事後，香港總督府於十二月廿五日下午六時扯起白旗，向日軍投降，該會當即解散，各負責人均隱遁自全。這裡單提張子廉一人，他原是佛教徒，向不蓄髮，剃成光頭，此時加蓄鬍子，披上袈裟，掛上唸珠，裝成一個和尚，隱伏在其所設的天福綢緞局的樓上。而李裁法則於日軍舉行入城儀式後，搖身一變，充任日軍憲兵隊的密探（部隊設在第七差館內），背好短槍，神氣活現，以指點憲兵，拘拿抗日分子表現功績。

張子廉被李裁法出賣

忠義慈善會同仁中有一位×先生，日本留學生，在神戶居留十六年，說得一口流利的東洋話，氣豪膽壯，卻不因日軍占領香港而懷戒心，依然露面。

一天，張子廉的小腳太太，突然到訪，長跪在地，泣訴她的丈夫已被李裁法出賣，指為抗日分子，由李帶同憲兵在其寓所捕去，居於第七差館，懇求營救。

×先生與子廉原是好友，又講究江湖道義，坦然應承，立刻奔向第七差館，指名要見憲兵隊長。門外守衛，聽他所說的日本話，音調語氣，不像中國人，也就立予通報，並延入會客室。稍待，憲兵隊長出來接見了，四目相窺，彼此覺得都很面熟，經過一番攀談後，得知這位隊長是神戶人，名叫金田三郎，彼此原是神港商業學校的先後同學，久別重逢，互表親熱。×先生尤其喜出望外，私計張子廉即使不獲釋放，也將免於挨刑受苦了。

談次，金田直問×先生此來何意？

×先生也就坦白相告，專為營救張子廉而來。

金田說：「張子廉是忠義慈善會領袖，屬於抗日分子，尚待問供，不能釋放。」

×先生說：「忠義慈善會並不是抗日團體，張子廉亦不是抗日之人。該會的唯一工作只在辦理救濟，我亦是該會負責人之一，無槍無彈，試問從何抗拒。至於忠義兩字，那是對國家對朋友應盡之道，我們中國人是如此存心，相信你們日本人也是如此存心。」

經過這番解釋後，金田問：「你有資格擔保他麼？」

×先生說：「我在香港有工廠，在上海亦有工廠，資產雖不夠大，卻是正式的廠主，自信擔保的資格我還具備。」

金田說：「這不是兒戲的呀！以後你得保證他的行動，循規蹈矩，否則唯你是問。」

×先生說：「日後你如發現他有抗日行為，可以將我的腦袋子隨時砍去。」

金田拍拍×先生的肩膊說：「你倒是硬漢，就依了你吧！」隨取出紙張來，待×先生立下保證書，蓋好手模，當著人將子廉提出，交由×先生帶走。

這時李裁法因是出首人，已被喚入會客室，聽到他倆全是日語對白，一句也不懂，眼光光的站在一旁，聽候吩咐；及待看到張子廉的面，陡時脹紅了臉，無地自容。臨走時，×先生和子廉都向他點點頭，越發使他難受。

話說回來，在那一時期當上一名憲兵隊的密探是夠威風的，由此李裁法逐步竄起，吳季玉當然要借重他的掩護了。

為虎作倀獲日方信任

平心而論，當時香港上流人物和日方合作的不乏其人，即使動機另有所在，究屬不大名譽，李裁法以一小流氓，趁此混亂之際，不擇手段，以蘄達其撈世界的目的，因而當上一名日本憲兵隊的密探，實在不算什麼。如以民族大義相繩，只能自承迂腐，因為那是向上流人物說的，對他並不公道。在那一年半中，他為虎作倀，經手捉去的人不在少數，老華僑司徒美堂便是突出的事例。其後由於積功漸多，日方對他已能相當信任，從他的風雲雷雨也就格外賣的起價，一般帶有抗日色彩的人正苦投止無門，一時爭抱佛腳，吳季玉便是其中的一個。此外，他以狐埋狐掘的手段，串演捉曹放曹的把戲，上下其手，亦有事例可徵。據說陳策的太夫人由被捕以至釋放離境止，即由他自編自導自演，一氣呵成，天衣無縫。所以當時他不僅撈了世界，也拉下了不少交情。

他有一個打混時極熟的朋友，名叫伍廷輔，原是一名差人，此時亦已投入日方，和他幹著差不多的勾當。伍的目的當然和他一樣，亦無非混水摸魚，肥身潤屋。

可是幹得太猖獗了，被日方查實，予以扣押。伍猶自恃在港多年，社會關係，相剛廣泛，只待月黑更深，翻出高牆，不患接應無人，潛蹤無處。那知正在越獄之際，恰為邏卒發覺，亂槍之下，登時斃命。兔死狐悲，裁法的內心自很震動，並憬悟到縱刮多金，虎口下能否自由享用亦無保障，因是逃亡之念與日俱增；適被日方派往澳門，接洽公事，他便借此機會，一溜煙地逃往大後方去了。

自投羅網被中統逮捕

他是先到桂林後到重慶的。以往在港，我見他在九龍德成街的顧家、芮家，進進出出，顧嘉棠、芮慶榮總是「小鬼」、「小鬼」的喊著他。杜宅和德成街僅隔一條馬路，我卻始終未曾見到他來，只在告羅士打七〇五室見過一次。當時月笙適在房內，倒是喊著他的名兒的。他好似自慚形穢，不便耽留，和翁左青搭訕幾句後便忙不迭的溜了。此時相距不過兩年，一到重慶，他似因幹過密探，身價反而提高，顧嘉棠（芮慶榮已在渝病故）已不喊他「小鬼」，交頭接耳，相當熱絡。如此過不久，他的蹤跡，忽然不見，嘉棠料到東窗事發，大為著急，嗣經探明，果為中統逮捕，拘於秘密處所，對外既不承認，也不否認。嘉棠自審本身力量搭救不及，慫恿月笙，出面疏通，經過兩星期，始獲釋放。

他被捕的原因，張子廉的報復僅為小端，最重要的為他曾在香港拘捕過一個在西南運輸公司辦事的陳某。他以為此人無足輕重，捉放都不當一回事，而不知其背景特殊，來頭甚大，當局左右紅人中，姓陳的都是同宗一脈，叔侄相稱。他闖了禍還貿然向重慶跑，等於自投羅網。陳某和張子廉都早抵渝，切齒腐心，磨礪以待，唯恐他乖巧不來呢。

李顧二人是一丘之貉

話說回來，顧家棠對於裁法，為什麼要如此落力的相救呢？此中又有道理。據說他做密探時，嘉棠曾利用他的掩護，從香港偷運物資，做過走私生意，舐到不少甜頭。此時他在患難之中，自不能不援之以手。何況彼此原是一丘之貉，惺惺相惜，固亦分所應盡者也。可是話又得說回，他做日方密探，情報機關決無不知之理，依法在他入境後應予直接拘捕；乃竟視若無睹，任其由桂而渝，逍遙法外，已足稱奇。及待陳某等因報復而加檢舉，中統不正式拘捕他，又不作從奸論，反礙於杜月笙的面子，從寬釋放，枉法徇情，則尤可怪。

當年他和吳季玉的這重公案，筆者揣想，如使月笙尚在人間，諒能從中調解，予以消弭。又如嘉棠尚在人間，則在救生不救死下，疏通斡旋，李裁法當能多一臂助。可惜他的時運不齊，他倆都早下世了。

至於吳、李之間是是非非，自有公論，與本文無涉，無待深談。惟有一點可以指出的，即季玉以七十老人，行將入木，而於酒色財氣之場，猶不息心斂手，翻騰打滾，勾心鬥角，以致不得其死，陳屍道路，真所謂「天作孽，猶可違，自作孽，不可活」的了。

第三章

杜氏密友徐采丞其人其行

杜門中有關的兩個寶貝：吳季玉與李裁法，上章既經交代，如今我另述一人。他於民國四十四年（一九五五），在港自殺，一時爆出若干不易捉摸的新聞。有的說他死於神經錯亂；有的則說他因遭敲詐，憤而自戕，中間還穿插有紛紅色的故事。真相如何，至今莫白，其人生前，在月笙旅港期中，每專程由滬來港，盤桓十天半月，和月笙深談密洽，每年至少總有三次之多。港滬之間，郵票船價；抵港之後，旅邸支銷；每次所耗不下兩千大元。有錢人雖不算什麼，但他的身體是衰弱的，又染有阿芙蓉癖，離家作客，對他畢竟是辛苦的事；重以上海淪陷後，日方對於來港的人，特加注意，一年之中，往返多次，更屬危險，隨時都會發生問題。可是他似樂此不疲，遠涉波濤，忘其艱險，九龍柯士甸道杜家更不時見其露面；無問其用心如何，就形跡看來，倒確是月笙生前難得的好友。其人是誰？即為無錫徐采丞先生。

杜月笙對史深相結納

抗戰以前，徐采丞無藉藉名，惟在哈同路史量才公館中，則特有其地位。史的生平，一向事老氣橫秋，眼高於頂，大有惟我獨尊之概。據說史當年晉謁已故總統蔣公時，曾坦言其擁有二百萬申報讀者（史為上海申報獨資老闆），多過蔣公所能指揮的軍隊，以示其勢之不可侮。這話真假不得而知；但他對於北伐後紅到發紫的宋子文，晤對之間，老是倚老賣老（其實並不老），視為後輩，直呼為「子文弟」，以挫其氣，則為千真萬確的事實。民國二十一年，杜月笙的家祠落成，南北名流無不送禮，場面之大，與盛公保（宣懷）大出喪，視為上海開埠後的社會大新聞。史以杜為流氓出身，不屑一顧，送禮當然更談不到。後因有人提醒他，辦報館不比開銀行，各方關係都得拉攏。此人（指月笙）雖屬邪門，看走勢是會竄出頭的，虛與委蛇，總比不睬不睬的好。於是史氏乃辦了一份極普通的禮物送去，屆期派一代表過江道賀，算是禮到人到，敷衍一下。

反之，月笙卻借此階梯，「打蛇隨棍上」，有心結納，遇有相見機會，總是高聲喊著「史先生」，足恭為禮，趨前問候。尤其是慈善公益一類事，捐冊上建有史某寫有捐額，月笙便先代為繳付，卻不通知其本人，只向其左右略略示意。等到史氏問及，左右才與說明，已由杜某付訖。史亦沒有下文，從不歸墊。

史量才對徐獨垂青眼

月笙如此自動賠貼，經歷多次，史氏才逐漸改變主觀，以為此人倒很知趣，不失為一可人兒，從而假以詞色，日與接近。他見面時仍是老腔老調，直喊；「月笙。」不甚禮貌。於此，又見史於目空一切之外。雖為大資本家，卻是十分孤寒，手面奇小。據我所知，史於各方捐冊，總是擱置不理，直待拖近年關，才肯發放。那一天可說是他在一年中的大日子，黃炎培等這批慣於勸募的人，摸熟了他的性格，也就在那幾天裡，如走馬燈般在他跟前繞來繞去，以防錯過，似此難於伺候的人，采丞以一普通商人，卻能獨蒙青睞，頻承雨露，在其支應下，平地一聲，創辦民生紗廠，確為異數。如非別有因緣，必屬神乎其術。史量才原為窮秀才出身，書劍飄零，教學餬口，能以獨資受盤申報館，其資本來源，據說得之於紅顏知己。過此以往，則其日常生活，相當嚴肅，聲色犬馬，無所沾染。但在其被刺身殞後，卻爆出一個秘密來，即史在生前，亦自藏嬌金屋，與大富賈並無二致。此一秘密的爆出者即為采丞，可見他倆關係已超出尋常交誼。

努力取得杜黃的重視

采丞的個子高而消瘦，態度謙和，吐屬婉約，絕少市儈氣味；而七情內斂，城府甚深，則老莊之所謂「良賈深藏若虛」，正合他的個性。在上海聞人中，他先跑張嘯林公館，次及杜門，泛泛之交，往還不密。一二八中日戰事期中，史量才等組織上海市地方維持會，從事救濟難民、慰勞軍隊與抗日工作。旋以戰事結束，該會改組為地方協會，團結各界力量，作為繼續抗日的準備。他都曾隨眾加入，掛名會籍。史量才被刺殺後，杜月笙接任會長，以迄於八一三抗戰，他於屢近屢退之中，碌碌無所表現。直待國軍撤退，淞滬淪陷，黃炎培（該會總秘書兼總務主任）、杜月笙等於離滬前後，他才以一與公眾團體向無淵源、抗日活動絕乏經驗的門外漢，毅然背上風險，接受黃氏所遺的職務，身任實際負責人，承辦該會未了任務。異軍突起，大大出人意表。

由此他便向月笙緊緊靠攏，又和黃炎培拉緊交情，隨著時局變化，利用杜、黃關係，使其本身發展得以左右逢源，周旋如意。關於其後動態，確屬有此跡象。所以有人說他以外行而插手於地方協會的殘局是屬於投機性質，其言雖苛，不為無見。然而這個機會畢竟被他投中了，他的目光確不可及，尤其是他以不斷的努力，由投機變為投資，取得杜、黃兩人的重視，則為更不可及。

王艮仲是浦東大地主

采丞最初跑香港，往往邀約姚惠泉或王艮仲同來。姚為中華職業教育社的中堅人物，自黃炎培、江恆源、楊衛玉離滬後，該社便由姚挑其大樑。王艮仲為浦東大地主，家住大團，向有大團土皇帝的渾號，活動力甚強，抗日意識尤為堅決，黃炎培為其心目中所崇拜的人物。他倆和杜宅一般人的氣味不大相投，采丞出身商人，雖能隨方就圓，而在內心上他與杜宅若干人似不甚融洽。好在月笙本人氣度不凡，來到的客人，都能一視同仁，不分彼此，何況所商的多屬於抗日工作一類大題目，更無不開誠佈公，相互討論；能由他解決的他便引為己任，他所不能解決的亦樂於轉報重慶，聽候指示。所以他們來來往往，都能與月笙直接接洽，看不順眼的人從未能加以阻隔。譬如王艮仲曾因抗日需款，向月笙商借二十萬元，月笙滿口答允他，自己無錢，便寫信交他帶滬，由中匯銀行就近照撥（當時王艮仲確能做到毀家紓難，這筆借款，他後來出賣田產，如數清償。那時筆者看到月笙常有這類撥款〔數額當然沒這樣大〕，歸償者唯有王艮仲一人。艮仲後雖投共，其以前愛國熱忱，不容抹煞），即其一例。

姚惠泉與新四軍接近

經過相當期間後，月笙接獲軍統來電，正文外附帶一個建議，希望他身旁能有一位懂得政治的人物，此議初看似不甚經意，僅於電文結句中順便提起，其實為該電重點，月笙未嘗不知；但他以為本人並不吃政治飯，不須懂得政治，更不須有一懂得政治的人出沒身旁，和尚辦梳篦，寧非多事？惟來電既有如此話題，顯見其中必有用意，非同泛論，因是大惑不解，頗傷腦筋。實則這是不難理解的，因當時抗戰，軍事上雖已湧現統一局面，而在政治上則仍歧見甚深，隱存界限。月笙所想的，以為只要是敵後作戰的游擊隊，便是自家人，便當全盤援助，卻不意識到政治立場，游擊隊並不一致，有的應援助；有的則不應援助。軍統似嫌其囫圇吞棗，未加咀嚼，又未便直說，乃有此含蓄性的提議。那麼誰是奔走杜門為政治立場不同的游擊隊商請援助的呢？事後發覺，這人便是姚惠泉。因為他與新四軍是一向接近的，軍統來電，即根據月笙所轉陳的報告，經判明後而發，並非無的放矢。此後徐、姚、王的三人行，也就解體。采丞、艮仲還是照常來港，惠泉則不見再來了。

萬墨林最得杜氏歡心

徐采丞受到杜月笙重視的第一件事，為營救萬墨林出險。墨林與月笙帶有瓜葛之親，初在杜家當上一名小廝，做著裝（鴉片）煙、倒茶的工作，雖屬賤役，卻是貼身之人。

其人生相醜陋，小眼睛帶著塌鼻樑，兩耳招風，滿頭癩疥。但能識人頭，善巴結，工夫十足。其最能得月笙歡心的為偽裝癡呆愚鈍，沒有個性表現，喜怒哀樂，悉隨月笙的意志以為轉移。月笙所喜歡的人，他自會錦上添花；月笙所厭惡的人，他巴不得置之死地。由於這副愚忠愚孝的嘴臉，月笙帶挈著他逐步向上爬，從杜家總管變為上海灘的「聞人」，又由上海灘的「小聞人」變為行憲的「國大代」，正合上「淮南得道，雞犬飛昇」的故事。

上海淪陷後，墨林在月笙的指揮下，掩護重慶地下分子，則確為值得一書的事。即以此故，他於廿九年冬為日本憲兵隊所逮捕。坐老虎凳，灌胡椒水，一般非刑都虧他挺身抵受。月笙聞訊以後，驚慌焦灼，不待細表。其留滬朋友中與敵偽有聯繫的，一時義薄雲天，或親身來港，或託人帶信，在月笙跟前自告奮勇，以營救墨林為己任。月笙亦與錢新之商量，備好厚禮，由李秘書專程帶滬，獻與周佛海，懇其從中緩頰。佛海接納了他倆的請求，於禮物則堅拒不受。經過如此的拉交情，走門路，兩月有餘，依然於事無補，縱非絕望，亦已到了聽天由命的邊際。即在此時，徐采丞的信來了，萬墨林已由他的營救，從憲兵隊保釋出來。這一下可把月笙樂死了，對采丞也就重新估價了。

營救萬墨林幾經轉折

說實話，救出萬墨林，采丞是沒有這份能耐的，由他收功，確是一個奇蹟。其間的經過是這樣的：采丞有兩個朋友，一個是南洋醫院院長顧南群，一個是魚市場經理朱東山（東山亦為月笙的徒弟）。他倆有一共同的朋友為東北籍的金姓，在北洋政府時代曾任國會議員，認識不少日本人。金為一癮君子，與采丞同為黑籍煙民。一次，大家在煙榻上閒聊，金提起與梅機關的岡田（陸軍中佐）、坂田（日本浪人）都是熟朋友。當時言者無心，聽者有意，采丞是動慣腦筋的，便由這條路子，從結納金姓而結納兩「田」。待過從較密後，可從兩「田」探索此案的路數。其時采丞早以杜月笙的代表自居，而日方特工，各立門戶，如岡田之流，似有意於走通杜的路線，對於此案，尚無嚴峻的表示。采丞因合金姓之力，懇求疏解，又浼其他有力者從旁斡旋，日方在情不可卻之下，萬墨林乃得從憲兵隊保釋。此項機緣，正所謂「踏破鐵鞋無覓處，得來全不費工夫」者，采丞竟於無意中得之，固為其始料所不及。

以後采丞在上海日本陸軍部成為兜得轉的人物，即從此發軔。事因部長川本與坂田為兒女親家，采丞由於坂田的推舉，結識川本，自與普通介紹不同。

外加其所具備的條件，除扯足杜月笙的旗號外，所抱態度，尚能持重不苟，使川本感覺其有異於慣常接觸的中國人，故能在陸軍部中展開活動。此中事例，後文將有說明，在此先伏一筆。

最受杜重視的幾件事

采丞受到月笙重視的第二件事，為關於高（宗武）陶（希聖）反正一案。這案的發動力並非出於月笙，地點又在上海，與月笙原是風馬牛不相及的。但其間經過，則皆由月笙一手經手，一若其於偽組織登場之先便能予以嚴重的打擊，厥功甚偉。實則反正的發動力出於永嘉黃溯初先生，而將黃溯初介紹給月笙的則為徐寄廎先生；但此兩人均不居名，退隱幕後，采丞受寄廎之託，乃得以第一手情報，來港與月笙先行密洽。這和上面所說營救萬墨林一事如出一轍，都是得來全不費工夫的。但在月笙看來，則采丞確為一有用的助手。

第三件則為太平洋戰事發生，香港淪陷後，采丞於日軍封鎖海運之中，居然雇好巨輪，直駛香港，將蘇浙難民運回上海，又將旅港名流如顏惠慶、陳友仁、曾毓雋、李思浩、葉恭綽等多人用飛機接返上海，俾免淪落海嵎，飄零失所，這都是法力無邊的大事件。蘇浙難民，到滬後各自歸家；名流到滬後則在最初期間隱受監視，日方只准采丞一人與他們發生接觸。易言之，則由日方委託采丞負責管理。聲威盛大，可見一班。這些名流，也就在無形中變成他的「政治」資本。當時重慶對於旅港名流，眷注有心，所苦救援無法；采丞發動船運機運，雖非送往重慶，究足減輕政府的顧慮。他於事先通過月笙，商准重慶，然後行事，大大地提高了月笙的聲價。一般不悉底細的人，以為月笙在死胡同中，仍能驅其五丁，引之就道。這份力量，它之大得嚇人，而不知實際活動，全由采丞之力。

第四件為淪陷區與自由區交換物資。采丞在上海組織民華公司，將大批棉紗紗布運交重慶；月笙在重慶組織通濟公司，以法幣抵償貨款。名為交換，實則購買。當時自由區的日用物品，極度缺乏，居民想製一襲陰丹士林布的短褂袴，有價無市；而法幣則一再貶值，已成惡性膨脹。居民為保持幣值，如有大量法幣到手，立刻想盡法子，易回貨物，決不存留過夜。所以用法幣收購棉紗紗布，也不妨說是用廢紙收購實物。日方在徐采丞的安排下肯於睜眼大吃其虧，確是一件不可思議的事；反之，月笙遠在重慶，而能攝引如許物資，自亦為一不可思議的人物。

日憲兵護送杜氏家眷

迨至日方敗象已呈，盟軍反攻，節節推進，上海恐將淪為戰場，月笙留滬的一部分眷屬乃決意內徙，取道界首、商邱一路轉往重慶。這是通過陰陽線的僻徑，流亡群經此去後方的為數不少，故亦為一孔道。但其間危險甚多，尤以在陰陽異上的日軍阻留追擊，令人震撼。但在采丞佈置之下，不惟匕鬯無驚，且感舒適。除去滬寧一段路她們係以尋常旅客身分隨車西進外，其從浦口渡江，轉入津浦線，再轉豫東以達自由區邊緣，統由日本憲法派出小隊，武裝護送，殷勤照料，反比她們到達自由區後所遭遇的，稱心滿意。月笙已在采丞來電中知悉一切，秘不敢言，以防引起他人議論；詎附伴同行的呂某，於到達重慶後，竟一再在月笙跟前，提及此事，力促月笙向這一小隊憲兵送禮致謝。月笙向他笑笑，不置可否。及後見他催得更緊，月笙乃正色和他說：「日本是我們的敵人呀！這事如果張揚開來，太不好看，莫說不能送禮，口頭上都提不得。」

（按：呂某，為一留美學生，總算是知識分子，而淺薄荒唐，一至於此，可嘆可笑。）經此開導後，他討得一場沒趣，以後才不再提。離亂之際，使人骨肉完聚，不是小事，於公於私，月笙的朋友中能如采丞這樣為他盡力的恐不多得吧。

在陸軍部確實兜得轉

當時月笙和上海的聯繫，只剩徐丞采這條線。他倆利用秘密電臺，每個週三週六相互通報一次，往返都是長長的一大篇。月笙除委託他調查一般情形外，最重要的為營救被捕的地工分子和撥付款項。前者能否收效，誰都沒有把握，而所耗金錢，數量則極可觀。後者則完全是錢的問題，長期供應，數量更鉅，有時受款人遠在華北，還得以聯銀券付出。月笙所以將采丞作為外府看待，即因其經辦物資交換，手頭有大量的流動金可以隨時調撥，又可無須償還。

據筆者後來所得的印證，采丞在川本的陸軍部到確是兜得轉的，當時月笙有一位學生，和以宏濟善堂名義公賣鴉片煙的盛老三發生爭奪戰，盛老三自恃有日本浪人李見甫的撐腹，放出空氣，將對月笙的學生加以不利，情形頗為嚴重。當有人指點他和采丞商量，或有應付辦法。好在他和采丞原是熟人，一見之下，他把內容逐項告知後，采丞當場並沒有肯定的表示。過了幾天，采丞約他去談話，采丞說：「我已同川本提過，川本問你是何等樣人？我說是我的朋友，又是杜某人的學生。川本說：那麼他亦算是這一邊的人了。這好辦，你把我的電話號碼告訴他，如果盛老三真個派人和他搗亂，他只消來個電話，我的人可以在十分鐘內趕到。」

月笙的學生吃到這顆定心丸，便照他的預定步驟，放膽進行，盛老三終於被擠下去了。因此，月笙委託他營救地工分子，到不是一無所成。當初他以月笙的駐滬代表自居，雖然免於曹操自封，到了此時，卻是名符其實的了。

抗戰結束後返抵杭州

對日戰事結束後，杜月笙於八月底由淳安到了杭州，住在西冷飯店，徐采丞去杭迎接他，朱文熊，也去杭迎接他（按：朱為張君勱之妹夫）。初時他們所談的無非上海過去一般情形和勝利後的盛況，後來話頭觸及實際問題，扯到交換物資這一項目。朱文熊雖未參預其事，但他是周作民（金城銀行老闆）旗下的大員，周在戰時曾為軍統做過情報工作，又是采丞為交換物資而設的民華公司的董事長，所以文熊於該公司的業務並不陌生。當時文熊指出該公司所收購的棉紗若干捆，布疋若干疋，其他物資又如何如何，其數量之鉅，比之采丞實際運交重慶及第三戰區的幾於超過一倍。這番說話，雖非有心「攞景」；但已點破其中不盡不實的情形。采丞未便置辯，又苦無法自明，耿耿此心，惟天可表，在情不自禁下大哭了一場。

對接收大員有求必應

勝利帶來了狂歡，更風魔了重慶的來人。徐辦理接收大員外，不少人居然帶著勝利臉孔，要月笙代找房子。其實月笙也是從重慶來的，並未在淪陷區做過順民，無須巴結這些人；何況所謂「找房子」不過說得好聽些，實際是想他白白奉送。嘴上玲瓏，心頭齷齪，儘可置之不理。可是他另有計較，總是滿口應承下去。一因他做慣大好老，隨時隨地想顯出他的不同，如果有求無應，等於自砍招牌，這是他所不願的。二因這些人都有不大不小的頭銜。今後的上海灘已非租界時代的上海灘，誰都不能一把抓。這些人雖然起不了大作用，而行得春風，收得夏雨，人不可以貌相，將來也許有所收穫的。因此，房荒雖感嚴重，他從未加以婉卻。這可把采丞拖苦了，他在應承別人後，接手便轉囑采丞速辦。采丞無可推諉，祇得悉力應付。身分較高的代為物色獨宅洋房，不高不低的代為物色一層西式公寓，起碼的也得一幢弄堂房子。在供求不相應的情況下，單言「物色」，就得費去不少功夫。物色到手，還得花去不少頂費。頂費是以黃金計算的。廿兩、卅兩，事極平常，十條廿條，亦不希罕，這些全由采丞掏出腰包，月笙並不理會，而面子則由月笙做足。所以采丞在交換物資中間即使發過國難財，其所遭的變相「劫收」，僅在房子一項下已經損失不少。

徐氏大名列入黑名單

這還不算什麼，最使他震驚駭汗的為月笙透露黑名單中也有他的大名在內，而與此壞消息相印證的則以前跟他在民華公司辦事的高級職員已先受到軍警的干擾。平心而論，淪陷時期，他們與日本人十分接近，形跡確屬可疑；但按之事實，他們所做的，事先均已得到重慶的默許，即使稍有出入，功罪似亦可以相抵。此時突然翻臉，執法相繩，大約不外於兩條規律：在采丞等為

「懷璧其罪」；在對手方則為「擇肥而噬」。這倒不是妄測的。其後變化，雷聲雖大，雨點卻很稀疏，果然就此兩項規律，靈活運用，由陰森黯晦轉化為光風霽月。采丞與其手下幹部如患了一場痢症，痾黃痾白，元氣自虧，總算是有驚無險。

徐與黃炎培另有契合

抗戰期中，采丞與月笙之緊緊拉攏既如上所云云，其與黃炎培的著意周旋，亦能恰到好處。杜、黃的型格是絕不相同的，所以他與黃的往還又是一種交道。筆者曾親聽采丞說，他在淪陷期中，過手事件，無論其為快意的或疚心的，每一星期，必將各項經過向陳陶遺先生說明無隱。陶老是百事不管的人，聽聽笑笑，不置可否，於他並無裨助；但他卻覺得經此陳訴，心理上似較寧貼。這情形就像教徒向神父告解一般，即使有罪，亦可豁免。他以此方式事於陶老，亦以此方式事於黃炎培，所以他倆之間，另有其精神上的契合。

上面提過，他在經營物資交換中，曾將府綢棉布及日用品，派員直運重慶，分貽友好，這裡面當然少不了黃炎培的一份。勝利後，黃炎培攜眷回滬，他原住的南市林蔭路房屋，已遭兵燹，無家可歸，借寓於華龍路的中華職業教育社內。這是黃氏手創的機構，暫時借寓，亦固其宜。惟以辦公地點，婦孺雜居，澣洗烹飪，既屬偪促，且感不便。杜月笙、錢新之等，因醵金為他在善鐘路榮康別墅購屋贈居，其中由采丞負擔的數量不菲，所以他於黃氏，在物資上又有其厚重的「酌獻」。

抗戰以前，黃炎培所辦的事業如「中華職業教育社」、「鴻英圖書館」、「徐公橋農村改進會」等，無一不賴捐募以資維持。勝利前後，黃炎培已成為民主人士，並獨樹一幟，吸收工商界組織民主建國會以為政治資本，采丞於前者既曾有直接或間接的支援，於後者則以局外之身，參預其事，多所獻替。故待紅旗漫捲西風，大陸逐漸變色，他能胸有成竹地依然留在上海，而月笙則先行去港。

丟失徐的雙程通行證

未幾，烽火渡江，上海易手，月笙滬寓安全的第一手消息，即由徐采丞飛章報告。他在信中敘述華格臬路和十八層樓公寓兩處，絕無驚動（按：兩處均為杜氏寓所）。其留滬未走的一部分家屬，生活正常，即上海一般情形，亦皆安謐如故，看不出已在改朝換代。這些全是依據實情，不作偏袒，當然亦看不出他的思想有無轉變。

距上海易手後三個月，采丞來香港，和月笙密談了好多次，不久歸去。民四十年春，他又攜同楊大成偷渡到港。楊為二十來歲的青年，其叔祖楊衛玉為當時北京輕工業部副部長，與黃炎培、江恆源同為職教派的領袖，而當時輕工業部部長即由黃炎培以副總理兼任。一般人對於這位小楊都投以奇異的眼光，以為他負有監視采丞的任務。實情如何，誰也不能明白。一天，小楊和朋友在香港公教俱樂部吃飯，他把上裝脫下掛在椅背上。飯畢取衣，正待付賬，袋中的皮夾子已不翼而飛，遍覓不見，早為扒子攝去了。這一下可把小楊急得半死，因中共發給徐采丞的雙程通行證也在皮夾之中，丟錢事小，丟了這東西關係則大。一時只見小楊滿臉驚惶，汗珠子從髮根沁出；采丞聞訊後，也就呆在那兒，瞠目噤聲，不知所措。後經登報招尋，許以重酬，始終無從覓獲。

黃炎培介紹見周恩來

話說回來，一紙雙程通行證算得什麼？丟就丟了，難道不能掛失補領，何須如此驚駭。而不知這份通行證來歷不同，並非如普通人向當地公安局申請領出，而是由「國務院」直接頒發的，極為隆重。

那麼徐采丞又怎能和「國務院」打上交道呢？據有關方面透露：由於黃炎培的介紹，徐曾和周恩來見過面，已拉上相當關係。那麼「國務院」又為什麼發給這份通行證呢？據有關方面透露：由於采丞建議，沿襲抗戰期間的老路，變通辦法，以商人名義出面和日本人再作聯繫，交換物資，供應國內的需要。事經認可，因此他的來港，與尋常旅客所持證件迥然不同，直接由「國務院」發出。以中共的認真保密，這份通行證怎好遺失，所以他不能不急。同時小楊跟他來港的原因，也由此揭露開來，原來采丞有意採取的姿態。他以一路有伴為名，特地指定小楊同行，表示其去港絕無私念，藉以加深黃炎培等對他的信任。至此，事態逐步明朗，大家才看出采丞的思想已有轉變。額角頭由皮蛋色浸為粉紅色，儼然為一「進步分子」了。

指組一條中港日路線

采丞的預定計劃是這樣的。準備以二十億人民幣，在北京組織公司，推黃炎培為董事長。香港方面另組織公司，推月笙為董事長，作為北京方面的聯號。日本方面則委託其老朋友川本、坂田等經紀其事，將當地出產的機器、材料運抵香港，再由香港轉口大陸。

他本人則總攬這三條線而往來於國內與香港之間，必要時也可東渡面洽。

北平方面的實際情形，局外人當然不易明瞭，月笙對於此項計劃，則因其立場不便有鮮明的表示，而體力上亦不容許其作積極的活動，故其態度始終處於不即不離之間。但這些都不是大問題，關鍵所在，須視日本人的反應而決。采丞經過聯繫後，寫去的中文信並無回音。接手又寫日文信，亦如石沉大海，馴至匯去的旅費，錢收了而始終不見人來。疊經波折，大惑不解，嗣經輾轉探查，才知川本正走美商路線，進行經理石油，無意重為馮婦；而坂田則以走私為美軍破案，拘押在獄，行動已失自由。這主要的一條線既走不通，又因國內情形起有變化，以致其所計劃迄未實現。

思往悲來下結束生命

當時采丞的個人行動是十分審慎的，儘管外間多已明瞭其所企圖，他仍守口如瓶，從不吐露半句。他由新寧招待所住到雲華酒店，又由雲華酒店住到國泰酒店，再由國泰酒店住到百樂門酒店，一年之中，屢經遷徙，耗費既巨，飲食亦不稱心；但他老以客舍為家，不作賃屋定居之想。其用意是很深刻的，即為表示其在港只為暫居，終不久將回到大陸。在其決心未經轉變以前，他寧願東家食而西家宿，使人不易有所窺測。

迄至他的計劃擱淺，月笙旋亦下世，而同來的楊大成，又因精神病回到上海。思往悲來，不堪刺激，思想上似已起了變化，才從旅邸遷出，卜居於半山公寓；繼遷於北角臺。年老體衰，形影相弔，重以思慮過度，自己恐嚇自己，以致牛角尖愈鑽愈深而自我結束其生命。此雖為揣測之詞，未必便為其自殺的真正動機；然以望七之年，不獲考終，總是一個悲慘的結局。

就上面所說的看來，他是利用過月笙的，而月笙也就利用了他。世難日下，友道凌替，彼此能互相利用，有來有往，已是講究義氣的人。天下滔滔，過橋抽板的，忘恩負義的，正復不知多少。時至今日，港臺兩地，月笙生前的親朋故舊，有財有勢的不乏其人，飲水思源，理當報德，但尚未聽到有人對於杜家遺屬有何特別照顧。感念逝者，徐采丞在杜門中確為鳳毛麟角，不可多得的了。

第四章
受杜月笙格外提拔的楊管北

緊接上章，我先談談出入杜門的楊管北（鍵）先生。他是中華民國的立法委員，設有規模頗大的輪船公司，在香港又曾興建富麗堂皇的大廈；國運雖然凌替，他卻長袖善舞，財勢兼雄。抗戰期中，他常從上海來港做運輸生意，月笙看到他，總是呼為楊小開而不名。

所謂小開，為上海人和江南一帶對於小老板的通稱。開銀行當舖的人，他的兒子當然是貨真價實的小開；開剃頭店澡堂的人，他的兒子也照樣被人呼為小開。惟從稱謂間所用語氣的抑揚高下，可以體味出「小開」兩字的真價值來。一般人對於銀行當舖的小開，舌底生蓮，語調上自帶有巴結逢迎的意味。對於剃頭店澡堂的小開，則舌頭打滾，鄙夷的成份居多。這是世俗之見，其實在商業地位原是平等的。那麼楊先生的小開身分是什麼呢？雖然不甚高，卻也不壞，他是「有錢不買金生麗，隔壁青山綠更多」的酒店小開。所有五加皮、玫瑰露、洋河高粱、紹興花雕，他店中應有盡有。

楊虎陳群介紹入杜門

楊管北踏進上海華格臬路杜公館，是由陳群、楊虎所汲引，時間在民十六年以後。國民黨清黨之役，陳群、楊虎為上海區的領導者，月笙則以其黑社會的勢力相與配合，所以他倆掌時在杜公館中等於半個主人，所說的話，極占份量。楊小開既由他倆引進，愛屋及烏，杜老板自是刮目相看。

楊小開和陳群這些人又有什麼淵源？原來他是國民革命軍東路前敵總指揮部政治部宣傳處的一名科員，宣傳處分三科，處長為趙石龍，科長為李公樸等，而陳群則為政治部的主任。上海底定後，淞滬附近各縣均屬於軍管區，自上海市長以至各縣縣長均由軍方委派，陳群自處於重要地位。楊小開賦性聰穎，做人伶俐，在陶爾斐斯路的陳公館給事甚周，深得長官的器重，故樂於介紹，俾能出入於杜氏之門。楊小開喉嚨粗，聲音大，又能寫得一手不錯的字，即從此時磨練而來；因喊口號，寫標語，都是國民革命軍新興玩藝，而政治部則是專幹此項工作的，喉嚨當然喊得越響，拳頭大的字當然越寫越出色了。

由於楊小開為一聰明的人兒，看破了穿著兩尺半的行業是不會有大出息的，即使轉入文職，能獨當一面，官場如戲場，也不是安身立命之道，既然到了上海，便當從商業著眼，在十里洋場打開一個局面，以期成為闤闠聞人如朱葆三、虞洽卿一流，既得其利，復有其名，安富尊榮，逍遙自在，較之政海浮沉，不知好多少倍，因此他便脫下了兩尺半，榮任大達輪船公司副經理。

這是他一生發軔之始，也是他多方奮鬥之始，而曲折以赴，把他提拔出來的即為杜月笙。

大達大通組聯營公司

寫到此處，筆者得掉轉筆鋒，敘述大達輪船公司的梗概。此一公司為張季直（謇）老先生創辦的事業，其航線為由上海到南通的天生港。張老先生所辦的事業甚多，一人未能兼顧，其於航業一項，則委託吳季誠先生（吳蘊齋先生的叔父）照料。張老先生故世後，其哲嗣孝若繼承父業，以董事長兼總經理名義主持大達公司。孝若為公子哥，年事既輕，又沾煙癖，自難專注於此。其在幕後為之籌劃措置者則仍為吳季誠先生。同時，這條航線，除大達公司派船行走外，尚有一家大通輪船公司，創辦人為楊在田先生。他是一位幫口人物，水路生意至為諳練，與杜老闆亦是好友。兩公司在互相競爭之下，大達因管理不周，營業不無遜色；又因兩公司的碼頭，都在上海法租界的黃浦江邊，地痞流氓，時有紛擾，孝若因將董事長讓出，請杜老板擔任，俾能於管理及營業有所改善，由此杜老闆便插手於大達公司。旋以大通、大達，彼此同業，如因相互競爭，兩敗俱傷，不如採取聯營，合二為一，使能各沾實惠；當在杜老板的倡議下，徵得兩家同意，合組為大通大達聯營公司，於是杜老板又一躍而為聯營公司的董事長。

幾經波折得任副經理

楊管北之進大達公司，是由陳群楊虎轉託杜老板推薦的，其時杜老闆與張孝若尚未相識，自揣冒昧介紹，殊難啟齒；但又迫於情面難卻，不得不設法成全。在多方打聽下，得知吳季誠為孝若信賴之人，如獲季誠幫忙，必操左券。杜老板因通過因蘊齋的關係，向季誠間接作介。季誠為蘊齋的叔父，而月笙則與蘊齋具有交誼，輾轉相通，總算摸到了一條路線。清黨以後，杜老板的大名紅透半天，工商兩界人士，對他多已改變觀念。大達規模，雖不夠與招商局一類大輪船公司相比，而安插一二個職員，即使其人與航業向無關聯，純屬外行，大不了多花幾張鈔票，亦無所礙。以故季誠與孝若相商後，孝若不僅滿口應允，且以杜老板於水陸兩途，聲氣廣通，如能邀其加入公司，不惟可以避免不少麻煩，並可借重其號召力，使營業方面有所擴展。為公司前途計，孝若自願退處於東主地位，而以董事長總經理兩席請杜老板擔任，即囑季誠，前往致意。杜老板以孝若之意，固屬可感，惟因薦人而把自己亦拉了進去，不大合式，堅不肯承；季誠數度接洽，始終不得要領。最後孝若親自出馬，登門勸駕，態度誠懇，杜老板始允接受董事長的名義，掛一虛銜，實權仍操之孝若之手，其事始定。

在理，楊管北的職業問題更可由此解決了，詎知事實經過，並不如此簡單，事因孝若查實他是商家所忌的「政工」出身，談吐之間，不無悔意。嗣經杜老板多方解釋，孝若亦礙於董事長的面子，只得勉予接受，俾以副經理的名義。經此波折，終底於成，於是楊小開「走馬上任」，躋身於航商之林。好在他是夠聰明的，生意經綸，一學便會，以後一帆風順，即於此奠其基焉。

胡敘五供給許多資料

筆者寫到此處，肩膊上突被人猛拍一下，大吃一驚，回頭一看，原來是那位笨頭笨腦的杜門記室胡敘五仁兄，在我一心寫作下，推門掩入，竟無所覺。他以蠻不講理的手段把我的稿子搶報，略略翻閱，便大聲嚷著：「好！好！你這傢伙，偷偷摸摸的寫這些東西，弄到外面的人疑神疑鬼，以為是我寫的，羊肉未吃惹身擅，實在可惱。這樣吧！你請我喝幾瓶啤酒去，一來贖罪，二來我還可以供給你許多資料，讓你多騙幾文稿費，算盤總打得過吧。」這是筆者求之不得的事，立刻擱下筆兒，陪他上大排檔去。

他喝下半瓶啤酒後發話了。他說：「你現在不是寫楊管北麼？我就拿他作為題材，好讓你續寫下去。不過我有一個條件，就是杜老先生親手提拔的人，到了今天，以楊管北為一枝獨秀，我可以儘量說他的事故，你卻不可有聞必錄、儘量的去寫。至少你不能寫衰了他，因為他畢竟是一位人才呀。」我便學著小丑的輭兒，一聲「得令」，請他照實道來。

大樹遮蔭下如魚得水

他說：「杜先生對於楊小開是十分器重的。太平洋戰事發生的前一年，邊定遠兄在重慶發起籌備銀行。邊為杜先生的高足，又是現任財政部總務司長，創辦一間銀行並不是難事。他的用意是極好的，準備把老夫子抬出來當董事長，使他在重慶有一個確實的據點，同時將恆社的同人團結在一塊，好讓大家在大後方互相維持，同謀發展。所以籌備工作分在渝港兩地進行，招募股款。我記得在港負責的為楊克天、蕭青山兩兄，重慶的負責人我就不得而知了。及至籌備就緒，股款招足，不料財政部限制設立新銀行，停發牌照，經此打擊，以致原議胎死腹中，無從實現。恆社同人並不氣餒，以為僅差一個招牌，便爾罷手，豈不前功盡棄，因就原定計畫，加以修訂，改為中華實業公司，設於重慶林森路口。邊老兄以未符原意，態度未免消沉，恆社同人則因具有材幹者皆已有其工作崗位，於是總經理的人選一時陷於虛懸。管北此時已去重慶，杜先生便把他拉了出來，以承其乏。

「在抗戰的前一階段，管北於滬港越之間，做其運輸生意。當時走私貨做單的都有利可圖，大規模的運輸當然所獲甚厚；無如僕僕風塵，舟車勞頓，究屬一樁苦事，且不免於風險。如今輕易地取得中華實業公司的總揆，一面又可繼續經營其運輸生意，在杜先生的大樹遮蔭下，更可得到不少的便利，這在管北方面說來，自是如魚得水，越發可以跳跟活躍。

「可是這中華實業公司，其中人才雖然濟濟，資本雖然雄厚，房屋雖然堂皇，人手雖然充足，而在營業上則始終沒有做過幾筆生意，到得後來，竟成為變相招待所，一般親友，下榻其中，可是經年累月的直住下去；以故勝利後公司移往上海，所剩資產僅有黃金十二條，正合上『大屋裡晒衣裳，把它陰乾』那句俗話。這是後話。

創辦通濟杜氏出力多

「民卅二年，杜先生創辦通濟公司與上海方面交換物資。此事的經過，你（指筆者）是知道的，我（敘五自指）看你已經寫過，可以不必多說。我所能補充的為該公司即設在中華實業公司內，楊管北又由杜先生的提拔，得到一個總經理的頭銜，而中華實業公司的職業，亦多得到兼職，多領一份薪水。這公司由籌備以至成立，其中最出力的第一當然為杜先生，第二要推徐子為，第三要輪到我小區區了。事因交換物資的計劃在香港未淪陷前，已由徐采丞和杜先生商量過，杜徐兩人邀集銀行界在九龍塘林肯路錢新之住宅商討此事時，楊所提出的計劃草案，即出於我的手筆。嗣因太平洋戰事發生，香港淪陷，事乃中斷。及後渝滬間設立秘密電臺，徐采丞重提舊事，才又接起線來。在通濟成立前，為了此事，徐杜反覆商洽的電報不下幾百通，歷時幾及一年，始告定議。其間抓主意、拉關係、分頭向戴雨農先生（因其為貨運管理局局長，而與淪陷區交換物資亦須得到軍統的同意）、中、中、交、農四行及川幫銀行（因須墊付資本）接洽，全由杜先生出馬，後來在通濟占有職位的那班仁兄，那時最多只出一張嘴巴而已。

渝滬電報另有密碼本

「渝滬間往返的電報多屬於長篇大幅，全部密碼。這密碼是由電訊專家陸鴻勛所製訂的，薄薄的一小本，長不過四英寸，闊不過兩英寸，其中僅有十二頁，每頁橫四行，直十行，合計為四十個秩序紊亂的單位數字，全本共計僅有九百六十個單位。而明碼電報，連補遺在內所列將近萬字的號碼，即全納於九百六十個單位之內，利用其縱橫變化，配成密碼，手續極為繁複。這不算，密碼不是直接照電稿翻譯的，而是以秦翰才所著《左宗棠》為媒介物，摘取其中一段與電稿配合起來，先將電文譯成明碼，再將明碼以加減法配成從《左宗棠》中摘取而來的一段，作為根據，然後譯為密碼，所以一電譯成，要經三道手續。由電報起稿起以至譯好發出，都是我小區區承辦的。在時間的緊迫和炎氛的侵襲下，有時苦得我走投無路。如你所知，我是光棍一個，沒有幫手的，又以滬渝之間，究竟路隔千里，專靠電報，仍不能互達隱微，因此杜先生將徐子為找來，要他潛行去滬，與徐采丞當面接洽，並窺探上海方面的實際情形。徐子為原為吳江商會會長，戰時在重慶中華職業教育社任事，屬於黃炎培的麾下，人既幹練，文筆亦佳，職教社的人有其特長，能耐勞，守信用，決不招搖自炫，徐子為又身體力壯，所以杜先生看中了他。當時從重慶去上海，無論取道界首或場口的路線，都是極辛苦的，到了上海，在敵偽的偵察下，更難免於風險，徐子為卻先後去過兩趟，完成任務，其功自不在小。

和楊管北有個小疙瘩

「迄至通濟公司成立，開始接收上海運來的物資，徐子為先被派往界首，後被派往淳安，專任接貨工作；杜先生則繼續籌劃款項，我則仍埋首於電報堆中，而通濟職員則皆坐領乾薪，並無工作。惟楊管北曾以『出巡』姿態，在西北兜了一個圈子，以杜先生主辦的通濟公司名義，結識了湯恩伯等高級將領及其幕僚。即在此時，我和這位楊管北先生鬧上一個小疙瘩。

「事因通濟成立後，如前所說，中華實業公司的職員都已有了兼職和兼薪，我卻沒有份兒，以前的工作等於白做，以後的工作仍屬徒勞，在左思右想下，我便寫了一封信給這位楊先生，請其加以留意，寫好後，託由交通銀行副經理潘樹藩轉交。說實話，這封信的措辭是送高帽給他戴的，我牢牢記得其中用上韓昌黎的『利居眾後，義在人先』這兩句話。

「過了兩天，杜先生的電話來了，囑我上山去（杜住重慶郊外汪山），其時正在熱天，我到杜家時滿身是汗，喘息才定，杜先生已入客座，盛氣說道：『敘五兄，楊管北是我的朋友，你怎可得罪他？你得向他道歉去。』

「我一時摸不著頭腦，不知幾時得罪過他？因反問道：『杜先生，你怎知道我得罪過楊管北呢？』

「他說：『你不是寫信罵過楊管北麼？』

「我才恍然，知道毛病出在信上。然而這信是帶有『拍馬』的意味的，怎麼纏到『罵山門』上去呢？我更不解。因以解釋的口吻，說道：『講到這封信，也許楊管北還保留著，未曾毀去。信中是否罵他，也許你杜先生看不懂，好在章行嚴先生住在你這裡，你儘可叫他將信送交行老，看看有無罵的意味？再說，這信是託潘樹藩帶去的，樹藩看過，並未封口，如是罵人的信，樹藩也不肯代帶。』

受盡委屈也要去道歉

「杜先生這才明白，軟下來了，臉色也和緩起來。而我一為天熱，二為受到這個冤枉，便大聲說：『杜先生，你不要弄錯了，拿我和楊管北比起來，無論那一方面我並不低於他，只有一點我夠他不上。』

「杜先生說：『這一點什麼呢？』

「我說：『他比我多了幾個銅板呀？所以你特別看重了他。』

「杜先生又虎起臉來說：『你還說不罵人，你不是當面罵我見錢眼開麼？』旋又轉為霽顏說道：『好啦！好啦！你就看我的份上，向他敷衍一下吧！』

「我說：『那麼你的意思還是要我道歉去，我是不去的。說實話，你要找個把總經理有的是；不是自吹，要找我這個秘書一時卻無從物色。我並不敢自誇本領高，文筆好，至低限度，如果我走了，你的密電還沒有人可以翻得出來呢！』

「至此，杜先生打起笑臉來，說：『你是要要挾我麼？算啦，算啦！好歹我都知道的。將來你回到上海，我會給你好好的安排，眼前你就多辛苦一點吧。也不，你會知道的。不過我曾和管北說過，叫你去道歉的，即使你受盡委屈，這一遭你總得依我的話去做。敘五兄，做人是不容易的呀，你不曾看過成都石局長的謝信麼？你不曾看過維翰（杜的第五公子，時在成都軍校）的信麼？這些事我都當做耳無所聞，從不提起。因為在重慶不比在上海，我手邊沒什麼人，所以有時不能不裝聾作啞。我都如此，難道你就做不來麼？再說，你真的沒有得罪他而又向他去道歉，那麼感到慚愧的並不是你，難道這一點你都不懂麼？我好像聽人講過，從前有一個唾面自乾的故事，我說不全，你總知道，你就做一次唾面自乾的人吧！』

「我聽完杜先生一口氣說了這些話，其中又不無值得咀嚼之處，也就以靜默作為答覆，表示接受他的意見。接口他又囑我吃了晚飯坐他的滑竿回城去。

「我退出客廳走到場地上來，杜家傭人徐濤生一把抓住我說：『你和老板鬧些什麼呀！太太說你又發牛脾氣了。』

「我說：『你不懂的，你不必問。』

研究信中究有何不妥

「過後，我去看楊管北，咧著嘴兒向他說：『楊老總，包荒一點吧！』這就算是我的道歉了。

「當時我天天都在交通銀行，便中與樹藩研究所寫的信，究竟有何不妥，以致觸犯了這位楊老總。樹藩初亦不解，繼而若有所悟地說：『老兄，你不能以正常的眼光衡量一切，我先說一個故事給你聽，也許可以作為解釋：

「從前上海引翔港的跑馬廳成立後，那位總經理取到不少的介紹信，要求安插人手，總經理便著張秘書回信婉卻。張秘書是喜歡搦筆頭的，在覆信中寫上『涔蹄之水，不足以供迴旋』之句。

「那位總經理問他「涔蹄」兩字何解？張秘書說：『這是出於《淮南子》的典故。「牛蹄之涔」，信中用來，無非表示我們的跑馬廳，範圍甚小，有像牛蹄踏著的一窪水那般大，原是客套的詞兒。不料那位總經理是個老粗，性情暴燥，登時拍案大罵：「放屁，放屁！我們跑馬廳儘管比不上上海和江灣那樣大，也不致和牛蹄踏成的水窪那般小。太不像話，重寫，重寫！」』你在信裡不是有『利居眾後，義在人先』這兩句話麼？楊管北據說也是在大學混過的，不會看不懂；也許他的心眼多，認為你表面讚他，暗地裡譏刺他也未可知呢！否則你的信是找不出任何破綻的。

「事情就這樣過去了，我並沒有吃虧，終於得到通濟公司專員的名義，按月領薪，使我以後能夠多跑幾次冷酒店。到了年底，駱清華又塞給我一張三十萬元的通商銀行本票，他說：『這是董事長送給你的，一半也是你和他伴嘴兒掙來的。』當時駱清華身任通商銀行經理，也許我和杜先生的那場爭辯他已得聞其事了。

兩件相當有趣的故事

「杜先生對於楊管北的提拔還有的是，一時也說不了許多。現在談談兩件相當有趣的事：

「杜先生病故後，他的大部分家屬包括外甥徐忠霖在內，都從香港移居於臺北。忠霖在失業中，曾跑到楊管北那裡去，請求他看在故世的娘舅（指杜先生）『份上』在可能範圍內，設法安插一下。詎知楊管北虎起臉來說：『你的娘舅嘛，你不要弄錯，他是全靠我們捧出來的……』

其意若曰，我已為你娘舅盡過心力，還有什麼『份上』可看？這麼一來，忠霖所請求的當然毫無希望了。事後忠霖將此經過情形向杜家一位公子說起，杜家公子問他：『楊管北既然這麼說，你當時可有什麼話答覆他呢？』忠霖說：『我是低頭求人幫忙呀！還有什麼好說的？』杜家公子便大聲嚷道：『你這壞種。你去，你去，問問他當年怎樣把老板（杜的家屬在背後亦稱杜先生為老板）捧起來的？如果他亂話三千，你就摑他幾個嘴巴，不要怕，打出事來我負責。』忠霖人甚壯碩，也很機警，可是要他和楊較量，卻提不起勇氣來。杜家公子見他是一個扶不起的阿斗，只有連碎他幾個『膿包』，付之一嘆。

「這件故事是由臺北來友徐姓告訴我的，我不相信，因楊決不會是得魚忘筌的人，此中必有誤會。但證以他和某一飯店老板所發的脾氣，昂頭天外，大言炎炎，卻不禁使我疑信參半。

「事緣這位飯店老板，以前在上海早就拜在杜先生門下，為一敢作敢為的人。他所創辦的那飯店，規模頗大，有餐廳、有舞廳，在長江後浪推前浪的新陳代謝下，有一時期，可算是僅次於第一流的大飯店，杜宅的人都常進進出出的，楊管北和這位飯店老板之稱兄道弟，自屬不在話下。杜先生病故後，這位飯店老板，挈婦將雛，瑟縮海隅，生活殊感艱窘，自恃與管北夙具交情，也就和徐忠霖一樣，登門奉訪，請其代為找份職業。不意管北向他眨上幾眼，揚聲說道：『你自己想想看，像你這塊材料配做什麼事？』這個釘子不惟把這飯店老板碰得眼花腦暈，且使其心理上負擔了莫大的恥辱，回得家來，大哭一場，自謂：『即使老頭子（指杜先生）在日，我縱是一個草包，也不會當面說出這樣的重話。』此事經過，言者鑿鑿，我當時聽聽笑笑，以為楊管北是唸佛的，七心盡妄，八垢皆空，未必一些無所參悟，傳言未必有根。但如把這兩樁事綜合起來，則空穴來風，未必全非事實。讀者如把我前後所說參看一下，豈不是一個有趣的對照麼？」

談到此處，敘五兄已喝光了三瓶啤酒。我知道他的酒量是相當大的，再喝下去，這幾文稿費恐還不夠付帳，便以有事待辦為詞，把他的話頭截住，也就是把我的荷包封住。彼此道別時，已是夜色蒼茫，萬家燈火了。

第五章

從楊管北說到唐壽民

民卅八年（一九四九），上海再度易手後，所謂資本家多先後來港，沉機觀變。當時臺灣正在風雨飄搖之中，誰都不想去，即使其為以前的文武大員，亦多如此，並不例外。無何，「起義」的呼聲就在香港轟傳開來，一批的立法委員變節，通電擁護中共政權，聯袂回到大陸去了；中航飛機振翼北飛了；中、交、農駐港分行，拔幟易幟了；這時由國內而來的航業界，也就由醞釀起義而進於事實表現。

香港航業界醞釀起義

我牢牢記得，上海市航業聯合會秘書長李××，於回大陸接洽後，又回到香港向同業報告時，航業界的人在麥當勞道××俱樂部歡迎他。

李××報告一過後，有人拉開嗓門，高呼：「這還不夠，我們要進一步，以行動表達我們的心意。」怎樣以行動來表現呢？這位拉開嗓門的人接手便囑一姓吳的寫出具體計劃來，準備交由章行嚴帶回北平去（其時章在香港）。究竟這份計劃是否確已交出，恕我不得而知；但行動是實現過的。如所周知，民生公司從加拿大訂製的六艘鋁質航輪，即在其時從香港返大陸；而大達輪船公司最新最大的「大達」號輪船，也於其時由副經理徐挹和作為前鋒，從香港駛返上海。當時伴送挹和登輪北駛的為桂文亮，桂也在大達做過事的。這些事故，雖為明日黃花，而在中華民國交通部中卻還存有檔案。

也許有人要問：杜老板和楊小開不都是大達公司的頭兒腦兒麼？怎麼腳踏兩邊船，幹出這樣的事來呢？對！這項發問確屬一針見血。而不知杜老板此時因喘病嚴重，已是杜門不出的人，除非鬧出大亂子的事要他插手轉圜外，他是耳無所聞，目無所見的。他雖然知道大達輪已駛返上海，但當他聽到這消息時，這條船也許早已駛入吳淞口了。至於楊呢？我們當然不能懷疑他的「忠貞」；但至少他要負失察之咎。因為徐挹和、桂文亮都是他的人呀！

立委揭露「益祥」內幕

筆者記得民國四十五年（一九五六）十二月臺港間手錶大走私案，臺北益祥輪船公司襄理張文耀被地檢處以妨害國家總動員法罪嫌提起公訴，指其套匯美金四十餘萬元。

又記得民五十年（一九六一）一月立法院審議油輪停航補貼案，立委金紹賢揭露益祥輪船公司船未造好，而運油卻要優先。並質問政府曾借款若干？根據什麼辦法？他人是否可以同樣借款造輪？當時嚴家淦部長承認借與益祥公司三百卅九萬美元，而造輪則約需四百餘萬元。除借款外，另由臺灣銀行保證該公司向外國銀行借五十萬元云云。由此可見，所謂益祥公司，其資金幾乎完全是政府貸與的，該公司與政府中人，必有特殊的關係，已極顯然。

筆者於此鄭重指出：這益祥輪船公司的大老板，就是楊管北先生。當時臺北聯合報對於停航補貼案曾有這樣的批評：「他們從攫取到經營，都仍然還是用的官僚手法；而在扶植、輔導、和保護的大帽子掩護之下，利用國家所給與他們的種種特權，來啃嚙國家的財富，藉以肥大自己。」這最後兩句話，真可說是「概乎言之」。

手法從杜老板處學來

但是筆者對於楊管北的看法，卻有不同，他以一酒店小開，經杜月笙的提拔，居然百尺竿頭，日有進展，爬到這麼高的地位，創造這麼大的財富。那一套洒得開、兜的轉、吃得下的手法，從杜老板學習而來，又從而發揚光大，在楊氏門中決不失為肖子賢孫了，如使杜老板他尚健在，亦應確信後生可畏，自愧望塵莫及。可是話又得說回來，杜老板的錢，無論從那一方面來的，他總是在慈善公益及抗戰大業上花了去，並不斷斷於個人財富著想，此又為杜老板之所以為杜老板，而非他人所能望其項背的。

所寫兩案有真憑實據

寫到此處，胡敘五仁兄又推門而入，把我稿子搶去看。他問：「你這些資料是從那裡來的？尤其是楊小開和杜老板最初發生關係的經過。」

我說：「這話說來已經好遠了，在我十七歲時，正讀中學，因五四運動被學校革退，老祖母異想天開，要將我的氣質改造一番，送我到江易園（謙）老先生處學佛。江老先生以文名受知於南通張季直老先生，委辦師範學校，民初，任江蘇教育司，後任南京高等師範學校校長。及張老先生故世，他亦辭職回籍，設佛光社，勸人習淨土宗，俾能端正人心，裨益世道。由此我於受經之餘，與江老先生的家人子侄，均極相熟。勝利後，我由重慶回到上海，又和他們見面（此時江易園先生早經故世）。我們常從杜家談起，推及杜門出入的人。他們於南通方面有關的人物是很熟悉的，無意間便把楊小開的根腳作為談助，這是我略識楊小開出身的由來。其後我又在章叔淳先生處，聽到楊小開的『發達史』，和以前所聽到的相互參證，益能得一具體的輪廓。章先生並說他曾看到楊小開在南通唸過書云云，可見其所說的是十分真確的了。」

敘五兄又問：「你寫的走私案和停航補貼案，把案件發生的年月都交代明白，難道你保留著那些紀錄麼？」

這一問，使我不禁哈哈大笑，便模仿他的口氣反詰道：「難道你以為我是信筆所之不負責任的麼？」言次，我從抽斗中取出大疊的報紙來，「是真是假，請你看個清楚。」

敍五見我拿出真憑實據，啞口無言，我乃繼續說道：「你不要以為騙幾文稿費是那麼容易的，除非寫小說隨筆，多少就得有所根據。我們同文中有一位高先生，為了寫掌故，把若干名人的訃告收集起來，作為參放資料，所以他寫出的文章，可以說是無一字無來歷，我搜羅這點舊報紙算得什麼，只能說是我們這批『文丐』寫東西都有點影子，不全是胡說八道罷了。」

敍五兄又問：「你既然存有這麼多的資料，這位楊小開就夠你寫下了，你不嫌膩，難道不怕讀者看厭了麼？」

我說：「論我本心，我對於楊小開是佩服得『六體』投地的，在這自由世界裡，像楊小開這種人確屬一表人才，由『有才』而進為『有財』，亦即古人所謂『上不負天子，下不負所學』之意，我怎能不加佩服。不過你所說『讀者看厭』這一點，到是值得我考慮的。」

杜門杜門是衆妙之門

待這位仁兄走了後，我因將楊小開的故事暫時擱起，轉而談談唐壽民先生。這是從籍貫上聯想起來的，因他倆都是鎮江人。

杜門！杜門！不妨視為眾妙之門。如楊小開等一流，以杜門為梯階，致身雲路，這是一類人。亦有自打天下，自成局面，於杜老板無所倚託，而以友誼支持杜門，使其金字招牌始終澈亮如唐壽民先生者，又是一類人。民十六年前後，杜老板雖已成為聞人，卻不是路路皆通。金融界內，莫說銀行巨頭，不願與之來往，即規模較大的匯劃錢莊，亦無意與之發生關係。這因正式商人和聞人是格格不入。聞人的潛勢力雖為商人所顧忌；但以正當手段，經營業務，亦無須用其畏懼。在兩不相犯的情形下，商人對聞人都抱不即不離的態度，正合上「敬鬼神而遠避之」那句話。

東拼西湊盤進麵粉廠

可是，杜老板是一位力爭上游的人，亟願自我改造，從事工商，以取得社會上的正式地位。他既有此心願，其幕客便力促其成。就中有位劉春圃先生，從政多年，交遊素廣，常為他設謀定計，甚至親自出馬，以閒言淡句卻又耐人尋味的說詞，為之遊說。杜老板和唐壽民打交道是很有曲折的，此中布置則多由劉春圃一手斡旋。

事緣當時杜老板以五十萬元盤進一爿麵粉廠，而這五十萬元是東拼西湊而來的，只能墊用一時，不能作為固定資本。此外該廠盤出價格原為八十萬元，即使已付之五十萬元不須即時歸墊，尚短缺三十萬元，不能成為受主。杜門的食客雖多，而於麵粉廠業具有經驗的卻無其人，該廠縱能盤下，不得其人，必遭失敗，此理杜老板自很懂得，因此「財」「才」兩缺，大有騎虎之勢。此時這位擅於扭計的劉春圃先生，卻給他動出了腦筋來，並自動出面為之奔走，勞心焦思，迄底於成。

游說無錫幫入股卅萬

按：上海紡織麵粉兩業，均為無錫人所掌握，春圃恰為無錫人，本能地便走上無錫幫的路線。他用了一句極為平淡的話向無錫幫說：「到杜家跑跑不會過分吃虧的。」這話可作多面的解釋：它直接祛除正當商人對於聞人的疑慮；它又點醒他們，交朋友不要局限於一定的範圍，木屑竹頭，皆為有用之物，人事難以預料，河水井水都有相逢的一天，未必日後便無借重聞人之處。無錫幫是眼精眉企的，劉春圃又是老成持重的人，便在要言不煩之下，無錫幫接受了劉春圃的建言，願與合作，入股三十萬，並派王秋舫為之主持。

照說，「財」「才」兩項，均已解決。這爿廠是可以盤進的了。無如杜老板等所付的五十萬元，如前所說，是不能作為固定資本的。眼前無錫幫雖已入股卅萬元，而五十萬元如何抽回，又成為得失的關鍵。劉春圃當又動足腦筋，浼出無錫幫代向交通銀行經理唐壽民情商，以廠基機器抵押八十萬元；易言之，即此廠的承盤費全由交通銀行抵借，杜老板等可以不出本錢。反之，無錫幫入股的卅萬元，卻是個個兌現，並不因抵押有著，亦如杜老板等得以抽回原本。因此，杜老板等除可不出一文外，還能拿到現款三十萬元作為廠中的流動資金。此一計劃，完全出於架空手段，確虧劉春圃構想之妙。

那麼，唐壽民是否同意如此辦理呢？那就要看杜老板的手腕了。

一頓花酒解決大難題

筆者在上文曾經提到，唐壽民先生為一開門見山心直口快的人。他的說話，雖缺乏商場上慣用的技巧，聽來不易使人樂意，而是即是，非即非，縱使不無成見，卻能使人得一明確的概念。

當該一麵粉廠的抵押借款尚待成交之際，杜老板在長三堂子內大排筵席，以資聯絡。群雌粥粥中，入席以前，照例是碰和的碰和，抽大煙的抽大煙，謔浪笑敖，盡情歡縱，壽民便拉著無錫幫的一位巨頭轉入小房間內，在煙榻上橫下來，香上幾口，一面說著體己的話。

他問：「你知道今天大請客的用意麼？」

那位無錫幫的巨頭答道：「當然知道，無非為了那筆押款。」

「是否抵的過呢？」壽民繼續發問。

無錫幫的巨頭當據所知，加以解釋，他說：「如論資產，單說地皮就有三十九畝，除廠房外，還有兩個堆棧。每天出粉九千包，機器也還不壞，抵借八十萬，綽綽有餘。交通銀行押款，照例要打折扣，能否抵押十足，那就要由你大經理作主理了。」

壽民經此說明，在原則上已經決定，有意接受；所待商榷者只餘數額問題。

如今再說老杜為人，雖不善於說詞，卻生就一副雪亮的眸子；在和唐壽民幾度交手後，早看出他是甚等樣人，有何特性。所以入席以後，說話之間，總是婉轉承意，摩著他的順毛，使其心坎中特別感到痛快。當年商場交易，吃花酒，談生意，事屬慣常；碰到疑難不決之事，在這肉屏風裡，三杯落肚，往往迎刃而解，何況俠林豪客，肆筵設席，另有一番風光。嬰宛之流，震懾於此輩的大名，唯恐有慢主人，無當客意；殷勤巴結，格外使盡渾身解數，其有助於唐杜在形跡上的拉攏，自有一定的作用。因是，這頓花酒吃過以後，壽民概允幫忙，照數抵押，杜老板便以白手而取得偌大一爿麵粉廠了。

政治經濟均奠下基礎

說實話，杜老板原不是做生意的材料，他所祈求的只在工商界占有地位，取得一個「名」兒。這般策劃，原由他的左右，迎合意旨，代為設計，一面扯著他的旗號，代為鑽營，促成事實，以便乘機插手，獲取實利；以故其後粉廠盤進，杜老板所能享受到的，亦如其他事業一樣，無非幾張股票，年底一份花紅，和一個空空洞洞的「董事長」名義而已。

自是以後，杜老板和唐壽民的結契漸深。民廿四年，杜老板受任為中國、交通兩銀行董事與通商銀行董事長，本身已蛻化為金融界一分子，彼此之間，過從益密。按之杜老板在民國十八、九年，已辦有一爿中匯銀行，先設於上海愛多亞路鄭家木橋附近的兩層樓市房內，規模甚小，比之匯劃錢莊，猶有不如。後在該路三茅閣橋自建行址，渠渠夏屋，高達八層，又併入吳啟鼎所主持的江浙銀行，範圍擴大，實力始壯；但與正統的商業銀行，相去仍遠。及其廁身中、交、行，中匯才能藉其聲光，在金融界稍占地位。所以就他一生發跡說來，清黨一役，可說為其與政治搭上路線的契機；而受任中、交兩行董事，則為其與經濟事業搭上路線的關鍵。上海為一商場，杜老板又不願於政局有所活動，以故他由中、交董事所帶來的重要性比之前者尤鉅。

任中交行董事有秘因

如所周知，中、交兩行均為國家銀行，董監人選，非為金融鉅子，即屬經濟名家，杜老板何德何能，而得忝居其席？即使有功黨國，理應酬庸，亦當「看客下菜」，恰如其分；如畀以散秩空銜，或頒以勳章獎狀，均無不可，怎能於九府之間，加以位置？因此當時外間對此一任命，皆感莫測高深，成為一謎。其實，這謎底是不難於揭秘的：事因當年的中、交兩行，先天不足，後天失調，自北洋政府起，已發生過多次的擠兌風潮；北伐以後，仍不能免。杜老板雖無點金之術，能使府庫充盈，俾擠兌者歡天喜地，懷寶以歸。他卻有孫悟空的道行，一撮毫毛，可以變成千萬化身，輪動金棒，阻截通衢，驅遣這批神色張皇的擠兌小民，仍持軟幣，縮回家去。

此項行徑，當然對不起老百姓，但如進一步說，他以權宜之計，解除當局困難，保全兩行信用，其功實在不小。究竟中、交兩行鈔票始終未曾變為廢紙，老百姓始終未受損失，這是事實。而在此棘手之際，他能出其權餘，別開生面，當局自不能不畀以董事名義，藉資借重。所以他之取得該項名義，固為事出有因，問心無愧。至於身分是否相稱，全由當局權衡，和他本身並不相干，那是另一回事了。

談到通商銀行，原是中國第一家具有國家銀行機力而名義上為商辦的私立銀行，由盛宣懷創議，設在上海，於光緒廿三年四月廿六日開業。辛亥革命後，它的英文名稱上的IMPERIAL被改為COMMERCIAL，表示其為完全商辦；但實際上它的資本仍有前清撥存的官款在內，故仍為財政部直接控制。北伐前後，該行權力，為傅筱庵所獨攬。其由財部委派杜老板為董事長，則屬於以毒攻毒的手法，因傳上海灘，也是一個狠客之故。

揮金如土實外強中乾

這些話說得豁邊了，如今歸到原定話題。自杜老板有心求名，逐歲踏上正途後，那些和正途相互牴觸的煙賭兩行，他雖不能完全洗手，絕無沾染，而大公司（煙的大本營，幹這行業的以此為通稱）和一八一號（賭的總會，即以所在地的門牌作為招牌），總不能堂而皇之，繼續開檔。必須一體停業，以顯示他的徹底革新，表裡一致。可是天下事是不易十全十美的，名利雙收，畢竟難於辦到；而他又是使慣了的，煙賭停業後，財源告匱，還是派頭十足，揮金如土。因此他在抗戰前幾年，每屆農曆年關，無不大鬧飢荒，非有三五十萬，不足以資彌補。他的資產，僅有華格臬路一幢住宅和虹口兩條破弄堂，一再抵押，利上滾利，早已搾不出錢來。說句笑話，剩下來的祇有他本身的青山長在。

此時給他出力幫忙的，唐壽民便是一個臺柱，往往由他發動，湊合交通、中國、金城、上海等行墊給他一筆款項，便能穩渡年關。某歲除夕，盧洽卿也急得不得了，深夜跑到他那裡去，希望他能周轉一下，他抓抓頭皮苦笑著說：「洽老，實不相瞞，你如果早來一步，我還缺三十萬頭襯哩！」於此，我們可以想像他所遭的窘境與唐壽民之熱心。所以當時唐去杜家，一直受到格外的歡迎和敬重。

第六章
從杜氏的治喪委員會說起

抗戰後杜月笙避居香港，做了四年寓公，氣派依然豪華，實際是外強中枯，東移西補。其借款來源：一面是由上海借來法幣，兌成港紙，急濟燃眉，損失也就不計；一面是就其在港所主持的機構，騰挪一時，再謀抵補。此外又向當地華商銀行，通融透支。如鹽業銀行，他就有四萬元的借款，始終未曾歸結，此區區之數，難道其家屬於其身後尚故留此手尾麼？不然，不然！這裡面有一段「黑吃白」的內幕，且聽區區道來。

一段「黑吃白」的內幕

所謂「黑吃白」者：是指黑心人把一份清白的錢吃了下去而言；與一般「黑吃黑」絕不相同。杜老板身後鬧上這齣小鬼跌金剛，泉下有知，當有三十年老娘倒綳孩兒之歎。亦見一個當家人確死不得，遺孀遺屬，多數是沒腳蟹，到頭終難免於被人欺侮的。

當時香港鹽業銀行經理倪士欽先生，屬於老好人，旅港甚久，聲譽夙著。這筆借款，成立於民廿九年（一九四〇）前後，中經太平洋戰事以至抗戰勝利，杜老板全未有所措意。及民卅八年（一九四九）上海第二度易手，杜老板再次來港，倪經理才於會計年度期間，照例以銀行名義函請歸結。其時局面動盪，杜老板身攖痼疾，仍然置之不理。直待他撒手人間，倪經理以責任所在，乃提出還本免息辦法，商請杜宅結束舊欠。其時杜老板的生前好友已組有治喪委員會，以錢新之、吳開先、顧嘉棠、徐采丞四人為主幹。此一治喪委員會的性質與一般不同，除喪務外，並有權處理家務。此項借款，經歷十年，倪經理所提還本免息辦法，已屬仁至義盡，當經會中指定以應收的「航聯保險公司保證金」五萬元抵還此項借款。倪經理以保證金係屬現款，自予同意。

航聯保證金名存實亡

所謂保證金者，事緣勝利回滬後，杜老板在駱清華獻議之下，曾設立一家航聯保險公司，專為航輪乘客的安全服務，在船票項下附加若干，作為保險費，並不向乘客另行徵收；手續既便，乘客所費無幾，而在萬一失事時，則可減輕輪船公司負擔，並使乘客得有保障，用意甚善。當時杜老板為輪船業聯合會的理事長，登高一呼，各方響應，組織自不費力，業務亦易推展。可惜好景不常，未及多時，倉皇撤退，杜老板為安頓他的幾位高足，當在香港重起爐灶，繼續經營，在華人行賃屋開業。按照法例，保險公司須向香港政府繳納一筆現款作為保證，杜老板以董事長地位，當墊付港幣五萬元作為該項保證金的一部分，製有收據，由公司經手人代為保管。開業以後，公司在前一時期，尚能按步就班，保持營業水準，及後則因市面不景，經手人又多外務，僅閱一年，便告停業。經請會計師清理完事，登報公告。該項保證金經此手續，原可憑據領回；不意經手人一再支吾，製造種種藉口，拖延時日，迄無消息。杜老板原就不明底細，又以病軀不耐麻煩，總以為經手人是自己的門徒，決無相欺之理，也就不加深究。如此這般，一直拖到杜老板壽終正寢，該項保證金據說仍未領出。及待治喪委員會指定此款作為償還鹽業銀行欠項，情形迫緊，照說是應水落石出的了。

那知道這幾位治喪委員，全是老於世故的傢伙，你推我諉，誰都不肯出頭，反而異想天開，將責任推在倪經理的身上，囑其逕與經手人面洽。界限不清，倪經理原可拒絕，奈因礙於情面，又為亡友辦事，不得不勉為其難。詎知那位經手人，即正利用其為老好人的弱點，油口滑舌，諸般搪塞；馴至倪經理請其將收據交出，由鹽業往收，亦被其花言巧語，敷衍過去。以致鹽業銀行借款仍是虛懸，該項保證金是否名存實亡，仍為一謎。其後倪經理亦已故世。經手人也故世了，而治喪委員也死得差不多了，這筆錢變成為「黑吃白」的把戲，可以肯定地說：無所用其懷疑了。

美金五萬又節外生枝

無獨有偶，杜老板身後所發生的「黑吃白」還不只這樁，首先出術的為當時腰纏萬貫的徐懋棠。事緣杜老板在痼疾纏綿中，自知不起，每在探病親友麇集床頭之際，看到向有款項往來的幾位，便故意喊著他的名兒，說明彼此之間，或存或欠，數額若干，必待其人點頭稱是而親友都聽明白，才肯住口。原來他們一向交往，全憑一句話兒，並無片紙隻字，所以杜老板要在他一瞑不視之前，取得活證，預防轇轕。就中徐懋棠處，杜老板存有美金五萬元，此外並無帳項，似為其所特別注意，再四與懋棠言之，亦再四使在場親友聞之。懋棠在這場合中，總是滿口承諾，笑嘻嘻的轉請老夫子（懋棠為杜氏門徒）保重身體，不要在這般瑣碎上分心顧慮。

那知杜老板故世後，未及三虞，懋棠卻向治喪委員會提出一張杜老板的借據來，欠款港幣十五萬元，要求委員會准其在所存美金五萬元內扣抵。委員錢新之吳開先等皆大錯愕，不便承認，亦不便否認。這因杜老板生前和懋棠交代之時，他們有時亦曾在場，卻未聽到懋棠提及另有欠款，以故不便承認；反之，懋棠所執筆據，雖為其自書，而借款人名下所蓋私章，則確為杜老板常用的一顆，鈐印分明，絲毫不假，以故又不便否認。因此該會幾度集議，都談不出一個所以然來。

其間亦曾有人面結懋棠，何時交款？何人眼見？所交款項是否現鈔？抑為支票？懋棠則皆不願解釋，只說在必要時，自會明白。所謂「必要」者，意指打錢債官司而言，雖未明說，其意已露。委員會當然不願鬧上公堂，經官解決，當提出折衷辦法，由其在美金存款項下扣除港幣七萬五千元，作為了事。折半還錢，以懋棠慳吝之性，大家都以為未必應允，詎他竟一反故常，願遵眾意，則又出人意表。其後懋棠果以美金五萬元折合港幣，於扣除七萬五千後，其餘悉還杜宅。事雖平息，惟所留有疑點迄仍使人不易消釋。

幾個心腹玩的好把戲

直到後來，這秘密才逐漸透露出來，全是杜老板生前的幾個心腹人相互勾結的把戲。其起因即為覬覦這筆美金，而所以由懋棠出面者，即為他握有這筆美金存款之故，否則無款可償，等於無的放矢，縱有筆據，亦無用處。至其後懋棠願以半數了結，則因他們認為事如涉訟，則鬧得全國階知，縱獲全數，亦將難逃公道，故不如自留餘地，適可而止。

據我所聞，顧嘉棠移居臺北後，一次在宴會中，同座的都是杜老板生前的朋友，其中吳開先慨然說道：「白相人像老杜那樣講義氣的，雖非空前，也屬絕後。現在一些白相人，有人氣的已經不多，還說什麼義氣！他們專揀窩邊草吃，連兔子都不如啦！」當時席間僅有顧嘉棠為白相人。登時臉紅臉白，大為難堪。而吳所以使酒發話，當著和尚罵賊禿，則因這樁把戲已被他探明內幕，激於義憤，故以一吐為快。筆者於此，亦即借其酒後牢騷，作為此事的註釋，毋須再費筆墨，連公仔的肚腸也畫出來了。

人有千算天只有一算

杜老板故世後五年，徐懋棠由大腹賈突淪為窮措大，由半山區的高樓大廈，縮處於北角的舊屋市房。如花美眷，經不起驟雨狂風，死別後，繼以生離。似水流年，給他帶來的是凋鬢頹顏以及時不我待的幻滅。他至少是帶有百萬港元來到香港的，由於他的腦筋特別計算精明，未嘗置有一層樓，也未買過一輛汽車；既不開店，也不設廠；風月場中，他雖不免涉跡，但決不花大錢；賭博場中，則他向不沾手，從無半文蝕耗。那麼朝騰霄宇，暮曳泥塗，這偌大的資財是怎樣淌走的呢？據深知內幕者言，是因他與鍾可成合營美國股票，一夕之間，全軍盡墨。鍾可成在紐約失敗了，所以他在香港也就垮臺了。他的出身，最初是上海大英銀行的買辦，後任杜老板的中滙銀行經理，仰承父蔭，風以財雄。此時他於蹙蹙靡騁之餘，幸和老東家接上了線，由渣打銀行聘充顧問一類職務。及渣打在各區開設分行，紅磡行的經理，已經內定由他擔任，不料行址覓定，在裝修之際，他卻為病魔攫去，撒手人間，遺下老妻弱息，幾於無以為活。杜門之中，像他這樣變化之劇，結局之慘，似尚罕覯。這只能歸於人有千算天只一算之列了。

秘書總管墊付飯菜錢

話又扯得遠了，再拉回來。當年的香港杜宅，賓客如雲，供張甚盛，自是不在話下。可是有一件令人不易置信的事，即有時杜老板的手頭實在過於拮据，只能應付其本人的應酬場面，其家中每日開出的那桌飯菜，還須他人墊款。負擔這筆墊費的有兩個人：一個是秘書翁左青；一個是總管陶浩然。

翁左青其實是窮光蛋，他所以有餘力墊款的原因，半由他的馬場得意，半由他於卡車買賣搭有份頭。他曾一次得到套頭票的頭獎，霎眼掙到了六千元，在當時不算是小數。交通工具，在戰時是最搶手的貨物，他後面有一位經理萬國牌卡車的大班幫忙，由美國運到香港，再由香港運往內地，可以不費心血的賺進一份。但如歸根結蒂的說來，當然也由杜老板的招牌照起，翁左青個人是沒有這樣的得力朋友的。

談到總管淘浩然，那就妙不可言。杜公館之為畸形家庭，於此亦可覘其一二。陶浩然說得來廣東話，也會說洋涇濱的英語，對於水陸交通，社會環境，都很熟悉。他的賣相，亦屬可觀，穿上一套度身縫製的中山裝，襯出他的五官端正，體軀結實，確是登樣非常；難得他還有鑑貌辨色的本能，對答如流的口給，在總管這一行業中所必須的重要條件，他可說是無不具備，萬墨林萬萬趕他不上。當時香港的物價低廉，幣值穩定，他所掙到的薪工每月不過幾十元錢，而外快之多，則有耳朵大過豬頭之概。杜宅客人對於他的賞賜，和一般商店中例有回佣，那是天經地義，取不傷廉，事屬小節，毋待多說。最令人咋舌的，即客人退還杜老板所墊的飛機票價或船票價，和杜老板送給親友的實禮，只要他認為有機可乘時，無不袋袋平安，一體笑納。

陶浩然送禮袋袋平安

事緣杜宅客人，去重慶的，或回上海的，多以他辦事在行，委託他代辦機船客票。杜老板專門擺闊，往往鬧著不必要的客氣，機船票價，多囑他向帳房領款購送，不讓客人自掏腰包。等到客人動身那一天，杜老板為了禮貌周到，親往機場輪埠送行，握手道別，原不過眨眼即過之事；而自押運行李起以迄客人登機登船止，歷時甚長，則都屬於陶浩然的差使。反之，他為討得客人歡心，多給賞錢，非待機近凌空，船將啟碇，自亦不願先走。客人便乘杜老板去後，單有他一人在旁之際，把機票或船票應付的錢塞到他的手裡，託他轉交東家，還歸墊款，以免杜老板再鬧客套，推來推去。如使是老實人，這類過手的錢，決不敢據為己有；而他卻摸透了杜老板的脾氣，事過即了，並不追問。此時不撈，更待何時，便利用對證無人的機會，像嚴嵩家送禮照單全收般，落到他的袋底去了。

這還不足為奇，因客人走後，不知何日再到香港；即使重來，這些隔時的事，早經忘懷，保證主客兩方，誰也不會提起。既經落袋，儘可睏其太平覺，不虞落有破綻。最辣手的，即他在香港這一小範圍內，親友幾於逐日相見之中，也能耍其槍花，於中取利。一次，錢新之太太過小生日，杜老板叫他送去花籃一只，另港幣四百元。他竟膽敢把這四百元禮金吞沒了，僅將花籃送去報消差。杜家和錢家全矇在鼓裡，莫知莫覺。後來他們傭人窩裡反，才把西洋鏡戳穿。當有一個專為杜老板理髮的張祿元跑往告密，杜老板反而揚起眉毛來問他：「那能？銅鈿銀子是有本事的人賺的，儂眼紅啦！」這些全不像是東家應說的話，張祿元碰了一鼻子的灰後，還攪得滿頭霧水，莫名其妙。陶浩然卻沒有受到絲毫的責罰。如此處理，只有這類畸形家庭才有這樣的奇聞怪事。

因是，陶浩然混水摸然，膽子越大，荷包越滿，宜其綽有餘力，為杜公館墊錢付帳了。

太平洋戰事發生，香港淪陷，陶浩然背起包袱，由韶關桂林一路跑到重慶，投奔老東家去。杜老板「領教」已久，便一腳踢開了他，不予收留；但還體念他是老傭人，給他一筆路費，遣返上海。到了此時，才看出杜老板以前在港，所以眼開眼閉，多半為了在那一環境裡，使喚間排不來他，故不得不隱忍遷就，讓他猖獗一時了。

唐壽民對杜肝膽獨照

以上所說，都因其時杜老板的經濟環境而引出的，瑣屑煩碎，殊不足道。如今再談杜老板在那一時，還另有其困難。事因淪陷區的偽組織成立後，到處拉人，藉壯聲勢。這些人迫於生活，難免有所動搖。杜老板是幫著重慶的，又因表示其特有的力量，便自動地出錢出力，設法把一部分的人穩住，有的且由他接到香港來。同時，地下工作，在在需款，由重慶匯往上海，往往緩不濟急，貽誤事機，非得就地撥付，不足以及時配合，這一份臨時調度的任務，他又承攬在自己的頭上。無如國土日蹙，人心浮動，上海在群魔的掌握下，稍有身家的人都不敢願聞國事。講到錢這方面，杜老板縱能呼風喚雨，已不如前此的立竿見影。他所能百叫百應的只有他一手創辦的那間中匯銀行，一個電報，墊付若干，徐懋棠（經理）不能不硬著頭皮，遵命辦理。無奈該行底子原就不甚充裕，敷衍一時，尚能應付，如使經常如此，則斷斷不能維持。因此不出一年，徐懋棠告急之信，有如雪片飛來，杜老板亦知如此下去，該行終將擱淺。正在一籌莫展之際，又虧唐壽民代他想出辦法，由中國、交通兩行各撥一百萬元，存入中匯，藉以挽回頹勢。

此一事實，筆者寫來，不過幾句話兒，添不上什麼花花葉葉，而當時壽民的苦心孤詣，則確實費了一番腦筋。置此不談，姑以交情而論，杜老板和錢新之的交情並不在唐壽民之下，但當事到臨頭，錢氏雖高踞交行董事長的寶座，而其專打「太極」，不擔肩胛，則遠不如唐壽民的肝膽相照矣。

枯坐一小時無人通報

香港淪陷後，唐壽民回到上海，被迫出任汪政權下的交通銀行總經理。就職的那一天，賀客盈門，其中一位×先生，為杜老板的好友之一。壽民拉住他的手，走進總經理室，關了門，下了鍵，主客坐定後，壽民從抽斗中取出一疊筆據來，遞給×先生過目後接手取回，然後說道：「我早準備好了，這都是杜老兄的，事到今天，還說些什麼呢！」即在這寥寥數語中，壽民把這疊筆據，撕成碎片，向字簍扔了下去。

×先生反問他道：「這全是銀行的帳呀！你毀了，怎麼歸結呢？」

壽民說：「那還用說麼？一切由我來彌補好了，決不會對他不住。」

這樁事，×先生在當日固大為感動，即他在今日重提舊事，也還感嘆連聲，認為唐壽民對於杜老板的幫助是太大了。

抗戰勝利後，杜老板回到上海，壽民去看他，時在午後，正值杜老板睡中覺的時間。壽民枯坐一小時，無人通報，怏怏的便回去了。及待杜老板醒來，聞知此事，大發雷霆，痛責傭人為什麼不喊醒他，如此慢客，混帳之至。可是事實上已造成誤會，尤其壽民是一個高傲的人，以為杜老板前恭後倨，是以「勝利」的臉孔對付曾在淪陷區工作的分子，因此，他於杜老板登門回拜時，也就很落寞的不甚理會，表示他一無所求的態度。

那麼，杜家的傭人怎敢如此荒唐呢？其中是有道理的：一因杜老板的身體太壞，在他打中覺的時間如加驚吵，傭人是會吃排頭（挨罵）的。至於哪些客人應當立刻接見，哪些客人不妨暫緩接見，傭人們是拿不定主意的，以致有此差失。一因此時杜家傭人，已不是從前那一批，他們雖然知道唐壽民的大名，但不明瞭他與杜老板的關係，以為寬坐一下，事屬尋常，便把這位特客當作常客看待了。

大罵杜月笙忘恩負義

壽民在淪陷期中，僅在商統會做過事，究與做官不同；而按之當時情勢，如果像唐這一類的人不肯參加，一任日本人胡搞，恐商統會所能控制的物資，勢將蕩然無存，全由日本人攘奪以去。就事論事，他們或多或少，總算保存了一部分的元氣，不僅無禍於國，且有利於人民。如使在歐美民主國家，循名竅實，他們是不會有什麼罪嫌的。

壽民毅然自首，向楚園報到時，杜老板曾拍胸膛，擔保他三天後便可回家。三天過了，杜老板又說一個禮拜便可解決。及待一個禮拜又過了，杜老板的胸膛不敢再拍了，話也說得不大響了。因此唐壽民在提籃橋監獄內大罵杜月笙，指為忘恩負義。這些情形，筆者雖僅從唐的難友口中聽到，並非親聞目擊，但確信事決不假，任何人當此境界都會破口大罵的。

所以抗戰勝利後，杜老板的「閒話一句」，較之前此的貨真價實，大不相同。杜老板並非不想維持其金字招牌，無奈環境變化，已使他口不應心，無能為力。只得索性不管。這些都是後話，且不止唐壽民這一件事，下文再談。

第七章

在香港向杜氏拜門的駱清華

筆者在上章說完楊管北與唐壽民後，把當年的情景和眼前作一比較，不禁惘然。抗戰時期，從內地來香港的人，無問另有抱負，或純為逃避戰禍，雖在流離轉徙之中，囊橐儘管空虛，氣勢依然壯旺，人與人間亦能互表同情，相濡以沫，在抗戰必勝上抱著共同的信念。

今日則由於國內租界早經收回，邊隅僻壤，全歸中共政權所控制，香港成為唯一的逋逃藪，流亡者至今川流不息，可是經過這多年的苦難後，大家似已心灰意懶，神經痲木，終日營營，只求維持現狀，生存下去，絕無其他幻想。此中原因，筆者自問才疏識淺，不足以言分析；但有一點是可以肯定的，即抗戰時期，大家同站在民族至上國家至上的立場，今則情勢大殊，僅為政權的消長。與其挖空心思，反左反右，倒不如實事求是，日謀三餐，夜謀一宿，較為得計。由此筆者推想杜月笙在那八年之中，經濟上有其難關，工作上有其困境，最後終被他逐個突破，顯現出新的境界；雖半由於他的太丘道廣，亦半由於他所走的是屬正路，得道多助，所以他人亦樂於相與綢繆，分金效力。如使其在今日，無問向左向右，恐將一籌莫展了。

名流政客為杜增聲價

當時在經濟方面幫助杜月笙的，既如前面所述；其於工作方面予以助力者，則其人更多。這裡面可分為多種，殊途同歸，都能使杜老板增其聲價。譬如他所招致的那批北洋政客，海內名流，雖皆淹留片島，無所作為；但仍獻可替否，不時製為鴻文，交由他轉送當局，以備採擇。其中如黃溯初先生所寫的外交金融等八個策略，尤見精到。既於當前的現實問題，應興應革，切實指陳；亦於未來的建國大計，致其遠慮，備供參酌。又如楊雲史先生的攘夷頌，其他人士歌詠的篇章，與由上海寄來向領袖致敬的函電，雖為紙面風光，無關宏旨；而由杜老板經手進呈，皆足顯其拉攏各方，儼然為一海外中心，因而博得當局的重視。

地下分子替杜添功勞

又如地下工作分子，一面通過他的關係潛往淪陷區，一面即由其恆社弟子予以接應，彼此合作，與敵偽進行鬥知鬥力。尤其是急要關頭，汪政權下特工頭子吳四寶也會「成全」他，遵照指示，派人來港，當面斟盤，解開死結。這些事實，在抬高他的聲價上，更起著很大的幫助。其時筆者曾見好幾位恆社中人（姓名恕不露佈），每隔相當期間，輒來香港兜上一箇圈子，然後取道與來時不同的路線，繞回上海。這些人留港期內，杜老板特別表示親熱，大把的銀紙塞過去，好讓他們吃喝取樂。筆者初不甚解，後來才逐漸明白，這些人就是「打手」，在上海幹過一陣後，便溜到香港來，暫避風頭，也算是例行休息。他們到達時，總在某一事件見報後的那一階段內，足為明證。究之他們雖非無名英雄，而在功勞簿上，這筆總帳，總是寫在杜老板的名下，自使杜老夫子的臉上越發飛金。

俞鴻鈞等對杜幫助大

又如俞鴻鈞、葉琢堂、鍾秉鋒諸先生，他們對於杜老板的幫助，也屬不少。其時軍統中統，在港所設秘密電臺，杜老板雖皆可以利用，但因他的去電對象並不止於兩「統」的範圍，借用電臺，不甚合式，所以仍須交由電局拍發；而以普通居民拍發密電則為當地法例所不許，必須經過俞鴻鈞簽字後，電局才予接受。迄後愈鴻鈞調往重慶，則須改送鍾秉鋒處簽字，方能生效。其中原因，筆者不甚了了，以意度之，或許當時他倆曾經獲有此項特權，否則或因他倆在職務上依例可以拍發密電，亦未可知。他倆對於杜老板所發密電，隨到隨簽，看來似是平常之事，而不知法律責任，便已由他們負起。在滇緬路封鎖前後，香港對於政治活動格外注意；某次，由重慶飛來一位要角，走出飛機後便為警務處接去。接手這一要角的駐港辦事處即被查抄。杜老板與這一要角原有特殊關係，其所賃的告羅士打七〇五室因是亦遭波及，各種電報密碼全被搜走。據說，只此私藏密碼一項，已屬犯例事情可大可小，因此大為恐慌。其後幸虧俞鴻鈞、鍾秉鋒等奔走解釋，又因要角究屬要角，未便使其難堪，其事始寢。結果，某要角自動離港，杜老板所藏密碼亦不追究。公誼私情，俞鍾兩人所全甚大。葉琢堂先生則以羊裘老子的身分，其時在港，擔任中信局常務理事，杜老板尊為葉伯伯，執禮甚恭，而葉琢堂為之上下揄揚，亦能使其聲華倍茂。

從上海來的兩種來客

又如其時郵船抵港，如是從上海駛來的，每班船上，幾皆有專誠訪杜的來客。此中人物，約可分為兩種：一種是以友好姿態，特地抽出工夫，鼓棹而來，和杜老板盤桓十天半月，互傾積愫。這類人當然是有錢佬，有時挈眷同行，遊宴之餘，每繼以通宵雀局，使杜公館平添一番熱鬧。其間趣聞，如張慰如（時任上海證券交易所理事長）在喝醉酒後，買了大批香煙，溜到天星碼頭，硬把香煙送給往返港九的渡客，每人一枝，必須領情，才肯放手。又如一次，杜老板在大華飯店招待上海來客，顧嘉棠首先鬧酒，將每瓶白蘭地倒成三杯，強拉喝酒的每杯一口飲盡，鯨吞牛飲，互較短長。在霸王硬上弓之下，劉鴻生當場醉倒，不能動彈，竟把大華飯店權充行館，一覺睡到天亮。陳國華（通商銀行業務部副理）在回九龍的輪渡上，迎面吃進幾口海風，一時心噁難熬，嘔吐以後，竟致暈厥。他是一個大個子，船抵九龍，由同行友好喚召苦力，擁抱登岸。其時九龍的的士，車身甚小，他是伸手伸腳的，無法納入車廂；當又加雇苦力，把他像抬屍體般送往他所住的九龍酒店。這般活劇，都足使人笑痛肚皮。

一種卻是心有所鵠，有為而來，希望得到杜老板的支持。其間如章榮初開紗廠，徐季實開紙廠，唐伯奇開銀行，都是先來香港徵得杜老板的同意才回上海興辦。凡此種種，表面上截然與杜老板的工作無干，更談不上對杜老板有何幫助；而不知杜老板的心目中，則正可借此體認其在上海的號召力並未消失，眾星拱月，氣象猶存，使杜其在精神上感到痛快，畢竟是寓有幫助的作用的。

水手抄班負殺頭任務

以上所舉，雖曰各盡其致，但不足使人驚奇。因為他們對於杜老板之交情縱有淺深，至低限度，終屬於相識的朋友。以朋友的立場而幫助杜老板在抗戰大業上有所盡力，固為可敬，究屬平常。依筆者看來，其間最有價值的，要推當時太古怡和屬下的航輪水手、及上海江海關的抄班，高居首席。他們吃的是自己的飯，花的是自己的錢，莫說從未叨過杜老板一分的光，且與杜老板亦從無一面之緣。可是他們慨當以慷，各盡所能，毅然為杜老板背上風險，幹著可以坐牢可以殺頭的任務。

其時杜老板寄與上海的信件，從不付郵，都由這班水手承帶。其中雖非盡為機密文件，但如被日軍查到了，卻能作為線索，明查暗訪，破獲若干秘密。有時槍械彈藥，亦復如此輸運，水手們明知個中何物，從不一皺眉頭。船抵上海，通過江海關時，抄班們的眼光是夠犀利的，不易漏網；但經水手們耳語一番，提到杜某人的名字，抄班們也能心照不宣，以合作的態度，揑住粉筆兒在包封畫上花押，一讓水手們提著危險品揚長而去。反之，水手們由上海帶來香港的，信是不必說了，還有大批的文件。這些都是地下黨老爺的作業報告，歷歷的一大綑，帶港後再由杜老板轉往重慶。水手們不知裡面全是丑表功的「傑作」，絕無價值；總認為杜家交帶的必為機密文卷，因而動足腦筋，想盡方法，偷運上船，密藏暗角，到港後還得花上車錢，原封送到杜家。

像這樣的冒險犯難，一直經歷四年，好在水手們飄洋過海，周歷名城巨埠，走私逃稅，滿腦子都是機關；而抄班們眼明手快，是其特長，在日軍防範稍疏之際，三兩下做好手腳，自有其從容不迫的鍛鍊，所以自始至終，他們從未漏有破綻。但在航程之中，抵埠之際，則無時無刻不是提心吊膽。我們試想，以與杜老板向無淵源而其職業又非高尚者流，激於義憤，忘其艱險，一心與人成其大功，其助力之巨，豈是杜老板的知交故友所能同日而語的麼？

不問收穫的無名英雄

筆者本身也曾有過帶信的經歷，說來卻很慚愧，比之水手們可說是膽小如鼠。一次，筆者趁法國郵船阿拉美斯號回上海，隨身帶有杜老板的信件十餘封。該船駛抵浙閩洋面時，突為日本海軍巡艦所截阻，臨時停航，由日軍登船檢查。同艙有一批猶太人，因受希特勤迫害逃往上海，一聽到日軍檢查的消息，酒也不喝了，歌也不唱了。我更驚慌，顧不得杜老板的信件是否重要，一古腦兒全扔到汪洋大海去，才覺心神稍定。這種行動，自屬卑怯，但是可以原諒的；如被日軍檢獲，後果將不堪設想了。

抗戰勝利後，有功的人一般都能得到報酬，官升三級，祿食千鍾，至少也掛起勝利勳章，招搖過市，嚇壞了鄉下佬。而這些出入危機的水手抄班們，卻都沒沒無聞，甚至因勝利關係，反把職業丟掉。可是他們於杜老板並未有所干求，以前的事，似乎早忘懷了。而杜老板此時另有公忙，對於他們，似乎也早忘懷了。

杜門弟子組成的恆社

恆社！恆社！筆者於上文中屢經提及。這是杜門弟子所組織的團體，於聲應氣求之中，以擁護老夫子（杜月笙）為職志。其中有人才，亦有蠢才；有忠心耿耿的，亦有叛徒。十指難齊，任何團體均屬如此，原不足異。在抗戰期間，恆社中人留在上海的和轉徙於大後方的為數較多，其寄跡香港，與老夫子日夕見面的，僅有唐纘之、郭蘭馨、蕭青山、林嘯谷、楊克天、陸增福、王鐵華等少數人（唐、楊於太平洋戰事前離港去渝）。而由上海重慶而來，或為路過，或專誠向老夫子問候者，則幾於無月無之。機場輪埠，時見其人蹤跡。

杜老板可說是「愛才如命」，遇有「佳士」，輒欲羅致門牆。故其所到之處，不斷的吸收「新血」，擴大恆社的範圍。就表面看來，恆社性質與幫會迥殊，結拜杜老板為師的，只須經人介紹，向老夫子遞過門生帖，行過三鞠躬禮，便已完成手續，自動取得恆社社員的資格；並不須開香堂、磕響頭、斬雞頭、立血誓、參見弟兄、大排筵席，照著幫會的規矩去做。但因杜老板本身是在幫的，又因門生帖尚循舊例，寫上三代姓名及「自心情願」、「永遵訓誨」等詞句，在精神上並未徹底擺脫幫會的巢臼；所以人們對於恆社分子，不免仍以幫會徒弟看待。

杜氏稱駱為紹興師爺

上面所舉的林嘯谷、陸增福、王鐵華等好多人，就是杜老板於抗戰期中，在香港所吸收的「新血」。他們或諳應對，或擅文詞，或以貨殖為雄，各有所長，固非碌碌之輩。但如論到熟識時務，洞明大體，能於杜老板有所匡濟者，則應推駱清華兄。他也是在香港拜門的，時在民三十年，恰是他的四十大慶。論地位，論聲光，他儘可和杜老板稱兄道弟，不須自處於桃李之林；乃竟謙克可挹，尊為師傅，不由杜老板不感喜出望外。所以他在清華四十攬揆之辰，特地發動親友，大排筵席，用相慶賀。不意因此卻惹起駐港黨老爺的醋意，在黨辦國民日報社論中，抬出戰時節約的大題目，隱對此事，加以指摘。話雖不錯，但如反躬自省，旅港的官老爺誰又不在吃喝嫖賭中鬼混著呢？

清華出身於浙江法政專門學校，有口才，更有文才；有深刻的觀察力，更有明確的判斷力；不拘小節，跌宕自喜。而在大關頭上則又能顯其正義感，獨排眾議，持論不阿。他自拜門起，杜老板對他從未以學生看待，稱為「紹興師爺」而不名，他隸籍諸暨，屬於紹興府，原是全國皆知的師爺出產地，擁此嘉號，當之無愧。惟據筆者看來，以前的紹興師爺，僅在刑名刀筆顯其巉刻之長，為其東翁畫策扭計，不足以語大道；而清華則於時代潮流，大局演變，經濟趨勢，人事動態，都能眼看四面，耳聽八方。尤其在他死前幾年，不以故步自封，認清大勢，更為難得。杜老板雖與政治無關，而在抗戰以後，其地位已難自脫於政治的影響，身旁所需要者，為一政治方面的領航人，東南西北，隨時指向，而清華則恰為領航人的佳選。所以他所貢獻於杜老板者，並不如一般人之營營苟苟，今天為杜老板撈進一筆財富，明天為杜老板奪取一個地盤，後天又為杜老板拉好一重關係，枝枝葉葉，無補高深。因此，筆者認為單是紹興師爺這一稱號，尚不足具體說明他在杜老板跟前所處地位的重要。

章榮初垮臺杜受打擊

又他拜杜為師，另有一點使杜老板大感快慰的，即在上海時期，清華所站的立場，與杜老板雖非敵對，而因派系不同，間接亦難免於齮齕。其時清華所相與的為王延松等一流，與杜老板初非融洽。這因洋場十里，原為各逞道行之場，杜老板雖已天霸一方，究不能統「吃」全局；尤其北伐後，有些官老爺都像石敢當般，龍行虎步，目中無人，任何事情都要插手，任何權利都要攘奪。如果不達目的，他們甚至以刁蠻惡毒的手段姿意搗亂。延松原是賣布營生，街頭巷尾，擺設攤檔，「買呀！買呀！」的高聲喊賣。時勢造英雄，此時他已以陳家（陳果夫陳立夫）丫鬟姑爺的身分，由馬路政客躋身於上海市黨部的委員。杜老板於黨老爺雖著意羈縻，延松這一派卻不受其籠絡。

恆社中有一位名叫章榮初的，先以經營疋頭為業，大半都是東洋貨，在抵制仇貨聲中當然為一目標。其實上海灘儘有這類商人，算不了什麼，他所以突出的，即因他的生意腦筋忽動到「國旗」上去，按照規矩，製成大中小各種尺碼的「青天白日滿地紅」國旗，憑著他的手腕，居然取得專賣權；在上海及各大城市設局發售。獨家生意，不愁沒買主，正在高興頭上，卻碰上王延松這位鐵頭，明白指證出章榮初所製國旗，用的原料全屬東洋貨，在那一時期裡，以仇貨而製彰身之具，已非愛國行為，受人指摘；何況以仇貨而製國旗發售，自更屬於喪心病狂，侮辱國家民族。因此一經揭發，章榮初的國旗專賣只得關門大吉，損失不貲，並因奔走彌縫，破耗尤鉅。此一事件，與杜老板雖不直接相干，而打擊榮初，即等於打擊杜老板。項莊之劍，志在沛公，明眼人都能看到，照幫會作風，老頭子遇到外人向其徒弟挑戰，亦即視為等於向其本人挑戰，定須顯出顏色，為其徒弟掙回面子，亦即為其本身掙回面子。可是在這一事件上，道理卻站在王延松這一邊，杜老板縱使為通天教主，亦苦無法還手，那一肚皮的骯髒氣，也就可以想見。其時清華正代表延松這一派系參加上海市商會，夾在中間，杜老板自亦不無怏怏。後來經過好友拉攏，杜王之間，宿嫌雖解，但如清華不作一百八十度的轉彎，擯棄延松，轉為杜門健者，則其中芥蒂，恐難盡泯。所以我說，杜老板之於清華拜門，另感快慰，指的便是這重公案。

通商在後方均有據點

抗戰初期，清華與壽毅成等同為中國茶葉公司的負責人，於經濟作戰部門，從事於增產外銷工作。拜門之後，乃由杜老板派往重慶，籌設中國通商銀行重慶分行。及太平洋戰事發生，為表示與淪陷區的通商總行截斷關係，又由清華主持，將重慶分行改為自由區的通商總行，並在西安、蘭州、桂林、衡陽、成都、自流井、夏寧等處設立分支行，完成西北一帶「通商」系統下的金融網。

如此說來，清華在銀行實務上也算是一位能手了，但不盡然。清華所長的為魄力渾雄，肆志發展，使通商在大後方每一要區占有據點，除經營業務外並借此與當地當局發生橋樑作用，廣通聲氣。此種作風，恰巧抓到杜的癢處，一經創議，無不聽從。至於設行以後，持籌握算，循名竅實，這番絞腦筋磨桌子的功夫，則其精明遠不如上文提到的該行業務部副理陳國華。

陳國華對業務最精明

陳國華是由錢莊店倌出身，工於心算，在廢兩為元前，幾百隻元寶以法碼校正重量時，他能不用算盤而以心算累計，不爽分厘，敏捷而又正確。八一三戰役結束後，「通商」已將一部分資產，移置香港，成立通訊處，預防時局更有重大變化時，該行猶能保存若干實力。國華即以業務部副理兼領通訊處理任，隨同杜老板常川駐港。同時杜老板私人的銀錢調度，亦多交由國華經手辦理，雖非心腹，卻是得力之人。依照一般常情，通商既在重慶設行，經理一席，就資格與經驗言，駕輕就熟，應由國華擔任為宜，輪不到向與通商無干的駱清華身上；所以當人事發表之初，國華固感愕然，即與陳國華接近的朋友亦表詫異。而不知杜老板並不是為銀行而開銀行，其擇人任事，因地制宜，因時制宜，另有其著眼之處。

所謂「因地」，即重慶為戰時首都，亦即戰時的政治舞臺，銀行不比普通商店，經理一席，必須交遊廣泛，手腕靈活，兼有政治腦筋的人，才能配合環境，藉以匡其未逮。陳國華為一老式店倌，作風保守，在這場合顯不夠格。所謂「因時」，即在那個年代，杜老板認為不是爭取厚利的時會，銀行如不兼做金鈔囤積，即使營業暢茂，多下來的只是日在貶值的法幣，並無意義。但如兼做金鈔囤積，則與法令抵觸，萬一出事，聲名喪盡，更屬得不償失。所以他的宗旨，不在「發財」，只須年終結算，略有餘數，得以裝點門面，於願已足。陳國華則在商言商，賺錢第一，在這年代反不適宜。以故通商在重慶開設分行時，全沒有陳的份兒。直待改為總行，杜老板以董事長兼總經理，駱清華升任總行協理，國華才受任總稽核。這著棋子，又是杜老板的妙用。因他雖兼任總經理，而實際大權則為駱清華所獨攬，所以派國華作為耳目，在後面看好了他。其實清華雖不拘於小節，而在大體上卻與國華一樣忠心耿耿。

銀行經理一副窮酸相

勝利後，「通商」復員，陳國華改任總行信託部經理，自成局面，成績甚著。上海再度易手後，他仍繼續供職，其營業總額曾占全上海銀行的第一位，大受重視。此時銀行經理，待遇遠不如前。筆者因事返滬，曾與把晤，承告人老嘴饞，看到商店櫥窗中陳列的糖果，垂涎欲滴，無奈腰包內的幾個錢，須留待翌晨買菜，不敢妄用，只得嚥下口水，逡巡而去。

又言一次侵晨，趁電車返行，在付車費之際，伸手袋中，分文無有，不禁「哎唷」一聲，突自口出，賣票員誤認其皮包被小手扒去，特予通融，未把他攆下車去，此一窘境，才得逃過云云。

從來銀行經理都被視為財神，不意局面一變，竟致如此酸辛，說來幾無人信。筆者返港後，未越一年，他便下世，幽明異路，其憨直誠懇之態卻仍依稀在目，追懷亡友，擲筆者再。

第八章

陶百川出任大東書局總經理經過

由於上章曾提及香港國民日報，腦子裡不禁想到陶百川先生與杜老板的交情。百川於主持該報筆政時，與杜老板往返不多，迄後榮膺中央日報主筆，離港去渝，而杜老板亦於香港淪陷後，在渝僦居，彼此因大東書局的事，時有接觸，過從乃密。

百川先生為一文質彬彬的人，除曾一度出任淞滬警備司令部軍法官外，多在黨的方面擔任文化工作。杜老板對於文化人向所重視，而於黨內文化人則尤致其恭維。百川在渝脫離中央日報後，似在辦一中央週刊並不得意，生活似亦清苦。民卅年後，大東書局創辦人沈駿聲先生在渝病故，所遺總經理一席似尚無人接手，百川乃由陳果夫先生的推舉，請杜老板以該局董事長的地位加以延攬。實際上，沈駿聲的老友王延松已秉承沈的遺志，正擬接辦其事，所差者身在成都，尚未及走馬上任而已。杜老板於接獲果夫先生的來信後，自不會理睬那一套，當即行使職權，聘請百川以常務董事繼任總經理。按之他倆交情，果夫先生的推轂是屬多餘的，百川如肯自媒，杜老板亦會竭誠報效。

大東規模坐第四把交椅

在中國出版界中，規模最大的首推商務，次之中華，再次為世界書局；大東則以出版法律書籍，著譽一時，允坐第四把交椅。創辦人沈駿聲雖非文化界出身，而於出版事業，興趣甚濃，以其畢生精力，專注於此。該書局資本三十萬，駿聲占股半數以上，次之者為王國懋、殷子白等。其分支機構遍佈於華中華南各省會，香港亦自置產業機器，另設印製廠。為了業務上便利起見，他不能不賣聞人的帳，故將若干股份，贈與杜老板，並推為董事長，俾在必要時，對外有所借重。又為出版業與黨方文化人應有聯繫，故亦以一千元的股份贈與百川，俾為股東一分子。這是當時做生意人的苦心孤詣，如易以不好聽的說詞，即為「謹慎小心，提防火燭。」

這類贈股，與由投資的股東，性質自殊，權益上雖為同樣享受，卻未給與正式股票，僅在帳冊上有此一筆記錄而已。駿聲以書局幾為其獨資事業，或贏或虧，身負其責，故在其去世以前，從未開過股東會，更未開過董事會。外表從新內部守舊，以往商業組織，大率如此。

抗戰期中專門承印鈔票

抗戰期中，出版事業，一落千丈，法律書籍，尤其是冷門貨，絕少問訊。大東乃以承印鈔票為其主要業務，與中華書局、大業印刷公司，鼎足而三。鈔票所用的紙張與油墨均須舶來品，才合規格；而戰時交通阻塞，採辦不易，必須大量購儲，以免不繼。但以通貨膨脹，幣值早晚不同，如非及時購置，成本便須增重。大東為應付此項原料，故其所需款項，為額甚鉅。其時王延松在渝（重慶）蓉（成都）兩地開設華華綢緞公司，門市生意，極為茂美，手中握有現款甚多。沈、王原屬至交，向通有無，挹彼注茲，延松便成為駿聲的後臺老板。迄後駿聲患病甚重，自知不起，當預定延松為其接班人，以酬友誼，半亦報德。延松則以本身雖屬大商家，而專營絲綢，究不脫市儈色彩。大東為第四把交椅的文化事業，與普通商業不同，如總其事，大可提高身分。何況維持老友遺業，亦屬道義上的責任。

周熙和效法張松獻地圖

王延松獲悉該項預定後，即以大東書局總經理自居，人尚在蓉，先聲已不脛而走，指出該局秘書周熙和，吸食鴉片，有瀆職守，將予開革。詎知皐比尚未坐擁，下馬之威，猶待樹立，半途裡已殺出陶百川這個程咬金來，於他手中把這寶座輕易取去。延松雖不甘心，但不由他不予放棄。一因在與大東的關係上，以延松與百川較，他並此未花血本的股東地位而亦無之，純屬局外人，喧賓奪主，世無是理。二因總經理一席，非同普通職務，至少必須通過董事長這一關，決不能私相授受。論情論法，他是完全站不住腳的。

何況百川後面，既有杜老板的支持，又有陳果夫的維護；杜老板還可另作別論，而果夫竟將其丫鬟姑爺一腳踢走，等於「六親」不認，他還有什麼可說的，祇得隱忍下去，視為南柯一夢。所幸他尚未就職，猶可自解。此時最覺開心的倒是那位周熙和，不僅把秘書的位子保住了，還把它保隱了。

事因百川對於大東內部，全屬陌生，非獲內線，不知底蘊。周熙和這瘾君子，心水甚清，思慮甚密，早就窺破這點，便如張松獻地圖般，趕到百川跟前，呈身投效，盡情吐露，頓時成為得力幫手。由是周熙和儼如要角，彎腰曲背，披著一件綢衫兒，飄飄然出入於總經理與董事長之門。

大事擴充「烏龜十八窩」

沈駿聲以一老式生意人，克勤克儉，創造偌大事業。其分支機構，雖因淪陷區擴大，收歇頗多，而在西南各省，則仍一如舊貫。業務重心，雖能轉為印製鈔票，而因合約關係，按期交貨，工作反見繁忙。但其管理部門，為了節省開支，並不增加人手，還是老樣兒，僅由原有的六七個職員，通力合作，綜理一切。迄至百川接事，乃擴充為五處十八科，處設處長，科設科長，以下分置辦事員，全體員司，視前超過數倍。其原有人馬，則或升或調，手無斧柯，卻仍賦以名義上的責任。無如印製鈔票。不比印製書籍，無論技術上另有一功，工人既須熟練，管理者亦須精明。即以購置一罐油墨而言，同一牌子，同一顏色，而何者為原廠出品，何者為冒充影射，內行可以一目瞭然，生手則渾然不辨。因此百川先生雖經引用股肱心膂，以期展開抱負，而實際業務，仍然蕭規曹隨，並不能突破沈駿聲生前的營業紀錄。以至一時有「烏龜十八窩」的諢語，流行其間。因以江浙口音急唸「五處十八科」其諧音恰為「烏龜十八窩」也。

由印鈔票兼營地下銀行

抗戰勝利後，大東總公司遷回上海。以內戰發生，軍費政費，全靠發行鈔票維持，故其業務，一仍舊貫，承印配額，則視前增大。據筆者所知，承印廠家與中央銀行簽訂一次印鈔合約時，其所預領的印費總是若干億元，所得現金，遠比一般商業銀行為鉅，大東亦屬如此。反之，實支方面，儘可按部就班，並不需要偌大款項。

於是大東業務，又由印製鈔票兼營地下銀行，大放拆息。其辦法為將預領之印製費，依據員司職位高低分配款額，經手拆放，職位高的，所獲配額自高；級位低的，所獲配額較小。陳平宰肉，似尚公平。所訂利息，則以黑市為標準，一意取盈，決無情讓。筆者曾向該書局拆過款項，故能知其涯略。至於所收黑市利息，是否涓滴歸公，登錄入帳，則非局外人所能預聞，未便妄說。所能斷言者，即當時的商業銀行（甚至國家銀行）都備有兩套帳簿，一明一暗，明的以備經濟警察隨時檢查，暗的則為日後大夥分肥的根據。一般商家亦皆如此，決不會有人恪守清規，甘心吃素。

大東變衙門有人滿之患

以杜老板的地位，當然不會在拆放中插手圖利，但大東預領的印製費，其中一部存入杜老板的中匯銀行則為事實。中匯將此存款分貸公司廠號，利息是可觀的；而中匯給予大東的利息，決非根據黑市，則亦為事實。其後杜老板又派其第三位公子充任大東副理，掌握一部分的實權。這位公子的手筆也夠驚人，一下子便帶了三十餘名職員進去，其中有恆社的人，也有裙帶之親，談到印刷，全部卻是生手。兩賢相濟，百川先生既經擴大於後，於是大東頓有人滿之患，旅進旅退，幾如一大衙門。就民生主義言之，有飯大家吃，亦是好事。所可憐者，即為沈駿聲的兒子，雖亦擁有副理名義，卻是無聲無臭，俯仰由人。想到古話：「前人種樹，後人遮蔭。」也不是一定的。像沈家的兒子，從樹蔭中心被擠到樹蔭邊緣，而由外姓人隱坐綠蔭之下，乖涼快意，如使駿聲地下有知，應悔一生辛苦，徒為多事。

謝慧塵在香港坐冷板櫈

此外大東還有一樁收益，即當時出版業所需的白報紙，全由政府配給，取值甚低而黑市價格昂。大東向坐出版界第四把交椅，原是老招牌。杜老板又都是兜得轉的人物，屬於硬裡子，其所享配額不在同業之下，那是毫無疑義的。一般出版業，左手向政府取得配給紙，右手向黑市拋出，已成為公開的秘密，大東如法泡製，那也是毫無疑義的。

因此，大東的業務在承印鈔票與經營出版物的兩管齊下中，開動全部印刷機器，猶虞不給，百川先生因去電香港辦事處，著揀最新機器運往上海，以應需要。這辦事處是在戰事結束後，為接收香港的廠房和機器而設立的，主其事者為謝慧塵先生。他是大東開天闢地時的籌辦人，該項廠房和機器原由他幫手買進。日軍占領期中，大家逃難去了，所留物業，由著日軍和流氓任意占用，搬得動的搬了走，搬不動的也搞得一塌糊塗，非有原經手人，揩不了這爛屁股。因此推由慧塵從渝飛港，擔任接收工作，此後即以駐港辦事處主任名義常川駐港。

為了接管便利起見，慧塵乃將大東書局駐港辦事處向當地政府註冊，董事長杜月笙等主腦人物的姓名當然都填入表格之內，在條件齊備下完成合法手續。惟以沈駿聲名義購入的廠房則並不能由此變更業權，歸入大東名下。因商業登記，不涉其他。駿聲已死，無人簽字，即欲變更業權，亦苦無從辦理。因此該項業權實際雖為大東所有，而在法律上尚未能取得根據。慧塵原意，頗欲接踵成規，在港經營印務，以為上海總公司之助，既見陶先生等來電著將較好機器運往上海，顯見總公司無意於此，只得以保管存港資產為務而長期坐其冷板櫈了。

支持陶氏競選監察委員

此時政治情勢，已由抗戰結束而進為行憲時期，各地都在選舉國大代表、立法委員、監察委員等民意代表。上海一區，杜老板於此項選舉是頗有控制力的，競選的人，他不點頭，未必便能順利選出。這是事實，非筆者故意誇張。反轉來說，杜老板具有此項控制力也不是光榮的事，誇張反為蛇足，無此必要。此中情形，筆者將於後文提出事例作為說明，這裡所談的僅為陶先生之膺選監察委員，杜老板曾助以一臂之力，以大東書局的高級員司，作為調融交換的條件，以取得競選對手方的辭名就實。

其時與陶對峙競選監察委員的為姜豪先生。姜既為老黨務，亦為杜老板的老友記。以情相商，姜或可以退讓；以力相壓，姜決不會就範。這形勢是擺明了的，杜不僅不能於老友身上橫施壓力，並因在人情上必須說得過去，使姜失之於此者可以取償於彼，不致一無所得。乃以中間人的地位，向姜情商，請其屈就大東書局董事會秘書，而放棄監察委員的競選。

此一交易，看來姜似吃虧，其實亦不盡然。如以名義相比，董事會秘書當然趕不上政府的監察委員；但如以實惠言，則監察委員是很清苦的，而大東已如上文所言，早由印刷業兼營地下錢莊，大放拆息，董事會秘書的地位並不遜於經、副理，在這裡面的活動自非監委所能企及。姜氏經過一番考慮後，覺得杜老板的面子不能不賣，本身與時代漸脫節，如必一決雌雄，正不知鹿死誰手；競選並無一定把握，倒不如換轉頭來，適可而止，保全友誼，且博讓賢之名。因此他於杜老板的斡旋也就樂於接受；而陶先生於監委之十拿九穩，自是高而無憂了。

不願與杜老板過於接近

按例，監察委員身分的限制，視之立法委員尤為嚴格，兼營商業，自非所許。陶先生當選後，其大東書局總經理一席，依例不便再幹，當退處於常務董事，而由杜老板兼任總經理。這是表面文章，於陶先生的權益並無所損。杜老板是會做人的，僅領空銜，而另設「代理總經理」一職，由陶先生提出人選，以其幹部陳和坤擔任，使陶先生於大東的統攝，至少在精神上仍如舊貫。於此，我們可以看出杜、陶兩人，固非泛泛之交，更可看出杜之於是著意拉攏。可是出處之間，陶先生仍有其分寸。事如杜以其手創的正始中學校長一席，浼陶屈就，俾資整頓，陶則僅允從旁幫忙，始終不肯接受名義，此一經過，即可借以說明。按之書局與學校同為文化機構，學校直接培植青年，更為清高事業，陶先生既能就任大東的總經理，何以於正始校長反加婉卻？其用意似未易得到解釋。據一般人推測，也許是陶先生硜硜自守，不願與杜老板過分接近，使人側目；而書局與學校畢竟有別之故吧。

第九章　一椿偷龍轉鳳把戲功敗垂成

江南野錄：金陵將危，（劉洞）為七言詩，大榜於路旁曰：「千里長江皆渡馬，十年養士得何人？」短短一聯，於李後主倉皇辭廟，致慨良深。不意這幕慘劇，民國卅八年（一九四九）又在石頭城演出。京滬區的居民，稍有「逃難」資本的幾於傾巢出走，杜月笙自是其中之一人。而在養士之列的如陶先生（百川）等亦皆泛海而南，準備繼續以其毛錐子鼓吹大義，激發士氣，安朝廷而定禍亂。其時大東書局的港廠房屋，經過多年的風吹雨打，剝落不堪；詎竟與有榮施，承陶先生取為據點。迄後廠房出賣，有人又目為國共兩方冷戰中的小接觸。世局紛紜，盈虛瞬變，在這座老房子上亦自露其端倪，頗為有趣。而禾黍之思，銅駝之感，事同一例，則不禁使人可悲。

於此，且待筆者依據事實逐步寫來。

陶百川先生挈眷到港後，以房荒嚴重，租值嚇人，即以不費一文的大東廠房為其寄寓之所。「君子之居，何陋之有。」陶先生在這方面是無所計較的。而老屋陰森，得有名流稅駕，則反增色不少。

港設立西南辦事處

一九四九年五月，上海易手，西南各省則仍在國府掌握之中，大東書局分設於廣州重慶等地的支店，皆仍照常營業。陶先生和杜老板等以此次內戰，其嚴重性遠在抗戰之上，敵我之分，必須嚴格，大東雖屬商業範圍，亦不例外。在彼此計議下，乃於東亞大樓自設大東書局西南辦事處，綜管自由區的業務，內分管理、編輯等部。管理部執掌銀錢，由杜家公司主管；編輯部準備發行刊物，宣傳反共，由陶先生主持。所需經費，訂有預算，按月支領。其銀錢來源，則為上述支店遵照杜陶兩人電示的營業解款，此外為出售港廠原存紙張油墨的代價。紙張中存有大宗鈔票紙，品質甚佳，價值自昂，但因不合普通需要，屬於冷門貨，無人問津。杜老板不知底裡，以為是貨便可變錢，反責人兜銷不力。其急於脫貨求現，於此可見一斑。西南各省是經歷相當階段而後淪陷的，上海總公司在這真空時期，形格勢禁，對西南各支店及港廠的事務，已是無法過問；而西南辦事處則為近水樓臺，大可因勢乘便，取而代之。以故幾月之中，他們變賣所得，合之支店解款，兩項併計，所獲甚巨。在那時局劇變之際，大家所擔心的只剩兩個問題：一為香港是否確保安全；一為「逃難」費能否長期支應。利害切身，比什麼都還重要，其他儘可置緩。所以像陶先生那樣堅強的反共意志，與在出版界的豐富經驗，其主持的編輯部門，始終未曾編出一個字來。時有緩急，事有先後，平情而論，那是無可奈何的了。

駱清華反對假公濟私

及至大陸整個變色，上海的總公司已悉港方變賣物資，收受支店解款各情，派人查究，則生米早成熟飯，已屬無可如何；過去的只好不談，惟於結存的三萬餘元港幣，則斷斷索取，必須解滬歸帳。

港方對此事隱分兩派：一派抬出大題目來，認為餘款解滬，等於資敵，應以拒絕為是；一派則以大東為私人企業，在未被沒收前，餘款解滬是屬正常之事。在反覆辯論間，最後由駱清華指出：眼前上海的總公司尚能自由營業，未便遽以敵我相衡。如果拒絕解款，而又提不出正當理由，恐不知者將視為假公濟私，反於聲名有礙。經過這樣的說法後，事才解決，餘款解滬歸帳。西南辦事處因錢已用盡，亦即撤銷。九九歸原，晦氣當然是上海的總公司，損失不小。杜老板陶先生等如確以敵我立場，處理其事，總算打了一陣勝仗。至於這「我」是「小我」抑為「大我」，那就不必深論了。

將大東廠房經營貨倉

這幕過後，第二幕接手開場。即「大東」在港的浮財，其尾數雖經解滬，但那座在堅尼地城占地近一萬尺，蓋有三層樓的廠址是搬不動的，還可大派用場，不失為現成天下。加以此時局勢，又有轉變，大陸於工商界已經進行公私合營，實際等於占有，全國只有毛澤東一個大老板。敵我之分，不似前此尚未露骨，已夠明朗，任何場合都可以此作為衡量。其利用大陸產業而為我生利，已非公私不明，至為理當如此，因此他們便在這廠房上打其主意。時值韓戰爆發，大陸所需物資甚巨，香港到貨突增，貨倉幾不能容納。該廠所在地恰為倉庫林立之處，貨車進出，絡繹於途，邪許之聲，不絕於耳，生意大為暢茂。他們有目共睹，看得眼紅，因念大東廠房，高深寬敞，正是一個天然的堆棧。如改貨倉，所需設備，只須購置籌碼磅秤，便已給事，不必花大資本。最可喜的，任何生意，有贏有虧。貨倉一業，卻是穩如磐石，絕無風險。本輕利重，何憚不為。

董事每年紅利極可觀

於是決定主意，利用廠房地址，經營倉庫業務，即以在港的大東董事作為基本分子，再拉上吳開先、駱清華、朱文德、沈楚寶（後來加入）等一般與大東向無干係的人，作為股東，亦皆作為董事，集會議決，定名為「中英貨倉公司」，推舉杜老板為董事長，而由陶先生提供經理人選，依法登記，尅期成立。所謂股東，姓名以外，不須投資分文；所設董事，每年除領可觀紅利外，不須擔負任何責任。生財有道，歡樂可知。至於由中英貨倉公司出面，向大東書局駐港辦事處訂立責約，以每月不及二千元的租金，賃得近萬尺的廠屋，踏遍港九，無此便宜，而由他們做來，卻是易於借火。所以經過短期籌備後，這中英貨倉便在爆仗聲中開張大吉了。

陶先生和眷屬原是稅駕於大東廠房的，至此，由中英貨倉付出鞋金頂費，代賃繼園臺洋樓，以供下榻，那是新建的住宅，設備齊全，環境幽靜，與堅尼地城之骯髒氣氛，大大不同。出谷喬遷，更合身分。後來陶先生去臺歸隊，這洋樓便由他一手轉讓他人，事屬後話，一言表過。

敵我雙方兩樁微妙事

中英貨倉營業對象中，最突出的一部分為與大陸有關的商行，倉內存貨，故有大部分的大陸產品。此事在普通貨倉並無足奇，惟「中英」的背影不同，敵我之辨，原應嚴格，今竟容納敵貨，似已自毀立場，只顧倉租，忘其資敵，這不能不說是一樁微妙的事。另一面言，大陸好容易由輸出而掙到的外匯，其一部分既因繳付倉租而流入敵對的一方，而這敵對的一方憑以吸收大陸那份外匯的，則竟為應屬大陸所有的產業，彼此明知，卻能相安無異，這不能不說又是一樁微妙之事。兩相比較：他們是以無易有，坐享其成；大陸是由有而無，還須納費。誰為吃虧，不待解釋。因此筆者揣想中英貨倉的董事們，每逢歲杪，哂納那份厚厚的紅利時，一定是眉開眼笑，認為妙不可言了。

進一步奪取大東業權

可是他們的用心並不僅止於此，還有進一步的計劃，立意要將該項業權奪取過來，徹底解決，才覺心滿意足。但事實是極度困難的，如依正常途徑，必須提出有力的證據，證明當時沈駿聲僅為名義上的業主，真正的業主實為大東書局，經過法院裁定，才能取得業權。而這有力證據，則無論他們提不出來，即上海的總公司恐亦無法提出。事因沈駿聲自始已視大東為其私人財產，在帳面上是沒有明確的記錄的。老式商家往往如此，上文屢有提到，不須多贅。因此，他們深知這是走不通的死胡同，如能走通，上海的總公司早就下手，不會延至此時猶懸案，所以非從左道旁門，度橋扭計，不足以出奇制勝。好在天下無聊事，只怕有心人，經過他們多番聚議後，靈感突現，居然度出一樁「將人扮鬼」的把戲來。只須如此如此，這般這般，包管偷龍轉鳳，做得天衣無縫。

一齣活人扮鬼的把戲

什麼是活人扮鬼的把戲呢？他們以為此項業權只須沈駿聲簽字出讓，通過律師樓的見證，便能完成手續，而以大東代表人的身分穩拿到手；那麼找出一人，頂替死者，在契約上冒簽一下，豈不直接了當。何況沈於出版界原非名流，生前接觸面又不過廣，離港多年，故世已久，認識他的人原就不多（其時身分證的制度尚未頒行）。大家都是陌生臉孔，必不致露出馬腳。這是簡單而又可行的捷徑，如能膽大心細，相信定能過關。

他們都是飽經世面的人，大膽細心，全無問題。何況業權取得，除有關私人利益外，還有一個大題目，即在與中共的全面鬥爭上，如能將大陸應有的產業權奪取過來，雖屬小節，究屬一項勝利。這種想法，是否合於邏輯，不必深究，而在他們的意氣上則確具有鼓舞的作用，因此抱定主意，非搞不可，至於剩下來的技術問題，如「扮鬼」的人選，誰最適宜？冒名簽字，如何能與真跡符合？均屬枝葉，總可解決。

翁左青擔扮鬼角色

經過他們的考慮後，「扮鬼」的人選一眨眼便物色到了。他非別人，即為前文曾經提過原任杜老板私人秘書的翁左青先生。其時此君已是六十開外的人，原為老槍，戒絕嗜好後通體枯瘠，滿臉皺紋，兩顋陷落，重以迭經世變，孑身來港，由於處境之困，越發老態龍鍾，形容憔悴。他和沈駿聲有無相似之處，不甚相干，因律師樓的證人未必與沈有一面之緣，只須容貌、年齒、態度等在客觀上可以過得去，便能充數；而這些條件則為翁所具備。佝僂羸弱，正是一個久歷風霜的老人模樣。

次之，簽字如何符合真跡一樣，則較困難，頗費腦筋，他們必先找到沈的親筆簽字，交由左青悉心臨摹，才能魚目混珠，掩飾過去。但這裡面又有一層難處，即以贋亂真，非旦夕可辦的事，須經久練，始見形似，左青以一年老眼花的人，對本描摹，精力已苦不逮，即經久練，而面對證人，當場簽字，亦難保其因心虛走樣，日後與原契互勘，難免被人看穿，弄巧成拙。因此他們越想越難，覺得此一成敗關頭，確屬不易突破。也就越想越精，居然別出心裁，戲中有戲。

聖手書生代筆冒簽名

他們的辦法大致是這樣的：在律師樓的見證到達時，左青所擔當的角色，只須扮成託孤的劉備般，病重臨危，渾身顫兒哆嗦，勾引起人們的憐憫心，便已盡其能事；其冒簽假名則另覓「聖手書生」幕後代筆。至於這兩截事如何上下其手，串成一氣，則認為事前想得太多，徒亂人意，不如臨時即景生情，隨機應付，較為靈活。他們所引以為快慰的，即沈的親筆簽字，經多方搜覓後，已經找到，傷腦筋的事總算解決一樁了。（因原契早由沈向廣東銀行抵押借款，故須另覓其簽字真跡。）

那麼「聖手書生」又將從何處覓得呢？這倒不難，羅致頗易。因香港一地，人才濟濟，留心物色，自會發現奇才異能，所以他們不久就找出一個「新蕭讓」來。講好代價後，這「新蕭讓」將沈的親筆簽字凝視一過，其中側勒啄磔，有何特徵，已能心領神會，當場試驗，維肖維妙。傷腦筋的事至此又解決一樁了。

準備就緒好戲即開鑼

準備工作，既經完成，好戲便即開鑼。他們一面囑咐左青裝成病重的樣子，擁被高臥，不斷地透出無病的呻吟；一面陪同律師樓的見證到來，就床頭向左青道達來意，並作介紹，左青有氣無力地向見證瞟上一眼，又嗆咳了一頓，才勉強坐直半截身子，斜倚床前短桌，由他們端上筆管，讓他就已鋪好的契約上簽字。雖然裝模做樣，一切都很正常，可是一霎之間，卻見奇峯突起，左青於握到筆管後，忽然兩手發顫，眼球泛白，假牙齒捉對兒廝打，頓時眼闔身歪，支持不住，一個倒頭蔥向床上倒去。他們趁著這番張致，便急擁而前，滿臉慌張的忙將左青扶好睡下，蓋緊被窩，然後向見證人大打招呼，連聲致歉，相約改期，再行勞駕，並以單身人年老多病，無人照料為慮。這見證人恰好是上海佬，人很通氣，對病者似表同情，又因業權轉移，事極普通，只要受業人信得過，見證不一定要在場，且懼下次再來，倘復如是，豈不仍是空跑一趟，因對他們說：「沈先生的病情既然如此嚴重，就讓他幾時好，幾時簽，簽好後送到律師樓也是一樣，不必一定通知我了。」這些話，正是他們裝神扮鬼的唯一目的，原想轉彎抹角提出商量的，如今他既入彀，自動地說了出來，正中下懷，自是歡天喜地。而於扮演認真，無懈可擊，則尤自我讚賞，相與慶慰。當接手將「新蕭讓」找來，簽好假字。打鐵趁熱，僅隔一天，已把契約送回律師樓去。這齣把戲，如此結束，可說是悉符理想，「勝利」完場的了。

最後關頭杜氏突縮手

但就整個事件而言，功德並未完滿。事因扮鬼冒簽，雖經過關，而受業人的大東書局也得有人代表簽字，然後業權轉移，方算正式辦妥。以當時大東留港董事的資格而論，杜老板為董事長，代表簽字，最夠硬挺，且屬責無旁貸。詎料他的決心夠膽，不知因何顧忌，到此忽起變化，臨時縮手，不肯出面。其他董事，看到董事長尚且如此，亦皆洩氣，從而斂手。可是事實上不能就此取消，非得有人簽字不可。在無可奈何下，只得去電上海的總公司派遣代表，來港辦理簽字手續。這麼一來，他們原想將產權奪取過來的，反而將產權奉送過去。自搬石頭自壓腳，這是何等懊喪的事！至於在那齣把戲中，編導人的辛苦經營，翁左青的精彩表演，徒嘔心血，全屬白費，自更不在話下。當時上海派來的代表為王國懋先生，未抵港前，猶未知有此一段玄虛，及後聞知，笑不可仰，大有得來全不費工夫的喜悅。所幸，上海的總公司還能放開一馬，仍讓他們所設的中英貨倉，暫時經營下去。

業權轉讓改建新豐行

花開荼尾，戲到圓場，他們也就趁此最後五分鐘，專就利益打算，紅利以外，另有支銷，儘米做飯，不遺顆粒。迄至民國五十年（一九六一）前後，上海的總公司委託香港中國銀行將業權轉讓，由潮州人承購，改建為新豐行，他們還憑藉貨倉名義，爭到一筆可觀的補償費。分肥之際，據說茶壺裡曾起風波，好在這類的錢，正如上海人打話：「用掉不會生一粒痱子的。」彼此略相讓步，也就煙消雲散，沒有搞出「鴨屎臭」的話柄來。惟須說明者，即杜老板此時早經下世，駱清華於杜老板下世後便將中英貨倉董事辭去，已不在列。前者的好處當然由遺屬繼承；後者則明知有得撈的，而以貧病之身，卻甘放棄，確屬難得。筆者在前文指出其人具有正義感者，即就此類事件而言。

未善用大東至為可惜

瑣瑣屑屑，筆者將此事經過，寫得累幅連篇，不嫌冗雜者，意在指出這大變化的時代背景下，一向隱藏著的面貌多豁露開來，尤其有關經濟的一環，眼快手長，機動性更為顯著；但亦是勢所必至的。誰都想生活下去，誰都要爭取生活的條件；那麼偶違素守，自亦人情之常，無可非議。像于髯翁那樣老當益壯窮且益堅的人，究屬是少數中的少數啊！又就大東港廠轉移業權的前因後果而言，似不妨作為陳孝威先生（已故）所著《為什麼失去大陸》的補註，其大病在於公私糾纏，當機不斷，以致費盡心思，反為對手方造成機會。由小見大，能不慨然。

話說回頭，向使杜老板等確是有心人，憑著大東在港的人力物力，善加運用，至少當如世界書局一樣，老招牌依然屹立。無如他們卻都無意，未免太可惜了。

第十章

杜氏最尊敬人物：黃溯初先生

抗戰其中，杜月笙曾寄寓香港，但每年玄冬，逼近年關時，杜老板照例是要去一趟重慶的。他為什麼專揀嚴冬之際才出動呢？一因入冬以後，重慶已為霧都，長空霧掩，視線迷茫，日機不致飛臨轟炸，可以避免逃警報的辛苦。一因參政會多在此時開會，他非參政員，原不相干；但因參政員的槍口率皆對準豪門，屆時必有一番大質詢。他於釜底抽薪或溝通消息中，多少可以發揮作用，以表示其及時報效之意。有人說他因敵後工作，年終會報，必須出席，則未免過分誇張；但亦不妨有此一說。

此外，他的用意，在向領袖致敬，向故舊致候，猶之和尚遠朝南海，一年一度，那是很明顯的。所以他抵渝後最初幾天，衷心所鵠候的，即為召見的通知書。召見過後，一身輕快。其間酬應自多，午晚兩頓，接連幾處，他如舞女過枱般，略嘗數味，便須鬆人，騰出身體敷衍別方，免於方命。有時遇有牌局，則待深夜始歸。

杜氏在重慶，寄寓於交通銀行，主客相忘，宛如一體。交行當事，並特地配合給他一名聽差，以供使喚。又預洽一名捏腳的，在他就寢後，就被筒中為他緊搓慢揉，作為人工催眠，俾能易於入睡；但也有交行無法招待的，即為鴉片煙是。此項嗜好杜老板原已戒除，奈因患有哮喘病，重慶的山嵐瘴氣，不易抵受，又加酬應疲乏，體力不支，故須臨時抽上幾筒，提神益氣。好在他自有辦法，不須主人煩心。他有一位幹這營生的高徒名叫鄭應時的，久承「庭訓」，已屬「世家」，煙具煙膏，所藏甚富，裝煙對火，妙手生春，捉摸到老夫子的回寓時分，他會無間風雨，先來交行坐候，待其一榻橫陳，洞簫吹過，神怡體暢，才鞠躬而退。那份「有事弟子服其勞」的精神，孔門三千徒眾恐亦不過如是。

適時離港不至成俘虜

杜氏於民國廿七年（一九三八）去渝是由海道而行，到達安南的河內後，改循旱路，由雲南入四川。這回他在途中碰到一件不如意的事，即其元配沈夫人適在上海病故，噩耗傳來，自不免於傷感。此後往返，他都改乘飛機。民國廿九年（一九四〇）二月，為了高（宗武）陶（希聖）反正事件，接連去了重慶兩次。這是他在抗戰中最大的貢獻，內心自極興奮；但於第二次中卻又碰上一件不如意的事；正當他和恆社弟兄餐敘輔畢，共喝咖啡之際，香港拍來急電，轉告萬墨林在滬，已被日本憲兵隊捕去。那份歡愉的氣氛，頓時被這壞消息沖到爪哇國去了。

最後一次，他是於民國卅年（一九四一）十二月二日由港啟飛的。這是他最好的運道，去後六天，太平洋戰事爆發，香港僅歷廿五天即告淪陷。如果他不早離去的話，難保不為俘虜，那麼他的後半生恐又是一種寫法了。

高陶事件的關鍵人物

前述的高（宗武）陶（希聖）反正事件，不僅是杜老板在抗戰其中對國家最大的貢獻，亦為當時轟動世界的大新聞，談者已多，筆者寫得祇是有關杜月笙的瑣事，似不必牽涉這類大項目，故只稍稍帶過，無意詳述。為其中最具關鍵性的黃溯初老先生，則不可不提。

黃溯初先生為浙江永嘉人，留日老前輩，民初國會議員，屬研究系，與梁任公先生為志同道合之交。洪憲帝制，蔡松坡在雲南舉義，聲討袁氏，任公乘煤船微服南行，與蔡會合，這煤船中便有溯初先生。其後經營商業，以所辦通易信託公司失敗，離國去日本，隱居於長崎附近的村落中。他和高家為世交，宗武自讀書起以至服官，多出於他的安排。他與杜老板則素昧平生，並不相識。據說高的反正，因素不止一端，而為其作最後決策者，即為黃老先生。他倆在長崎鄉間一夕深談後，高即以其未來命運，全盤懇託黃老先生代為主宰。因此黃氏由日本回滬，經徐寄廎先生函介，與杜老板取得聯繫。

黃氏抵港一段小插曲

為什麼要以杜老板為接洽的對象呢？這因黃氏深悉杜某作人，尚具風義，重然諾，不似一般人的急功近利，事成以後，過橋抽板，所以黃氏願將這樁大事，轉託杜老板居間承辦。當黃氏由滬來港之際，杜既不識其人，杜家朋友中亦不識其人，問來問去，僅有秦待時（聯奎）大律師為黃氏老友，因以接船任務，委託秦律師辦理。

秦律師是一位不修邊幅的人，袖籠裡袋著一聽加力克香煙，抽完一枝，又是一枝，連續不斷，長衫無問新舊，前襟至少燒有五六個香煙洞，面黃肌瘦，十個指頭燻得像雞腳爪般，黃中泛黑，猝遇之下，不相識的總以為他是癮君子、下流人。即待船到，他還是這副模樣兒，代表老杜，登輪迎候。這時恰來了一位衣履整潔道貌岸然的老先生，原由黃直接函約屆時接船的，和杜家並未取得聯繫。這位老先生一看到秦律師如此委瑣，意其為打秋風一流；又訝其得訊何以如此其速，始則怒目以視，終即舉起「士的克」（手杖），截阻秦律師走近黃前。黃初不甚經意，嗣見這位老先生的神色緊張，似在戒備中，便隨著他的眼鋒轉看到他矚目的人，才發現秦律師含著煙捲，尷尬地遠遠站著。黃當搶步上前，握著秦律師的手連稱「勞駕」，然後為他倆介紹，他倆才分別知道，這個「吊兒郎當」的傢伙，便是上海大名鼎鼎的秦待時大律師，那個態度莊重的老先生，便是福建詩人劉放園。經此說明，劉先生大覺不好意思，連忙道歉；秦大律師卻還是老樣兒，悠閒淡定，無所介意。「大水衝倒龍王廟，自家人不識自家人。」這便是黃氏未曾登岸前的一段小插曲。

招待黃氏天天上館子

杜老板接到黃老先生，即將他安頓在九龍酒店，先先後後經過多次密談。據敘五兄對我說：參加密約的，黃杜以外，僅有他一人在座，消息封鎖，至為嚴密。承告他在某一天下午去杜宅時，杜老板問他隨身是否帶有紙張和自來水筆，他說有的，杜老板便囑他同去看一個朋友。及車抵九龍飯店，到達五樓某號房，杜老板為他介紹那位老輩，才知道是黃溯初先生。

杜老板旋向黃說：「我在戒絕鴉片後，其他不覺怎樣，只是記憶力大差。我們要談的不是三言兩語的事，所以我特地把他找來，我們一邊談，讓他一邊記，等談完記好，謄錄一邊，請你過目後，我才到重慶去，根據這個本子向當局報告，他在我處辦事，時間不長，口風卻緊，我們儘可敞開說，不會走漏。」

經過這番說明後，他倆即開始談話，由胡在桌子邊隨聽隨記。如此四次，才告完事。其內容自高宗武離港去滬起，至連次去日商洽和平止，包括高氏與近衛等的談話筆錄，長達三十餘張。敘五兄說：可惜這本子在太平洋戰事爆發時燒掉了，如果留到今天，不失為第一手資料，還可撈一筆稿費呢。

此後杜老板便囑咐他專辦黃老先生的招待，每天三頓，全由他陪著黃氏上館子，中菜西菜，全揀好的吃。是因黃氏預先作有暗示，無意到杜宅去。主從客意，所以杜老板只能讓他「打游擊」。可惜當時九龍的菜館不多，好的更少，如在今日，正可大快朵頤了。

高陶抵港住在九龍塘

杜老板因此事去重慶，他（敘五兄自指）都跟著走。杜老板因來訪的客人多，應酬忙，從不看那本記錄。直待當局召見那一天，杜老板才借大便離開屋子裡的人，向他示意，帶好紀錄本跟進廁所去。其實杜老板並非真的拉屎，只是坐在馬桶上抽著紙煙，叫他翻開本子，從頭到尾講一遍。講過後，杜老板在煙圈中瞑然若有所思，想到不太清楚的情節，又叫他再講一遍，直待杜老板能將全部經過串成一氣，認為召見時可以對答後，他倆才離開廁所，回到屋子裡。

高（宗武）陶（希聖）到港後都住在九龍塘。黃老先生亦搬了去。黃的住所與陶比鄰，高寓後門則與黃陶寓所後門斜對面，相距不過數步。高出國後，陶不久亦搬走，僅剩黃老先生仍寓該處。

淡泊名利喜愛大自然

黃老先生絕少跑進市區的。也不願見客。據說張公權之進中國銀行，他是當時舉薦中之一人，因此中行巨頭多數是他的熟朋友。這些巨頭知道他到了香港，住在九龍，便專程往訪，擬申問候之意，他總是退藏於密，避而不見。一次，他在院子裡散步，正好碰上中行某巨頭在撳門鈴，彼此在鐵閘的空隙中已經看清面孔，他卻別轉身來，回到屋內，吩咐傭人予以婉卻。他覺得於世已無所求，和名利中人還是疏遠的好，頷首問答全屬多餘的事。

這位老先生最感興趣的，是在禮拜天和三四個談得攏的朋友去新界鄉間，無拘無束的吃頓午飯，然後盤桓半日，盡興而歸。一次，他和朋友在下楊村的農家，劏雞過酒，吃的津津有味；又在草堆裡坐上老半天，看到耕牛隨意嚙草，小鳥兒停在牛背上自得其樂。牛尾巴搖擺幾下，小鳥兒並不驚飛，似已相習；當指出這是大自然的和諧而為人類所不及。言簡意深，足供咀嚼。據敘五兄說：這類野餐，他都能忝居其列。

常與劉放園做詩唱和

這位先生喜歡做詩，自稱五十歲才開始學習，未下苦功，所以做得不好。又說做詩和攝影一般，攝影不能將全部景物盡納鏡頭，只能找最瑰麗處最愜心處作為對象，做詩亦復如此，以擷取精華為主。他勸人多看《瀛奎律髓》中的紀（曉嵐）批，指為眼光獨到，一針見血，是好的就是好的，是壞的雖杜詩亦不輕恕。後學讀此，可以探索各名家的意味，與唐詩宋詩變化的跡象。他於每次郊遊後至少總有一首律詩，和同遊的劉放園先生相唱和。敘五兄說他也曾忘其班門弄斧，哼上幾句，記得下楊村吃午飯這一次，他的詩內有：「客來不必通名姓，婦拙居然列酒漿。久豢花蹄知讓徑，新哺玉羽能登堂。」等句，黃劉兩先生還認為寫的貼切，不是浮詞呢。

神遊萬里而智燭八方

這位老先生每天上午總是捧著幾份報紙，大看特看，並把甲報與乙報對照著看，凝神注目間往往找出若干線索來。

一次，他看到美國主教（名字已忘，記得譯名開頭有個史字），從華盛頓經某處再到羅馬。即認為事不簡單，其在烽火中僕僕長途，絕非為了宗教的任務，便按日在報紙上「追踪」他的行程和談話。結果，他找到線索來了，如何如何說出一連串來，留待後驗。不久，他所預測的報紙上先後都有透露，拼湊起來，恰符所料。

當希特勒揮軍北指進攻蘇聯之際，他對他的少數朋友，解釋當前局勢，常歷數句鐘之久。那時只見他一手提著士的克，隨講隨舞，以增強講解姿態；一手握著葵草扇，隨步隨搖，以減輕因說話太多所生的內熱。滔滔不絕，如在演說。蘇聯的地名和河名，總是長長的一大串，在他嘴內卻是滾瓜爛熟，不會遺漏半個字。所以他雖很少和外界接觸，而神遊萬里，智燭八方，確是一位精警的時局觀察家。那時胡喬木正在香港主持《星報》筆政，分析時事，鞭辟入裡，他深致佩服，以一見為快。餘子碌碌，他是看不入眼的。

羅斯福逝世大受刺激

這位老先生認為幹政治的應以「用之則行，舍之則藏」為律身的規範，坐得火盆還須坐得冰窖，絕不能蠅營狗苟，東鑽西鑽，以談政治為獵官牟利的工具。他於國家大事是熱衷的，除此以外，他的身心都放在零度下，絕無所動。

在香港時，關於戰時的財政金融和戰後的外交，他曾有所建議，寫成說帖交由杜老板轉送重慶，以備參放。

在重慶時，陳布雷先生曾因戰後的國大代表問題徵求過他的意見，密談至三刻鐘之久。他對於當時的政局是不滿的，因此「民主人士」和他往返的著實不少。他只是指陳得失，發揮理論，而不參加實際任務。

使他最受刺激的為羅斯福總統之死。因他認為在接近勝利的緊要關頭而失去此一巨人，對中國是大不利的。亦即因此血壓陡高，昏昏沉睡，僅歷數天，與世長辭，客死於棋王謝俠遜家。俠遜是性情中人，以黃老能壽終於其寓所，引以為榮，但一念及故舊凋零，則又淚如泉湧，不能自已。俠遜寓所在重慶大興鄉，當劃出一幅地為黃老棺木厝置之所，緊對大門，無所避忌，以示幽明雖以異路，而晨昏猶可相對。

勝利後遺櫬運回上海

有人說杜老板最尊敬的是章行嚴先生，這話也許是真的。但據敘五兄說；在他出入杜門的那些年間，覺得杜老板最尊敬的只有黃溯初先生。一遇國際間有什麼變動，杜老板往往驅車到九龍塘去，聆取黃老先生的意見。即如徐采丞向杜老板所提的搶運物資方案，事先也曾請黃老先生加以裁酌。杜門賓客中之能高尚其志，純以超然地位與杜老板周旋，而又能退隱幕後、使杜老板成其大功（指高陶反正）者，除黃老先生外，似無第二人。以故杜老板之尊敬黃老先生，並不由於仰慕聲名，故相結納。因後者早就抱了遺世之念，根本談不到聲名兩字；亦不是珍惜老古董，以為有了這個擺設，可使一室之內，古色古香，而提高主人的身分。只因黃老先生確有使人可尊之道，故在杜老板心目中確認為一可敬之人。黃老先生的身後事宜，即由杜老板一手包辦，既在重慶發起追悼會，又於勝利後將其遺櫬運回上海，由其家屬安葬於虹橋公墓。

第十一章

杜月笙身邊四大金剛之一：高鑫寶

如今筆者另換話頭，由杜月笙身邊的「八股黨」談到「四大金剛」；再從「四大金剛」中先提高鑫寶其人作為描寫對象。所謂「八股黨」者，唯一無形的組合，其分子為高鑫寶、芮慶榮、葉焯山、姚之琛、吳全根、顧嘉棠、王嘉峯、江灣楊毛等八個人。

當杜老闆掌握上海煙土行業的初時，他們多半各擁嘍囉，自成門戶，專伺運土船隻抵埠卸貨之際，埋伏左右，待至有機可乘，胡哨一聲，分頭並進，強搶硬奪，呼嘯而去。杜老闆以處事做人，以和為貴，這宗買賣原是見不得天日的勾當，除非以牙還牙，互相火拼，任何損失，只有自認晦氣。與其糾纏不息，結怨日深，不如利益均沾，息事寧人。因此轉彎抹角，把這些頭兒說服下來，在純利項下各吃一份俸祿。由此敵對轉為合作，分歧轉為一致，此即為「八股黨」名號之所由來。其後時事逼人，風雲際會，杜老板在上海灘的地位日見崇隆，而這「八個黨」的頭兒，有的死亡，有的淘汰，迄至抗戰前幾年，出入杜門的只剩下高鑫寶、芮慶榮、葉焯山、顧嘉棠，於是「四大金剛」名號隨之而起。

從拾球童Boy到電話生

高鑫寶為一身材高大漢字，大家都以Long Man相稱，在八個黨中卻算是一位「長人」，所以我儘先提出。他和一般白相人一樣，出身於貧苦家庭。當有錢人家子弟樞衣就傅之時，他已憑其小身體掙錢過活，並須貼補家用。最初，他在西人的網球場上撿拾網球，每天工資至多不過兩個毫洋。他隨著球兒奔來奔去，在淺草芊芊中的過了他的汗雨。稍長，他在斜橋總會做僕歐（Boy），肆應來客，工作輕快，比在球場奔逐，自是省力得多。但因其為英國人的俱樂部，講究禮節，不易討好；而奴顏婢膝，自我委屈，又非所慣，故在精神上實不好受。最後，他總算轉機了，跳出「傭人」圈子，轉業為龍飛汽車行的電話生，專門應付從電話中僱用汽車的顧客，職位雖低，卻是為社會服務，與顧客處於平等地位，不受任何人的輕視，身分卻能提高不少，他才安於其位，一幹多年。當時僱用汽車的多屬西人，說的全是英語，他能聽得分明，講得清楚，即因其以前拾網球做僕歐時，常和西人接觸，普通英語已能了解，故能通情達意，無所扞格。雖於吐音咬字，不合標準，說的又是洋涇的英語；而無師自通，究不失為一聰明伶俐的人。八個黨中他雖不是唯一懂得英語的，而在白相人的地界裡，能以英語對答的，當時卻還不多呢。

輩份遠出杜月笙之上

高鑫寶參加黑社會，即從做電話生時開始。他所拜的老頭子為王德林。王為「大」字輩，高為「通」字輩，以下為「覺」「悟」兩輩。而杜老板則為「悟」字輩。故舊輩分而論，他的地位，遠出於杜老板之上。當時水陸兩途中，靠山吃山，靠水吃水的大有其人，經營交通事業的，無論老板夥計，必須和黑社會互通聲氣，才獲安全，否則滿途都是荊棘。進一步說，如其人本身不入幫口，根本就不必在這一行打其主意。

龍飛原為馬車行，馬車夫幾於無一不是在幫的，其後雖改為汽車行，不同的只是由利用畜力改為利用機器，一般環境並未改變，所以投師拜門，固自有其必要。重以當時社會，一個沒有受過教育而又無所依傍的小伙子，在改善其生活的途徑上，如僅從正途掙扎，按步就班，熬成資格，那是吃力而不易走通的。其最直捷的方法，莫如憑著小爺身體，幾觔氣力，一副拳頭，行險儌倖，自我打開天下。這類模樣，在市面上歷歷可數，正可作為借鏡，奉為導師；何況其門大開，投奔有路，只須遞上門帖，磕過響頭，從此雲龍風虎，不患無所際遇。即使命運不濟，遮風蔽雨，亦能得到庇護，較之守株待兔，實在高明萬倍。因此投拜師門，即在個人發展上，亦為最佳出路。高鑫寶為了職務，為了前途，從而踏進黑社會的門檻，自是如水就下，殊無足異。

設大盛土棧販賣煙土

其實做白相人也不是容易的事，必須經過不少的艱苦歷程，才能逐步竄起，出人頭地。高鑫寶自不例外。由投師拜門起以迄於置身「八股黨」的行例，可以總括一句，是憑小爺身體在拳頭上刀頭拼出來的。他在煙土這方面，除在杜老板的大公司吃其俸祿外，自己也在法租界自來火街開設一壯大盛土棧，其銷路以沿太湖一帶地區為範圍。煙土在法租界是公開的，一入華界便成禁品；但由於他的佈置周密，卻是通行無阻。其運輸路線為由法租界繞道滬西公共租界，從愚園路底轉入北新涇而至陳家橋；或由大西路轉入羅別根路而至陳家橋。然後以陳家橋為起點，運往吳家巷或高家巷而深入內地。自北新涇起以致陳家橋已屬華界區域，當地保衛團的頭腦如高宜薌、高樹薌、張洪淇等，或為他的徒弟，或為他的走狗，均已先期洽妥，一待運土車輛到境，即臨時派出武裝團員，沿途護送，固能長驅直駛，百無一失。

趁好收篷改行搞舞廳

如此經營，一帆風順，直至民國廿二年左右，他才洗手不幹。做慣屠夫，忽然戒殺，難道他要想立地成佛麼？不然，不然。他固另有隱衷，不得不爾。

事緣其時淞滬警備司令部稽查處滬西分所一職已由朱順林接任，冤家路窄，趨避為宜，故不得不自動歇業。按說，朱是黃老板（金榮）的門徒，高是杜老板的心腹；一氣彌綸，休戚與共。朱順林對於高的買賣，原應推愛及烏，暗加保護，怎會變成寃家，處於敵對地位？而不知此中原因，即正由於黃、杜之間，其實發生嫌隙，倒非他倆本身有何深仇大恨。朱順林為向老頭子效忠，故於老頭子看不順眼的人亦加厭惡，推類所至，高鑫寶因受到牽累。在他左右算盤下，北新涇一帶，為運土必經由之路，無法避過，朱順林既已掌握滬西警備之權，查緝煙土，是屬分內之事，為使老頭子洩憤快意，因而假公濟私，捉拿他的煙土，間接打擊老杜，勢所必至，絕非意外。如不審查機宜，繼續營運，一旦失事，損失多少，還在其次，這面子坍了下來，可不好受。權衡輕重，還是收篷的好。重以這樁行業，幹了多年，從無蹉跌，銀子賺夠，風光十足，也應及早回頭，做一個勝利的結束。

於是趕將存貨，著手出脫，吩咐手下人準於某日將煙土掃數啟運，取道羅別根路轉往陳家橋。一面故將消息外漏，吹到朱順林的耳裡去。及期，朱順林果然派遣人馬，沿途佈置，靜待魚兒落網；而不知高鑫寶使的是調虎離山之計，一待運土車輛駛出法租界後，立刻變更路線，改經虹橋路直駛高家巷，恰使朱順林墮其彀中，白撲個空。他待這個玩笑開好，最後一批買賣做完，才把大盛土棧招牌卸了下來，乾手淨腳，由法租界轉到公共租界而做其舞場老板去了。

麗都原係程貽澤住宅

高鑫寶所開的舞場，牌名麗都，場址設在麥特郝斯脫路，原為程貽澤的住宅。貽澤原籍為安徽歙縣，其祖為程厤皮。厤皮在滬所擁地產，除猶太富商沙遜與哈同外，首屈一指，故在國人中有上海地皮大王之稱。民國初年間，𢈪皮故世，其遺產拆分為二。因貽澤之父早卒，由次子霖生綜承遺業，兼為貽澤的監護人。霖生向慕風雅，廣交遊，揮金如土，以根基甚厚，所耗雖鉅，仍不失為海上富豪。其終至隕越者為做標金投機，又不審順逆，專營多頭，故雖擁有偌大家財，仍然不禁幾番風浪，全軍盡墨，竟告破產。貽澤當提出分產證據，與其叔涉訟法庭。依法託管資產，不能因監護人破產隨同處分，故貽澤終獲勝訴。但事實上貽澤應得產業被毀過半，能收回的已屬不多，所幸麥特赫斯脫路這幢鉅宅尚得保全，由其寡母居住。高鑫寶與程家有何淵源，不得而知；一般傳言，則為高與這位程太太往還頗密。關於後來這幢住宅由高一手改為舞場，可見傳言雖難證實，卻非全無根據。

這幢住宅，占地甚廣，其中有獨立的大廳，有三層樓的洋房，有廣坪，有游泳池，有花木，有假山，朱門獸環，氣象萬千。大廳經裝修後，分大舞池、小舞池。大舞池可供舞侶百對，同時起舞猶不見其侷促；小舞池則供特客享樂，纖腰在抱，菽乳投懷，風流下流，百無禁忌，且可避人耳目，杜老板、張大帥（嘯林）、多子大王（王曉籟）等都是此中常客。高鑫寶以主人身分，招皆巨商，結納名流，比做土棧老板，專營非法勾當，大見光輝。其能與于髯翁結契彌厚，及由此聲色之地由來。

路線廣闊杜特加器重

杜老板將高鑫寶作為心腹看待，亦自有故。事緣民國廿年前後，法租界工部局書記凡爾蒂夫婦往遊太湖，於煙波容與中，突被太湖湖匪太保阿書綁架而去，當做洋財神看待，待價勒贖。法總領事梅里艾因託杜老板幫忙，設法營救；嗣經高鑫寶居間接洽，才從匪窟中將凡爾蒂夫婦接了出來。杜老板既因此事，臉上貼金，故於鑫寶特加器重，視為心腹之一。有人說太湖七十二峯，每個樁子都有高鑫寶的線路，那是誇大其辭。說實話，無非因他做慣了太湖區的煙土生意，和各幫胡匪相當熟悉，因而接得上筍頭，講得上情面罷了。

杜勸告勿加入偽組織

民國廿八年（一九三九），高鑫寶和徐慕邢同來香港。慕邢為杜門清客，客串過杜老板的私人秘書，事見前文。這回他倆南來，用意單純，專向杜老板請安問好，藉便與旅港親友一敘契闊。為因留滬的白相人，多隨時局轉變，與敵偽發生默契，以致鑫寶此行，不無令人側目，以為他總有任務在身，須與老杜面洽；其實隔靴搔癢，全屬揣測之詞。

他倆在港耽留，僅歷兩個星期，杜老板所賃告羅士打長房間，原由翁左青居住的，此至吩咐騰挪開來，供高稅駕，可見其在感情上，並未因睽隔經時而有變化。臨別時，杜老板叮囑他：「我們的日子還在後頭。你是有一碗飯吃的，一切不比從前，回到上海，好好做著舞場生意，千萬不要參預與事。」這些話，含意良深，可見其於高的關愛亦復懇摯。

懷疑高死於政治暗殺

詎料僅過一年，高鑫寶就在上海西藏路一品香旅社門前突然被人暗殺了。當時一般神經過敏之流，以為他跑了一趟香港，內容絕不簡單。其中定有蛛絲馬跡，已被對方窺破。未了先發制人，故須及早將他幹掉。又以滬西特工總部（七十六號），開張未久，未了樹立聲威，殺掉個把流氓，亦非不可能之事。於是將這兩項猜想，結合起來，從而判定高鑫寶之死是屬於政治暗殺，吳四寶（特工總部大隊長）脫不了嫌疑。在真相未經接露以前，這一個生前販土通匪的白相人，居然被人當作烈士看待。

那麼高鑫寶之死果真是政治暗殺麼？恰恰相反。他與政治絕無關連，僅為黑社會習見的一場火拚。其後破案的不是別人，恰正是被人懷疑的吳四寶。

高鑫寶之死真相大白

據說破案的經過是這樣的：

吳四寶為了一筆賭稅把在滬西「德存」賭臺的孫小三子、王小二子捉了去，經過嚴刑訊問後，吳四寶無意中提到高鑫寶的暗殺案，他倆懼再熬刑，便據實招供，自承兇手。並說明：「是為『百樂斯』賭臺的『保枱腳』職務被奪之故，結下冤仇，一時不憤，所以把他幹掉。」

什麼是保枱腳呢？這是賭臺術語，為所雇打手而創造的名詞。這些打手以對付搗亂分子為職責（和港澳賭場賭館的「巡場」相似），其應備條件，除頭腦靈活，身坯結實，拳頭打得呼呼響外，一須在幫，背後有硬朗可靠的老頭子，做維護符；一須有眾，手底下結集一班狠巴巴的小兄弟，可供調遣。他倆對於這些條件，都很夠格。老頭子是當時公安局長盧英，硬得不能再硬；本身又都是江北人，當時滬西一帶，恰正是他們的天下，大得地利。因此「百樂斯」的老板馮吉普認為滿意，相約賭臺開幕後雇用他倆為護院的「蔣門神」。

不意高鑫寶竟做「半吊子」，暗加破壞，說動了馮吉普，推翻原約，改雇其親弟高阿毛擔任此項職務。這類撬牆腳的把戲，江湖上最為犯忌，更屬犯了眾怒。高鑫寶做了幾十年的白相人，利令智昏，連這點道理都想不到，一味逞強，慣行不義，即以「家法」而論，也屬不容輕恕；所以他的被殺，原是自作之孽。杜老板初聞凶耗，傷感頗深，及待摸清底細，知道他的臨別贈言，高鑫寶全未加以體會，也就認為禍福無門，為人自召，祇能付之一嘆了。

第十二章 杜月笙身邊四大金剛之二：芮慶榮

杜月笙身邊的「四大金剛」，第二個倒下來的為芮慶榮，綽號「小阿榮」，一號「小鐵墩」，又號「火老鴉」，死在重慶，時間在太平洋戰事爆發後的次年。這傢伙五短身材，滿面橫肉，性情暴躁，嘴頭惡濁，又喜漁色貪淫，強占人家閨女，十足是施耐庵筆底下的王矮虎一類。如再深究內形，則其滿肚皮的污糟不堪，昧良害理，無論王矮虎趕不上他，即在白相人地界，亦屬壞蛋中的壞蛋。

白相人地界的小腳色

芮慶榮出生於上海，原籍為寧波的三北。三北人在上海大多開設煙兌店，販賣香煙和兌換錢鈔，雖屬小本經營，不會有大「苗頭」；但如店面開設在行人絡繹的交通要口，煙捲是日常用品，零錢是人人必找換的，也就客以雲來，貨如輪轉，現錢交易，營業大有可觀。由於地方性的商業傳統，他幼年便在這行業中當上一名學徒，如能耐心習業，循序發展，日後不難自闢門面，立業成家，過著衣食無虧的正常生活。無奈他壓根兒是個壞坯，挨不來苦掙力扎的光陰，過不慣平淡呆板的環境，不久他便改行，在西人家中幹「細崽」去了。

「細崽」和「僕歐」，均指服役於西人的男僕而言。「僕歐」為從Boy譯音而來，含義如何，不必深究。「細崽」一詞則為國人創造，並非舶來品。當年發明此一稱號的人，大概對於民族觀念極為強烈，痛恨炎黃子孫中不肖之徒，為了填滿肚子，不惜奴顏婢膝，為碧眼黃鬚兒奔走給事。所以用個「細」字，指其人為齷齪小兒；又用個「崽」字，指其為人渾身賤格。北方人罵人不是慣常嚷著「崽子」「兔崽子」一類字眼的麼？所以這個「崽」字尤見其運用之妙。芮慶榮由煙兌店學徒轉入這行固屬自暴自棄，甘心墮落；但如存心忠厚，仍可視為自食其力，未可厚非。所不足齒的是他對於正常環境，自始即感蹙迫。

迨後年齡增長，吃碗太平飯，如鳥在籠，如獸在柙，精力無所發洩，益苦渾身瘦脹。因此他在西人住宅裡，不是和男同事鬥嘴尋釁，就是向女傭人撩撥調情。一個寧靜的家庭，怎容得下人放肆，以故未經幾時，他便被東家攆了出去。好在滬西曹家渡是他生長的地方，當地的小癟三、小流氓多半是他的朋友，橫字當頭，恰是小爺去處，相信大家腳碰腳的廝混一塊，不會餓煞，也許時來運轉，闖出一番市面亦未可知。由此他便和黑社會結下因緣，先在白相人地界當上一名小腳色。

贏得個「小鐵墩」諢號

黑道營生，無非「拆梢」、「講斤頭」、「搶賭枱」、「搶煙館」這類把戲。兩陣對圓之際，你有你的法道，我有我的神通；你不讓我吃飯，我就不讓你拉屎。針鋒相對，誰都不是膿包。小腳色在這場合裡，為了要「尋開銷」、「過日腳」，就得獻出身體，拼著性命，和對方硬幹一番，分個高下，才能受人賞識，站住腳跟。芮慶榮沒有別的特長，賭口勁，他可以把方的說成圓的，又由圓的說成扁的，舌頭打滾，那副櫻桃實在來得；賭手勁，年輕小伙子好勇鬥狠，原不希奇，難得的是爺娘送他一副好身坯，敗下陣來，任你拳打腳踢，從不叫饒。即使挨上幾刀，結了疤還會尋仇，鬥志依然旺盛。這種作風，白相人稱為「夠種」，中共筆底下則稱為「好樣的」。如此大小陣仗，他經過了幾十回，雖然遍體傷疤，卻是名聲日顯，居然由小腳色而贏得「小鐵墩」的諢號。

什麼是小鐵墩呢？我們都曾見過，即由一塊生鐵製成器材，其過程中，火煆以外，還須搥打。而承載生鐵任人搥打的那件工具便叫鐵墩。鐵匠們如此泡製，至再至三，生鐵到了後來也就變質，鐵墩卻仍四平八穩，屹立如故。我們試想：他所承受的壓力是何等沉重；而其潛藏的抵力又是何等強大。以此例人，芮慶榮確如俗語說的「打不煞的李逵」了。

拜在季雲卿門下為徒

由於他的諢號著實動人聽聞，黑社會中爬起了的老頭子又中意這類吃鬥吃慣的小伙子，所以他能很順利地投拜在季雲卿的門下為徒。大凡小腳色在「打流」的時候，就等於無主孤魂，東飄西蕩，沒有固定地盤，也沒有固定的進帳；必待拜好了老頭子，列入輩份，有了師兄師弟，才算是有根基的人，大家有福同享，有難同當，生活不成問題，遇事得到照顧。芮慶榮存心要吃白相人的飯，至此總算是「有志竟成」了。

季雲卿為通字輩，出道很早。後來汪政權下的李士群、吳四寶等都是他的徒弟，可見其門下並非全為碌碌之輩。其時上海的鴉片煙，掌握在潮幫手中。白相人在這裡面吃俸祿的，關於公共租界方面，就由潮幫委託季雲卿揑手。所以雲卿於潮幫名下煙土亦負有保護的任務。芮慶榮在季門中，其身分等於一頭獵犬，碰到要打要殺的場面，季雲卿總是嗾使他去，亂咬亂吠，確屬有用之材。但他究竟是新來乍到的人，資格尚淺，所能拿到的俸祿，自難與先進山門的等量齊觀。這在一般人看來並無所謂，而在芮慶榮看來，則認為功高賞薄。一對烏眼珠翻上翻下，表示一百個不高興。

欺師滅祖又號火老鴉

如此經歷幾時，他的慾壑越發難填，野心越發難制，竟然膽大包天，直接向潮幫開火，間接向季雲卿算帳，夥同顧嘉棠等將潮幫煙土攔路硬扒過來，分肥享用。按之十大幫規，什麼「欺師滅祖」，什麼「藐視前人」，什麼「放龍帶線」，什麼「奸淫邪盜」，他這一下子全犯上了，如以「家法」處置，縱能保住命根子，也難免於「三刀六洞」。可是「租界」之上，「王法」尚難通行，「家法」更是屁錢不值；何況這「黑吃黑」的把戲，原是開不得聲的，而法租界的頭子又正因利藪所在，環伺以待。季雲卿眼看形勢如此，對潮幫又無法交代，最後結果，只能引咎告退，煙土這行，從此釋手不管了。逢蒙殺羿，芮慶榮總算天良未泯，尚未做盡做絕；而雲卿經此蹉跌，顏面何存？以後在白相人地界已不免黯然無光，門牆失色。反轉來說，芮慶榮卻反因心狠手辣，又贏得「火老鴉」的諢號。

按之鳥類中，並無火老鴉其名，只是一種土語，代表火燒場中因風吹向天空的餘燼，以其形態有類於群鴉亂飛，因而成為名詞。老鴉原是不祥之物，著了火的老鴉自更可怕，如飛落在茅頂板牆的房屋上，又可引起一場火災，害人不淺。如今將牠作為芮慶榮的諢號，正說明這傢伙所帶來的只有禍害，沒有其他。觀於上文，已足證明。季雲卿收他做頭獵犬豢養得骨健毛茸，到頭來還是舞爪張牙，反向主人狂噬。

開設「大有興」煙兌店

迄至此時，他的錢是有了，又想起做白相人到底是不名譽的事，總得混出名堂，好在人前人後稍增體面。盤算之下，他便走回老本行，認為煙兌店，業務簡單，吃本不重，同鄉多幹這行，可以互相照顧；外加他哥哥芮慶祥是此中能手，經驗豐富，交他主持，可以放心做去。在這些有利條件下，他第一間煙兌店便開設在哈同路，牌名「大有興」。哈同路一帶為富商巨賈的住宅區，所需的多是名牌香煙、雪茄，他摸準了價錢比市面略略提高，買客滿不在乎，便從小算盤上大做工夫，著實沾光不少。此後他又專揀住宅區分設煙兌店，牌名一律是「大有興」，祇在上面加寫東南西北等字號作為分別。範圍擴大，門市之外，添設批發部門，各店分設專任經理，而由其兄總攬其成，坐好包車，巡迴視察。所需資本，除第一間煙兌店自掏腰包外，其餘全向朋友強借硬索，拼湊而來。所雇員司，待遇極為苛刻，為防借薪宕帳，他從不在店內支取分文，據說是以身作則。每年賺進的錢，既不還本，亦不派息，全由他掃進荷包，據為己有。他的老兄，上了年紀，沾有煙癖，一手掌管四五間煙兌店，每天覆核四五本帳冊，即使不須多動腦筋，也就夠他忙碌。芮慶榮卻還嫌他煙癮過重，起不來早，耐不得煩，一榻橫陳，廢時失事。硬要他把這口嗜好戒掉。結果，煙癖是戒清了，老命也就送掉了。

大興土木建新光戲院

民國廿一年（一九三二）前後，芮慶榮又以平地一聲雷的氣勢，在寧波路大興土木，建築新型戲館，開設起新光大戲院。風聲所播，大家都懷疑他的錢從何而來。如果專靠煙兌店，究竟進益有限，再做十年，也不會賺進偌大資財，買產造屋；除非他又幹上一樁昧良害理的事，大撈一票，才能創出這番市面。的確，人們的眼睛是雪亮的，他確發了一票死人財，所以他能在不動聲色中，突然有此大手筆。

前面曾說過：黑道營生無非「拆梢」、「講斤頭」、「搶賭臺」、「搶煙館」一類把戲。芮慶榮此時雖早由小腳色竄起，從白相人做到老頭子，身分大有不同，但其基本營生卻還是走著老路。不過拆的是大梢，講的是大斤頭，搶的是大賭臺大煙館，與其所用方法已由鬥力而兼鬥智。其活動地點不在茶館馬路而為秘密場合而已。其實這類情形，不只芮慶榮一人如此，任何有名堂的人物，也屬如此，只要他是黑社會出身的，成名以後，縱能潔身自愛，終不免在切身利益上不時露出一手。這就叫「江山易改，本性難移」。原是勉強不來的。如果屠刀放下，以後真的不開殺戒，恐怕西方樂土，亦將以人滿為患，容不下這麼多的佛身吧！

孫家命案芮慶榮撈飽

據說芮慶榮這次所發的橫財，就落在滬西一個土財主孫玉棠的身上。這姓孫的原做地產小掮客，經紀滬西一帶地皮，所值無多，他所能取到的佣金原就不大。但因他是當地的地皮蟲，情形熟悉，遇到合宜的荒地，他會東拼西湊的暫時吃下，等待機會，再行賣脫。如此進進出出，錢上滾錢，他的地皮生意，也就越做越大。也許是命中註定吧，無心插柳，竟然綠葉成蔭，不到幾年，公共租界工部局為了擴大區域，向西發展，越界築路。滬西地皮，陡時地價。他一跤跌在青雲裡，居然成了富翁。可時禍事也就接手發生。他原先的一個姘婦在一夜間突然死去，左右鄰居，因她死因不明，疑為毒殺，予以揭發。實際情形，亦正如此。其起因則由這個姘婦，過於不守婦道，姓孫的為去附骨之疽，因而下此毒手，以絕後患。當由靜安寺路捕房進行偵查，第一特區法院提起公訴，一時情勢相當嚴重。芮慶榮是唯恐天下不亂的人，耳風又長，聽到孫家出了亂子，怎肯放過。於是百計鑽營，硬軋一腳，把這樁案子攬在身上，以便從中取利。這姓孫的從未經過大風浪，又因有了偌大家財，生命越覺寶貴，大禍臨時，已六神無主；忽聽到芮慶榮滿嘴的天花亂墜，捕房法院，都有熟人，裡裡外外，都有門路，可以拍胸擔保，包管無事，便一力煩他作主，代為安排。人命官司，銀錢晦氣，這道理姓孫的是懂得的，此時只求脫身逃罪，身外物已非所計。當由芮慶榮一手包辦，打點上下，疏通內外，這倒不能說他是黃牛肩胛，經過法醫開棺蒸骨檢驗後，驗定書上居然填上「無毒」字樣。姓孫的是逃罪了，芮慶榮也就撈飽了。

建新光戲院另有企圖

所以這間新光大戲院，拆穿來說，完全是建築在一個婦人的屍體上，萬千觀眾，熙來攘往，誰會想到這座舞臺之下埋有一段沉冤在內。芮慶榮由這一戲院所得來的，提高身價，增厚財富，那是人人看到的事，屬於表面文章，無待多談。骨子裡卻還有深意存焉，不能不說他的腦筋靈活。一是他企圖通過這間戲院的管理權，改變一個婦人的意志，希望她能以權力的享有填補其精神的空虛，從而打破同床異夢的尷尬局面；這婦人便是他以強姦手段被迫下嫁的樂碧秋。一是他利用其為新光老板的地位，存心要捧紅一個初下海的坤伶，借重京朝大角和他配戲，便能鋒頭出足，從此知恩圖報，伏伏貼貼做他的小老婆，不會三心兩意；同時也好讓他比起娶女戲子做妾媵的同「道」門，年晚煎堆，人有我有，不致相形見絀。這坤伶不是別個，就是原先過繼給他，口口聲聲稱他為乾爹的華慧麟。

補習教師送羊入虎口

樂碧秋，裨文女學學生，畢業後投考東吳大學，已獲錄取。女兒家心性強，為免增重家庭負擔，故在秋季始業前，擬利用暑假期間為人補習功課，以自己的能力掙到學費，因於報紙上的徵求廣告，時加留意。即以此故，落入魔掌，為芮慶榮聘去，擔任家庭教師之職。裨文為教會所辦學校，英文程度較普通中學為高。她是一個秀外慧中的女孩，各門功課均有相當造詣，為芮家幾個蠢兒補習，自是游刃有餘，毫不費力。

她到了芮家後，頗覺稱心，自芮慶榮以次均稱她為樂先生，表示尊重之意，態度既佳，待遇亦不菲薄。她是初離校門的姑娘，不諳世故，還認為芮慶榮很懂規矩，不像一般白相人的行徑，而不知其花容玉貌，一見之下，芮慶榮早已起痰，不過一時老不下臉來，正在戴好假面具，冒充斯文，以期培養感情，並鬆懈其防閒的心理，羊入狼群，焉有倖免之理。迄待假期將滿，補課告一段落，芮慶榮以大好機緣，稍縱即逝，當特地備了一桌豐盛的筵席，以謝師為名，專請樂碧秋一人，其餘陪客全是他的家屬，並無外姓。他所安的壞心眼為利用家庭宴會，隨隨便便，大家相處已慣，樂碧秋不會過分衿持。關起大門，便是他的天下，儘可為所欲為，不怕這塊到嘴的天鵝肉還會飛去。於是入席以後，他便堆下笑容，逞其巧舌如簧，殷勤勸酒。其家屬亦為表示敬意，輪流把盞，鬧個不停。樂碧秋以情面難卻，又見芮太太亦在座內，即使精明過人，也不會想到其中有何詭計，當亦敷衍應肆，俾能盡歡，可憐這妮子就在這樣子的播弄下，落進圈套，三杯落肚，玉山傾頹，她那處女之身，當天便被芮慶榮這色狼糟蹋了。

生米成熟飯迫得下嫁

或許有人會問，芮慶榮的老婆難道不是醋罐子麼？家屬當前，芮慶榮究竟臉上無毛，又怎麼幹出這樣無恥的勾當？話是對的，而不知白相人的家庭，原始就是狗男女的組合，如以正常的眼光衡量白相人的家務，因而認為理所必矣，言過其實，那只是你自己的「孤陋寡聞」而已。

此事發生後，樂碧秋的父母雖皆氣憤填膺，卻苦無事無補。他倆都是忠厚人，膽小怕事，尤其涉及白相人，更懷戒心，不敢輕惹。事實上亦正如此。這些凶神惡煞，手段毒辣，黨羽眾多，即使依循法徑手續，驚官動府，芮慶榮儘可高飛遠走，暫避一時。錢可通神，更不難於安排打點。只待時間一過，官司冷卻，這案子會變得無影無蹤，徒使醜名四揚，把女兒的一生葬送。猶恐明槍易躲，暗箭難防，芮慶榮如果存心報復，儘可嗾使嘍囉，借故糾纏，暗加毒害，反而後患無窮，惹得一身是蟻。因此他倆一籌莫展，四顧無援，日夕在吞聲飲恨之中；倒是這位女兒，富有膽識，為保全閤家顏面，抱定犧牲精神，挺起胸膛，直接向芮慶榮交涉，要他提出善後的解決辦法。芮慶榮是有意弄上個把女學生作為眷屬，出入相攜，以其增光體面的；這麼一來，正合其意。當在樂碧秋跟前，立誓賭咒，願結終身伴侶，永不相棄，並暗示她這是最好的辦法，否則吃虧的不是男人，與其躭誤終身大事，不如做一對歡喜冤家的好。樂碧秋審情度勢，覺得生米已經煮成熟飯，實逼處此，無可奈何，在徵得父母同意後便下嫁於他了。

積鬱難舒終含屈以死

可是樂碧秋仍自有其計較，決不甘心於逆來順受，在環境上雖不免於低頭，在精神上卻還有其抵拒。其解決辦法中，她提出如下條件：一是自立門戶，不與姓芮的家屬同居。一是在稱謂上不與姓芮的沾染任何關係，仍保留以前「樂先生」的稱號。一是芮家的親友，在未徵獲她的同意前不准上門。一是以後生男育女，統交娘家撫養，不冠「芮」姓。這些條件，大概由於這麼一個見解而來：她以為身體是被你姓芮的糟蹋了，拼著不要，就讓你糟蹋去吧。靈魂還是屬於自己的，必須保持純潔完整，不容有絲毫的玷辱。

其實這種見解，對芮慶榮說來全是對牛彈琴，他所要的只是肉體而非靈魂，所貪圖的是慾而不是愛。所以他聽到這般條件，不禁揑著鼻管兒暗笑，一口氣應承下來，絕不還價。卻又不料這位樂碧秋是一個死心眼的女人，即使犧牲了身體，也不讓他輕易得到樂趣。一見了面，總是雙眉緊蹙，滿臉冰霜，從不稍假詞色，馴至床笫之間，她亦把自身視為行屍走肉，只有軀殼，沒有神經，任何快馬加鞭，始終無所反應。這可把芮慶榮弄得啼笑皆非，折磨個透。以前是她無可奈何的他，而今翻轉頭來，是他無可奈何她了。迄至新光戲院開業，芮慶榮為了博取她的歡心，交她全權掌管，也是白費心思，改變不了她的意志。後來抗戰軍興，芮慶榮跟杜老板去了香港，這對冤家才算分散開來。樂碧秋以積鬱在懷，無從發洩，終罹不治之症，含屈以死，這段孽緣才告結束。

後來與芮慶榮同居的華慧麟為寧波籍，生長在滬。她的父親在小花園開設一間電燈店，售賣燈泡電線一類貨品，本小利微，僅夠一家糊口。華慧麟幼時在西藏路慕爾堂小學讀書，同學中不乏從事劇藝人家的子弟，小調京戲，琅琅上口。她在耳濡目染下，不免沾到這股習氣，嘴巴裡也就哼個不停。她父母想到這是女兒家出路之一，既為其性所近，不如成全她。日後倘能唱紅，掛起頭牌，或可名利雙收。因把說戲為活的李琴仙請來，給她開蒙，專習青衣一路。

華慧麟賦性黠慧，品貌長得俊俏，確是一塊可造的材料。經過相當期間後，她的京劇道白唱工，扮相身段，已自可觀。偶在堂會戲露臉，居然有聲有色，博得好評。因此他父母越發指望她早日下海，拿包銀，成為名女伶。但梨園行也不是輕易混得進去的。儘管玩藝不壞，如僅以票友身分下海，總嫌格格不入，縱不受人欺侮，也難得到同行照顧；必須在前輩藝人名下，拜門投師，確定身分，才算正途出身，吃穩戲飯。又在下海之後，成名前，還有不少的周折，必須找個靠山，辦行頭，拉關係，大力捧場，才能走紅有望。這些事都要講面子，花大錢，始能辦到，一間小電燈店的老板是夠不上的。

與芮某結成兒女親家

華慧麟的父母正在躊躇中，恰巧有人提醒他倆，白相人芮慶榮不是小同鄉麼？這些年來，他和法租界三大憲沆瀣一氣，聲名已經響亮，如能走上這條門路，對正了他的心眼，莫說投師不成問題，即在下海後，為了各項使費，要他花個千兒八百，也不是不可能的事。

這話是說對了。事實上辦得到麼？筆者不待費詞，只須引用「瞇霎眼看中鬣鬍頭」這句土話，已夠說明一切。按之當時上海，白相人的氣燄極為囂張，白相人的手面亦極為闊綽，一般中下階級，為了找牌頭、闢財路，多以攀附上白相人引為幸事。這個電燈店的老板，望女成材，仗人培植，對於芮慶榮這主顧，巴結奉承，自屬不在話下；反之，芮慶榮這頭色狼，雙睛瞇瞇，一瞅到華慧麟這小娘兒，瓜臉梨渦，天生麗質，有樂碧秋的手姿，卻沒有樂碧秋的高傲。一個似是風中楊柳，攀折由人；一個卻是水面蓮花，可遠觀而不可褻玩。相形之下，喜上心頭，已是張開大口，流著稠涎，巴不得把她吞下肚去。因此雙方吸引，一拍便合，由居間人從中湊趣，結為兒女親家，把華慧麟過寄在芮慶榮的名下，作為寄女。這名堂在江浙人口中叫做過房親，和廣東人的契媽契女，一般無異。

栽培華慧麟費盡苦心

過房，過房，這名堂在宋代已早有之。朱子言行錄載五浙公事第七條云：「曾無子，欲令弟子過房。」這話是指本身無子而以兄弟之子為後而言，所謂「房」者為族中房份之房，所能「過」者僅限於同族之子侄；後來花樣翻新，張三可過李四之房，有了後人的也仍收入過房。男的可過，女的照樣可過，這房字的意義已是完全失去。迄至世風日下，人慾橫流，寄父寄女，居然慕戀，始猶偷偷摸摸，彼此穿房；終則自剝臉皮，彼此同房。而所謂寄子寄娘，亦不乏共而同牀者，上烝下淫，搞亂乾坤，猶自雙雙過市，演詡風流，恬不為恥。所以過房這個名堂，越來越臭；但社會上卻仍有樂此不疲的人，大收過房兒女。無以名之，只能視為逐臭之夫了。

芮慶榮和華慧麟，年齒相差一大截，但以當時的環境來說，華需要芮的幫忙，對芮少不得要諸多遷就，因此，他倆由過房而穿房而同房，原是合乎規律的發展。比之他迷姦樂碧秋，其罪惡似尚可從未減。話說回來，芮慶榮對於華慧麟的栽培，卻也費了一番心血，他送她去北京，投拜在「通天教主」王瑤卿的門下為徒，使她在梨園行中立定腳跟，此其一。一個初出道的雛兒，紅氍毹上，要想一砲而紅，殊非易事。他為了她，一度把新光戲院由電影改為京劇，又拉到馬連良和她配戲，使其出足鋒頭，蔚為名角，此其二。這兩樁事已花了他不少的錢，其他也就不必列舉了。

白相人有很重自卑感

又白相人竄起後，強盜扮書生，披好長衫，踱著方步，彎腰拱手，向人打著哈哈，一派假斯文，像模像樣；可是他的自卑感始終盤踞心頭，永難磨滅。所以有些事，正常人看來是應份這樣的，他們卻由於自卑感作祟，另有感觸，以為照正常人這樣做，便是摘了臺型，丟了面子。換句話說，就是挖他瘡疤，把他還當白相人看待。而不知他要人另眼相看，適足顯出原形，這個道理，他們卻不懂得。因此，他們戲館不肯買票，跑舞場不給茶錢，進飯館要許掛帳，甚至嫖女人也得她賠貼身體，不付夜廂錢。下面兩件事雖僅為芮慶榮個人的刁狡毒惡，亦代表了白相人自卑心理而產生的反應。

維也納舞廳發現水蛇

九一八事變後，接踵而來的是一二八中日淞滬之戰，人心激奮，看到上海租界上還是歌臺舞榭，一片昇平，大起反感。這時報紙上忽發現一條維也納舞場鬧蛇的新聞。其經過是這樣的：

一個禮拜六的夜裡，維也納舞廳的舞客正在摟緊纖腰婆娑起舞之際，突覺腳下踏著一截滑碌碌的東西。當時全場籠罩在欲隱欲現的燈光下，看不出它是何物。可是那截滑碌碌的東西經人踏過後，似已負痛，便隨著那個人的小腿粘纏起來，尤其是舞孃們穿的是玻璃絲襪，感覺越發敏銳，意識到這東西不是其鱔，定是水蛇，一聲驚叫，全場騷動，及待開亮燈光，滿場照澈，果見大大小小的水蛇，不下數十條，或則蜿蜒而行，或則聳身欲立，直把尋歡的、賣俏的，嚇得膽戰心驚，奪門而走。茶錢舞票，既已分文無著，而在蜂擁而出之際，秩序大亂，茶杯桌椅，毀損復鉅。這筆損失，舞場只好自認晦氣，始終查不出誰是放蛇的人。

報紙上隱約透露這是愛國分子幹的，意在提醒一般糊塗蟲，國難當前，不要過分沉迷於歌舞之場，應該及早回頭，同以救國為重。其實毫不相干，全是芮慶榮嗾使他徒弟幹的勾當，目的是對維也納舞廳老板陳占熊示威報復。起因極微：芮慶榮和朋友去跳舞時，舞廳不賣他帳，照一般看待，徵收茶費。他認為陳占熊有心坍他的臺，所以要結結實實的整他一下，使他領教。

南京戲院一幕惡作劇

又上海愛多亞路的南京大戲院，建築裝璜是第一流，所映電影，也是第一流。為維持其高尚的水準，所以規定衣冠不整的，恕不招待。它做的也是買賣，對顧客決無苛求之理，故所謂「整」者，僅就觀眾的衣衫鞋襪，不失為正常形態而言。此項要求原在情理之內，故雖有此規定，卻從未因此發生糾紛。有之，即從芮慶榮開始。在一個夏天，芮慶榮帶著一班朋友去看夜場，他穿的是褪了「拷」的拷皮短褂褲，亦著雙腳，穿著拖頭，昂著那顆光頭，向入場處直闖。收票員放進了他的朋友，卻把他擋住，要他穿好鞋襪再來。這一下，可把他的臺坍大了，尤其是這麼多人的場合，內中難保沒有相熟的人，如果傳揚開去，豈不是「英名」喪盡！無奈自己的觀瞻確是不雅，鬧不出什麼名堂來。南京戲院映的是西片，和洋商向有聯繫，如果逞強滋事，難免洋人不來干涉，自己未必討到便宜。因此他只能捺住無名火，退出戲院。一路上罵聲不絕於口，那自不在話下。

過不了幾天，南京戲院夜場電影放映到中段當兒，觀眾的頭頂上，忽然飄下疏疏落曲的雨點來，一股腥臭味直沖鼻端；旋見銀幕前無數昆蟲，如飛蛾撲火般，盤旋不息，臭氣越發濃厚。一時觀眾大嘩，紛紛起立，要求退票，院方只得照辦。這些損失，猶屬微末，而一座富麗豪華的戲院，經此事故，其於觀眾的印象，卻大大受到影響。

事後院方進行清潔工作，發現場內四周遺下不少煙盒舊罐頭。裡面全是稀薄的糞汁，點點滴滴，餘瀝尚存。銀幕下則滿佈羌螂蚱蜢等類的屍體，縱橫皆是。顯而易見，這是有計劃有組織的惡作劇。這些搗亂者先把飛蟲裝在罐內，澆上用水調稀了的糞汁，然後攜帶入場，專揀周圍的座位坐好，一待觀眾的注意力集中在銀幕時，他們偷偷的揭開蓋兒，將罐頭放在地面，那些飛蟲因久悶罐中，捺耐不住，瞥見銀幕上一片白茫茫的閃光，便如放花筒般儘向銀幕飛去。蟲身所沾糞汁，在小翅膀的飛撲下，便如雨點般飄散開來，於是臭氣浸漫，而銀幕上所表現的也令人糢糊莫辨。這番惡作劇是夠聰明的，而設計和導演的即為芮慶榮，為了要發洩那口冤氣，不便明幹，因而出於陰損的手段。

對杜老板南人不復反

前面而過，芮慶榮破壞幫規，向老頭子季雲卿「踼竇」，搞垮了他和潮州煙土幫的關係。這番手腳，雖然過於毒辣，而他和杜老板等結合，即由此發生契機。其後煙土大本營由公共租界轉入法租界，杜老板等由做潮幫保鑣而轉設大公司，其間因素雖多，仍當以芮慶榮悍然「踼竇」，改變當時形勢，為「開基立業」的第一砲。外加他是一個「小鐵墩」，打打殺殺，出色當行，在鴉片煙的爭奪戰中確屬一員悍將，所以他在杜老板跟前是有其相當地位的。

話說回來，他既能反季雲卿，難道他不能反杜老板麼？說來也奇，他自改隸杜門後，大體上倒是伏伏貼貼的，好像孟獲對於諸葛孔明般，經過七擒七縱後，許下「南人不復反矣」的重諾。其實論輩份、論口才，杜老板遠不及季雲卿。他的特長，只是氣量大，手頭鬆，而又富於耐性。

芮慶榮所要的無非是面子和金錢，杜老板在可能範圍內都能滿足他，也就把他的野性子馴伏下來了。後來杜老板的市面越做越大，不僅是法租界的頭兒，也是全上海的頭兒，甚至南京北京都有他的路數，中外名流，多是他的座客，在白相人地界創造出空前的場面。形勢比人強，芮慶榮自顧是太渺小了，跟著他才有臺型，失去他全無活路，這就是越發不由他不低首下心，以馬前張保、馬後王横的姿態，聽候杜老板的指揮號令了。

向杜表示始終相追隨

可是這傢伙有時還會耍上幾手槍花，抗戰期間中，他跟杜老板來港，先住在灣仔這個角落裡，和當地的黑社會很有往來，煙賭場中總要硬插一腳，當時的李裁法還是起碼的白相人，也就是他的馬仔，狼狽相依，搞過不少把戲。這些行徑，杜老板最不樂意，深恐惹出事來，當局追根查究，牽涉到他的身上，所以三番兩次，告誡他們，千萬不能牴觸當地的法例，可是芮慶榮陽奉陰違，著實使他頭痛。又杜老板離滬來港，其唯一用意無非表明他在抗戰中的態度。明知這場戰爭，決非短期所能結束，以後所遭苦難，可以預見，必將與時增重。吃苦必基於自己的心願，不能勉強他人，所以當初杜老板並未邀約他們同行。及後他們相率南來，向杜老板表示，始終追隨之意，自是一番血性，值得欣慰。可是行動既屬相同，立場必須堅定，決不容表裡相違，偷偷摸摸的跑回上海。而在事實上，則葉焯山、顧嘉棠對於有關出入的事，尚能看得很重，不肯含糊；單只有他像是天生的賊骨頭，不時溜走，來回所乘郵船四等艙，瑟縮其中，以為可以避人耳目，而不知杜老板的眼線甚廣，早經查悉，只是養住他的臉兒，不把他戳穿罷了。

一朵好花插在牛糞上

太平洋戰事發生前一年，他似乎弄到一筆錢，所以學著顧嘉棠的榜樣，搬到九龍德成街的高尚洋樓裡去住，排場很大。而且把華慧麟也接到香港，並帶有幾個俊俏的侍婢同來。當時尖沙咀一帶，不似今天，與其說為商業區，毋寧說為住宅區，道路雖闊，行人卻不見多，馬路兩旁的樹蔭下，設有石櫈，供人憩息。好多廣東佬一坐便是老半天，翹著腿兒，吸著旱煙，悠然自得地看著街景，筆者至今還有這麼一個印象。芮慶榮與華慧麟兩個人在行人道走過時，那些廣東佬都會向他倆盯上幾眼，以為太不相稱了：一個是紫膛臉皮渾身委瑣的光頭佬；一個嬌小玲瓏滿臉春風的小婦人。並肩挽臂，親密異常，正合上「鮮花插在牛糞上」那句古話。所以覺得出奇，不肯放過。尤其是華慧麟所穿的那一套衣服，天藍色的絲絨旗袍，配上同色的外套，越發顯出她的小臉蛋，應白處像是羊脂，應紅處像是瑪瑙，再加眼波流轉，意態迷人，更惹得廣東佬心癢難熬，乾吞口水。

家居醜態風流又下流

芮慶榮是夠風流了，還有下流。他洗澡是要人擦背的，而擦背的即為俊俏侍婢。這是關起門來所幹的事，裡面是旖旎的風光，抑為醜惡的鏡頭。誰都沒有看見，未便妄說。其豁露在人前的即為浴後醜態，只有這傢伙才幹得出來。他躺在客廳的安樂椅上，堂而皇之，叉開兩腳，擱在侍婢的膝饅頭上，讓她進行揑腳搥腿的那一套。侍婢坐在小兀櫈，眼皮張處，正對著他的那個不文之物。他是裸著下體的，難得穿褲子，有時蓋上一條毛巾，半掩半露，依然輪廓分明，「鬚眉畢現」。因此那些侍婢，總是臊紅了臉，無地自容；而在他淫威之下，又無法不婉轉承意。由此類推，想見他在浴室中的色狼面目，必更有甚於此。顧嘉棠住在他的隔鄰，有時行來，往往碰到這麼一幕，實在看不順眼，說上幾句，他反而虎起臉來，和顧嘉棠鬧上一頓。所以他的行徑，即在四大金剛中也是不理人口的。

神經不正常一命嗚呼

香港淪陷後，他的荒淫生活才告結束，穿起短褂褲，裹著綁腿，挑好一擔行李，跟緊顧嘉棠由東江一路逃往重慶。其時正在寒冬天氣，在抵達惠州以前，所經之地，多為游擊隊出沒之區，一片荒涼，人煙稀少。他於忍饑耐寒之餘，還須負重趕路，這一個掏虧了的身體怎能抵受得住，所以一到重慶便病到了。顧嘉棠把他送到蘇祖卿醫生在彈子石所設的醫院裡，並雇用一位女護士看顧他。奇怪的是他的毛病異於常人，形態並沒有多大走樣，對著探望的人卻露著可怕的笑臉，似乎神經大有問題。尤其是他常把褲子剝光，光著屁股，在病房內跑來跑去。看護為他穿上了，一轉眼他又褪了下來。如此纏綿了兩個多月，他才死去，時在清明前後。他總是算有福氣的，由杜老板顧嘉棠為他料理後事。

第十三章

杜月笙身邊四大金剛之三：葉焯山

依著次序，杜月笙身邊的「四大金剛」中，第三個下世的便是葉焯山。他是被中共槍斃了的，死得最慘。他在臨刑時，面不改色，昂然高喊「二十年後又是一條好漢」。所以一般人在某一角度看來，也就讚他一句「好樣的」，以為死得壯烈。

筆者和葉焯山相處了好一段的時間，對於他的為人自信有相當的了解。己丑之秋，距上海易手不足三個月，筆者由港回滬，特地去看他。屋內擺設，和平時一般，並無走樣。當時他的內心也許很焦燥，態度卻甚安詳，夫婦倆口子在右廂房接待我，由上海情形談到香港近況，意興良佳。並自我解嘲：「歲數到把了。抗戰八年，飄流在外，出門的滋味受夠了。如今一口苦飯，仍能維持下去，已是心滿意足，其他的事，聽天由命，反正人是要還爐的，不必多想，更不必怕。」不料一年未滿，他已被殺，這番話竟為遺言，而這番見面也成永訣了。

在香港四年生活最乏味

根據我的觀察，葉焯山雖出身不高，本體卻屬渾厚。他很安份，是他的就是他的；不是他的，他從不妄想，更不妄取。又很知趣，他自審能力搭不夠的，或環境不合適於他的身分的，他寧願縮在後面，決不肯強出頭，爭面子，惹人誹議。抗戰期中，杜老板住在香港，雖比不上在滬的活躍；但因接觸甚廣，不時仍有生財之道。顧嘉棠東抓一把，西抓一把，更有不少路數，慫恿著杜老板去做。葉焯山無間風雨，每早必到杜家一趟，未嘗毫無所聞；但如杜老板不叫到他，他決不會湊上前去，硬挨一份。甚至杜家通常酒飯，非有預約，也不會坐下去吃。所以在港四年，他的光陰過得特別無聊，特別乏之味。他每天只有兩件事，不是游水，便是爬山。以致南華、淺水灣、赤柱、石澳等游水場，是他經常必到的地方。夏令如此，冬令亦如此，因此許多不相識的泳客，到了後來，都是他的老友記。尤其是立冬以後，泳客越來越少，泳場卻顯得越來越大，他們三五個人，像浪裡白條般，翻騰上下，隨心所欲，更使他眉飛色舞，事後談來，仍自有聲有色。爬山是以扯旗山為終點，芮慶榮、顧嘉棠有時也有此興趣；但皆沒有他的長勁，喘著氣兒，沿路休息。不像他能以不疾不徐的步伐，「一氣呵成」，升巔造極。

在杜府中能升堂入室

以前他在杜門，由於他的嘴風極緊，手把子特別有勁，杜老板是另眼相看的，故其所處地位著實在顧嘉棠之上；嘉棠僅能升堂，而他則能入室。煙賭兩行，他所能吃到的俸祿，自屬可觀，果能善於經營，雖未必成為殷實，至少亦可舒捲自如。無如他的賭癖甚深，湯裡來，火裡去，迄至其時，所剩無幾。為了緊縮起見，他在港只是光桿兒，難得把家眷接來一趟。客中寂處，度日如年，孤單單的有甚去處，只餘深山大澤，可以一文不費，寄跡棲蹤。今天領略過了，明天再來。它雖相對無言，還是山如笑靨，水帶柔情，展開懷抱，迎來送往，不像人與人間要看臉色，所以他也就樂此不疲了。

賭癖甚深卻性好整潔

談到賭，他是另有風格的。無論麻雀沙蟹以及其他賭種，亦無論場面大小以及同賭何人，他是當一件正經事做，按照規格，不容絲毫苟且。譬如打沙蟹吧，發到門前的牌，必須擺得整齊，不許東歪西倒。放棄了的牌，也須疊得整齊，放進「湖」內，不容隨便亂放。他要保持檯面上的秩序井然，使人視線分明，不易偷張摸葉。諸如此類，並一而足。如果看不順眼，他會嚕嚕囌囌的當場斥責，必待照著他的話兒去做，才肯住口。所以在這上面可以看出他的品性是「嚴肅」的。他又有潔癖，所到之處，在未入座前必先就椅面吹拂一番，然後用指頭摩擦幾下，直待他認為椅面確屬乾淨，才肯放心就座。整潔兩字是相連的，坐下以後，他又做其「整」字工夫。領口襟袖，東摸摸，西扯扯，認為大體上都還平正，才算坐定。所以從這上面又可看出他的胸襟是不夠開展的。他不大開腔，沒有芮慶榮的利口薄舌，也沒有顧嘉棠的粗言俚語，聽的時候多，講的時候少。但如遇到不合情理的事，他可捺不住性子，也會發作幾句，即使當事人站在跟前，他亦不會避忌。所以在這上面又可看出他的心腸是筆直的。這樣的人莫說在黑道裡行不通，即在一般社會上亦屬不合時宜，所以別人多嫌他不能隨和，而他對別人也就落落寡合了。

勤於學字自己寫家書

最難得的是在那個年頭，抗戰的意志雖屬堅強，戰場上卻是不斷的失敗。名城大邑，相繼淪亡；半壁山河，已非吾土。來到香港的人看來眼開眉笑，心頭大家都蒙上一層陰影；而他卻於此際，獨有閒情逸致，唸起方塊字並學起寫字來，那時他時常指出報紙上某一個字，應讀何音，應作何解，寫起來的筆劃順序應該怎樣，向我請教，我逐一加以解釋後，他默記於心，直待完全了解，才不過問。所以我倆碰頭的時候，不談別的，專就他在小書和報紙上所發現的攔路虎，提出討論。

他學寫字，另有一功，不須筆墨紙張，專用指頭練習，空間、桌面、掌心，便是他的紙張，吐沫便是他的墨水。有時伸出手指，憑空虛擬；有時蘸好吐沫在桌面掌心東塗西抹；旁觀者以為他在畫符，而不知他正在練字。這種獨特的方式對於他是很有用處的，因他所要明瞭的僅是筆劃的次序，而非如一般人之考究字體書法。以故無論散步也好，閒談也好，只要腦筋裡突然觸發到某一個字的寫法，他便可隨時隨地摹擬一番，以免失憶，比之動用文房四寶，確是省事得多了。如此經過，約越一年，以前他要我代寫家信的，如今他已能自己動筆，不必求人。他把寫好的家信給我看，白字當然不免，但意思是能表達的。想什麼，寫什麼，切切實實的幾句話，反比我們這些咬文嚼字的酸秀才，寫得爽快，寫得有力。

常閱新華報受到啓發

他到了重慶後，住在新都招待所，與江倬雲、吳藝父的房間恰巧對門。江吳均出身於保定軍官學校，掛著軍事委員會參議的虛銜，坐領乾薪，不須辦事。江是「老油條」，雖諳軍旅，卻很少幹這一行；在上海開字號、開戲館、跑堂子、跑聞人公館，屬於半個江湖浪人，和他已是老友。吳則為一文武兼資的人物，工於吟詠，案頭堆有不少的名人詩集。人極和易，與他又是緊鄰，同在客中，故能一見如故。他倆訂有一份新華日報（中共機關報），其中言論報導和他是格格不入的；但為擴大他的字彙起見，不時取看，積久也就成為他的讀物。他的本質是反共的，而在浸漬漸深之後，似其觀感已有相當變化。當時新華報往往提到「二流子」這稱號，專指不勞而獲、在社會上鬼混的分子而言。這恰把他的原形寫照出來，不由他不感觸到像他這樣的人，做得太無意義。

江倬雲和吳藝父的交遊甚廣，外加那位江太太做得一手極好的浦東菜，開著大鍋飯任人取食，享有「游擊隊之母」的徽號（東北抗日義勇軍中有趙侗這一路，趙的母親洪氏趙老太太已屆高齡，猶與兒子同上前線，並號召鄉村婦人組織救護隊，隨軍服務，各路義軍多得到她的幫助，因尊稱為游擊隊之母。這裡是食客以游擊隊自況，感於江太太的好客，故借此嘉號，作為奉獻，以申謝意）。所以這兩個房間內，人去人來，高朋滿座。其中有過氣的大員，有失意的政客，有光桿的將軍，有雄辯高談的政論家，有追風捕影的新聞記者，有走私發財的冒險商人，有白天吃太陽黑夜裡吃月亮的二流子。飯餘茶後，他們的談話主題多為當前局勢，政海秘聞，以及各人耳聞目擊的奇形怪狀。葉焯山以一門之隔，走進走出，相與盤桓，聽到這些話頭，面對當前局面，再參合報紙上的報導，他的內心似乎越發得到啟發，覺得往後的日子更不好過。所以他於勝利後回到上海，除因家務鬧出嚴重的糾紛外，可說是安份守己，並不像顧嘉棠那樣的搞風搞雨。筆者將這情形，寫得比較詳盡，其原因祇是說明葉焯山的唸方塊字是成功的；又說明報紙的宣傳力是可怕的。

這些對於葉焯山後來被殺，在我看來，有很關係，下面再談。

功夫與槍法都屬高手

葉焯山在重慶四年中，最後一段時期與筆者曾有同居之雅。事緣他原住在新都招待所，既嫌偪仄，又因久住生厭，而同住的江（綍雲）家，則因自辦伙食，小爐小灶，堆置一房，更感侷促；適值筆者眷屬亦自上海內遷，賃居一廡，難於容納，於是大家醵資二百萬元（按：彼時幣值通貨膨脹，二百萬不同於今日之港幣也），在復興關巷買下一幢樓房，同居合爨；不惟地方寬敞，開支亦能節省。他住在樓上，和我樓下的房間正是同一位置，緊緊的頂在我的頭上。

重慶的建築物，外貌看來，似尚堅實。我們所置的樓房，全屬西式，灰色的牆頭儼如洋灰築成一般，地板亦髹朱漆，門前還有一片草坪。其實是金玉其外，敗絮其中，牆頭全是竹筋和泥巴的混合物，板壁則為舊木料拼湊而成，大約是因時有空襲，難免不遭炸燬，故一切依簡就陋。我在凌晨起身後，輒聞樓板震動有聲，樑塵簌簌而下，几案上茶杯叮噹作響；初時不知就裡，稍後才知是他練功所致。這股勁兒，也就非同小可。我們都怕這幢房子有被他搞坍的一天，要他以後去草坪練功，不能在樓上掄拳使腿。據江綽雲說：杜老板身邊的人，講到拳腳，他是第一把手，顧嘉棠芮慶榮之流只能擺擺華容道，真箇交起手來，都不及他。尤其槍法，更屬高明，他在郵船上射飛碟，幾於百發百中，制錢上的小方孔，他在百步外瞄準中的，更曾贏得一片喝采聲。

范公館賭局應有盡有

如前所言，葉焯山的唯一嗜好，厥為賭博，其時范（紹增）公館通常有一檯麻將，輸贏很大！參加的總是杜老板、劉航琛、江一平等這幾個人。後來花樣翻新，分門別類，除輪盤外，各種賭局，幾於應有盡有。每夜九、十句鐘之間，便已開場，趨者若鶩。葉焯山看到花骨頭，正中下懷，躍躍欲試，杜老板卻不甚表示歡迎，言詞間頗加阻抑。這在杜老板的意念下，倒不是為了同賭的不是「部長」，便是「大經理」，因而嫌忌他的身分遠不夠格；而是為了進出太大，完全是錢的問題。賭贏固無所謂，賭輸了怎麼善後？大家都是在重慶作客的，誰有這份餘力代為賠墊？所以杜老板不能不就現實打算，暗示他不可冒失。初時他還不大了解，頗多誤會；及後打開天窗說亮話，他才明瞭這是杜老板的好意，便很識趣的退出賭局了。說實話，像楊虎那樣的人，當時也只能做塘邊鶴，站在桌邊，看準了機會才壓下一記，葉焯山的資力實在差得太遠了。

與顧嘉棠比相形見絀

這麼一來，葉焯山所能活動的場合，越發縮小，較之在港，尤覺無聊。好在我們同居一處後僱有一個小廚子，整幾味四川菜相當可口，江倬雲、吳藝父的那批朋友便皆成為不速客，中晚兩頓飯，難得沒有「游擊隊」的光顧。其中來得最勤的為陳銘樞，而說話最吸引人注意的則為章伯鈞；一言之蔽，多是對於現狀不滿的人物，議論風生下並帶來內幕消息。葉焯山於洗耳恭聽之餘，一面消磨了光陰，一面也就增長了不少的新的認識。

迄至杜老板奉命離渝，遄赴浙西，擔任策反工作，準備配合盟軍反攻，他和顧嘉棠都是隨員，作為杜老板的護衛。進抵貴陽後，他們會合戴笠、梅樂斯（美國海軍準將）等一行經芷江飛抵長汀，然後循公路穿過閩北贛南而達浙西的淳安。其時正在三伏之中，驕陽如火，炎氛逼人，長途行役，辛苦雖是一般的，但顧嘉棠卻能陪同杜老板等坐在客車內飛馬前進，而葉焯山則只能擠在卡車內顛簸而前。此外，每逢當地長官設宴招待時，顧嘉棠傍緊杜老板站在前頭，葉焯山卻是閃閃縮縮的落在後面。相形見絀，有目共睹。可是他並不計較這些，從無不平之意。所以我說他的本質渾厚，絕非阿私所好。如果換上芮慶榮的話，為了面子，早就鬧得天翻地覆了。

龐京周屬意衛生局長

日本接受無條件投降後，追隨杜老板的人，或多或少，不免存有幻想，以為蔗境回甘，八年苦頭不會白吃。有天晚上，大家在淳安西廟的院子內納涼，杜老板說著笑話兒，要大家「各言爾志」，希望將來能夠得到什麼才算滿意。當時答話的僅有兩人：一個是龐京周醫生，力促杜老板再給他去電重慶，使他所屬意的上海市衛生局局長一席可以穩拿到手。論資格，論學力，龐京周確為此中人才，不能說是妄想。如使其身在重慶，他儘有其鑽營門路，並不須倚仗杜老板一人。如今他既為了照顧杜老板的身體，盡其友誼，做他的隨從醫生，那麼在情理上來說，杜老板固亦有其幫忙的義務，力為推轂，以資報答。龐醫生已知杜老板去過電報，尚未見消息到來，故趁此閒談之際，重申其意，要求杜老板再出一把力。另一個答話的便是葉焯山。他結巴巴的向杜老板說：「我除要一輛汽車外，什麼都不要。我原來的汽車已賣掉，你是知道的。如能給我再找一輛二手貨，便已心滿意足了。」

後來，龐醫生的衛生局長落了空；葉焯山的要求卻兌了現，是由徐采丞旗下的民華公司副理黃逸才「奉獻」的。其實一輛舊汽車，在勝利後算得甚麼？杜老板的隨員到了上海後，誰不變成了汽車階級？端有他卻看得太重，當面要求，未免小題大做。然而其人的本質拘謹，則於此可睹一斑了。

花旗阿根馬車伕出身

以上所說，為抗戰後的葉焯山；至其以前的經歷，則最初為馬車伕，繼為汽車伕，曾在美國領事館做過司機，因有「花旗阿根」的諢號。「阿根」是其乳名，而「花旗」則為上海人代替美國的通稱。其後他又在程霖生公館做司機。大門牆內，中溝遺譏，事所難免，他便是其中主角，幹了一樁人財兩得的勾當，一時間老婆有了，錢也不缺，過著溫飽的生活。可是他的名譽就由此壞了。無人敢於「領教」，因此他索性跑進黑道，做起白相人來。他所拜的老頭子是誰，已不可考；而他和高鑫寶、顧嘉棠等沆瀣一氣，則是滬西時早經混熟了。因此他在白相人地界，出身並不算低，究竟是有過正當職業的。而他於溫飽之餘，「帶靴上山」，則更為其特色。所謂「靴」者是指身家，「山」者是指梁山。其含意為指有身家的人，跑上梁山，入伙為寇，原另有其用意，並非專為混飽肚子而來。如盧俊義般。其身分似能高人一等。

他由闖蕩江湖，躋身於「八股黨」的行列，再由「八股黨」而躍登「金剛」寶座，在這一大段過程中，可說是旗開得勝，儘有其自我陶醉的「光榮」。他雖不曾創過事業，如開戲館、開跳舞場，或如顧嘉棠的廣置產業；但他亦另有其風光，養過馬，做過馬主，拉過馬頭。又在白相人地界，他僅次於「三大憲」而首先坐上自備的汽車，於十里軟紅塵中，揚鞭走馬，奪路飛車，確曾快意過來。他雖為勢頗孤，沒有收過多少徒弟，見木而不見林，不夠氣派；然而前一時期的杜老板對他是很重視的。獨膺青睞，亦足自豪。後來人們看到顧嘉棠滾紅滾綠，以為是杜門最吃香的一個，而不知葉焯山的得意著實比他占先哩！

民國卅八年（一九四九）春夏間，「紅」潮泛濫，江南在不斷的易色中。逃亡的人們，北起松花江，西自大漠，間關南下，遠走殊方。其中雖多富厚之家，腰纏纍纍，不患無處安身立命；而胼手胝足之輩，亦不少捨棄故業，亡命來港，賣氣力，做苦工，打熬掙扎，苟延殘喘；甚至淪為乞丐，亦所不恤。葉焯山是明瞭自己的歷史背境的，留滬危險極大，為什麼他在抗戰時尚能飄然遠引，而在此時卻安土重遷呢？

若如上文所說，由於厭倦逋逃生活之故，那是不成其為理由的。因他所面對的問題不是生活而是生存；避之則生，不避則死，根本沒有揀選生活環境的餘地。若謂其因經濟能力，過於脆薄，已不容許其作逃亡之想，亦屬似是而非。因無論居家旅外，像他這樣的人，終有不能維持的一天。反之，唯有在外，他還可以活動，至少賭博場中仍能棲蹤託跡，而在一個清教徒式的共產社會裡，即使不遭清算，依然是條絕路。這些道理，極為簡單，葉焯山應該不致懵然無知。所以上述云云，決非癥結所在。

觀念錯誤竟以身作注

據我的分析，是基於其觀念的錯誤與氣質的倔強。按之抗戰期中，重慶的新華日報，色彩鮮明，誰都側目而視；但由於其所報導的為有異於一般的消息而為人所欲聞，其所批評的又多一針見血之談，而能道人之所欲道，所以它的政治立場雖然不同，而於吸收讀者仍能發揮作用。葉焯山為了學習方塊字，為了排遣時間，一張新華報可以供他消磨老半天，一字不漏地咀嚼下去。遇到攔路虎和不易領會之處，和他日夕相見的江倬雲、吳藝父等便是他的導師，會把他所提的問題予以擴張，又會把他所需要的解答予以充實；如此潛移默化，他已在不知不覺間被引導到另一境界去。葉焯山只知道他們是失意人，並不知他們是另一陣線的同路人；又因當前的現實確屬看不順眼，新華報和他們所指出的恰巧給他吐口悶氣。因此他在本質上雖屬於反共的人，而由那個時候起以迄於中共奄有大陸，他由於不斷的學習，不斷的聽講，其態度、思想，業已大大的「修正」，以為中共是講理的，並不可怕，只須重新做人，不會沒有自新之路，因而自我寬慰，一動不如一靜的好。

就另一方面說，杜老板等是在上海易手前一個月離滬的，其時風聲雖已吃緊，而時間還很充裕，如果有心關護，邀約同行，葉焯山應不致固執己見，悍然拒絕。過此以後，五月一號，招商局尚有一艘「海菲」輪船，由滬駛港，不少依草附木的人，謬託杜老板的關係，居然可以登輪，且居然得到免費。如果略作安排，即使葉焯山全家去港，亦非難事。不知是臨危之際，嚇昏了頭腦呢？還是抱定「自掃門前雪」的主意，免惹麻煩？竟把這位從前生死患難之交，置之不理，始終沒有人理睬他。葉焯山覺得世態如此，感慨自深，而其倔強之性，亦由此越見激發，從而加深其「你走你的陽關道，我過我的獨木橋」的執拗。因此其後還有不少機會，葉焯山儘可溜之大吉，也就任其先後消逝，寧以身為孤注，而坐待其未可知的命運了。

上海居民的非非之想

上海為中共占領後，其初期管制尚不過分嚴厲。金鈔買賣仍有暗盤，日用物品依然有人囤積，民國卅九年（一九五〇）間利息且曾一度公開高漲。有錢人吃喝嫖賭，只在表面上稍見斂跡，猶能暗地享樂，過其腐化生活。筆者於民國卅八年（一九四九）七月回抵上海，住了一年，就曾身歷其境。每當週末，輒由友人邀往西摩路口某公寓盤桓，喝酒鬥牌，另有天地。而黑市生意，也就在此細斟密洽，往往鬧到子夜，才各盡興而歸。其中主人為一雙交際花，是從別處移植而來，其原住地方因知者已多，豔跡久著，在這新舊政權交替下，為防狂蜂浪蝶，不斷飛來，致干未便，故另築香巢，變為住家模樣；並縮小範圍，專門招待幾位知心客，以期隱蔽。大門關緊，儘可由他閒戲，任你胡為，旖旎風光，未必便輸疇昔。

於是有人推想，得出這麼一個可笑的結論來：以為黃浦江原是一條濁流，水是渾淘淘的，所以喝過的人也會昏淘淘的。共產黨究竟是人，七情六慾總是一般的，誰能超脫？他們一向住在窯洞裡，做土包子，熬苦受難，所為何來？如今看到這花花世界，怎有不愛享受之理？只因初來乍到，還要做作一番，等待黃浦江的水喝夠了，自會沉迷下去。幾十年來，革命，革命，也聽膩了，反正是這麼一回事。這類非非之想，由於在政治上絕無認識，固屬大錯；但以往事實確是如此，人們記憶猶新，哪個到了上海不曾變質？

霹靂一聲進行大鎮壓

所以葉焯山不願離開上海，在這個當口裡並不能預斷其為失算。記得我於民國卅九年（一九五〇）冬由上海回香港時，路過廣州，投宿新亞酒店，恰值天蟾舞臺老板顧竹軒從香港遷回上海，正與我背道而馳。所帶行李，大箱小籠，纍纍皆是，表示其決心歸去，不再回港。他也是黑道中的頭兒，江北一幫，尊為「領袖」，如使實行清算，他有的是惡蹟血債，除非有人擔保「過關」，決難倖免。乃竟有此勇氣，既離虎穴，復涉龍潭，至少可見他所抱的觀感，和葉焯山與我所談的（見前文）不謀而合，都想在上海硬撐下去。至於是否果真算，似非其所計慮了。

迄至民國四十四年（一九五五）四月廿九夜，霹靂一聲，中共採取行動，進行大鎮壓，將全市有問題的分子，指名逮捕，不下數萬人。一枕夢回，群情駭震，才知黃浦江的濁流，對共產黨並不起作用，喝昏了只是他們自己。中共做事是有計畫有步驟的，在全面未盡掌握，準備工作猶待完成以前，為防打草驚蛇，寧願紋風不動；及至事機成熟，布置周密，然後以迅雷不及掩耳的手法，完成其一網打盡的任務。這批有問題的分子自如甕中之鱉，手到擒來。

杜氏一番話慨乎言之

寫到此處，且先作一插曲：筆者從上海回到香港後，一天，有人跑來向杜老板說，上海霞飛路的路面，已經全部翻造，路基填高，下水道亦經疏濬，以後黃霉天，儘管傾盆大雨，不會如前此的氾濫汪洋，行人涉水，汽車拋錨，一片聲的「行不行也哥哥」了。杜老板聽罷後，喟然說道：「以前也是這個市政府，以前也是這個趙祖康，勝利後整整的過了四年，霞飛路年年鬧水患，商店住戶，損失不少，卻始終無人理會這件事，直待他們（指中共）來了才開始翻修，這還有甚麼好說的。」稍間，他接口以說：「這不過是一條馬路罷了，我們留心著，將來他們要做的事還多著哩！」按趙祖康為勝利後的上海市工務局長，修築馬路是他職掌以內的事。中共初抵上海，除保留其原職外，並委充代理市長，趙於接事後的次年，將霞飛路翻造一過，使積年因霪雨而成的水患得以避免，市民稱便。杜老板這番議論，可說是慨乎言之，最妙的是最後這句話，含蓄甚廣。其意若曰：「你等著瞧吧！有雨露，也有雷霆，他們是徹底的，決不含糊。」然而當地的上海人，身在局中，恍恍惚惚，當不能如杜老板的窺測深透。

每日看報又去了一個

在這次大鎮壓中，杜老板的老友和門徒，被捕不少，葉焯山便是其中一個，因他在白相人中頗有名氣，故特為人所矚目。此項消息傳到香港後，杜老板似認為早晚間事，勢所必致，故不見有何激動，惟此後則於此類新聞，特加注意，大報以外，兼閱小報，看看有無獨特的報導。一次，他就沈秋雁督印的《上海日報》指出一小節囑我講述。待我講完，他僅說這麼一句：「又去了一個。」這節文字原很簡單，所報導的為漢口楊慶山被捕的消息。我相信他早就看過，並能明瞭其內容，所以要我再講一遍，無非想證明他所看到的是否有錯。大凡人們對於心所厭惡的事多不願聽到看到，但又因其關係切身，而不能不聽，不能不看。在此一矛盾下，於是發生一種幻想，以為自己所看的未必全真，最好別人也能附和，使其心理有所寬解；其實是鴕鳥埋首沙堆，逃避現實而已。楊慶山為洪幫大哥，人稱「仁義大爺」，在武漢三鎮擁有潛勢力，聲名響亮。長江上游的事，杜老板多與他聯繫，交往頗密。以杜老板的為人而言，在接連聽到老友的壞消息後，應不致無動於中，所以如此緘默者，大約因事情已到這般田地，他已無話可說，無淚可揮，所受刺激，只能蘊藏心底，不便表露於詞色之間了。

逸園狗場公審葉焯山

民國四十六年（一九五七）冬間，筆者又回上海，聽到人說，葉焯山被殺是在民國四十年（一九五一）六月間，公審地點是在逸園跑狗場。看座上坐滿七八成人，一半是「奉命」而來，一半是震於他的大名，要趁這最後機會，一識廬山真面貌；因此人頭擠擠，不失為一番「盛況」。

公審臺搭在跑狗場中間，四圍並無遮蔽，看客都能瞭望得清清楚楚。葉焯山和馬祥生由武裝幹部押解而來，馬祥生早就嚇昏了，兩腳癱軟，屁滾尿流，臉上全是土色，由幹部攙扶著，拖拉而行。葉焯山經過月餘的囚禁，滿頰髭鬚，頭髮散亂，大異平時修整愛潔之態；但其兩目直視，腰肢挺硬，大踏步的踱進場內，仍保持其不屈不撓的神氣。

伸頭一刀縮頭亦一刀

當公審開始之際，幹部先拉馬祥生登臺，馬已半死地賴在地上，動彈不得。葉焯山看不順眼，大聲喊：「祥生，你怎麼啦？伸頭一刀，縮頭也是一刀，快拿出白相人的種氣來。怕甚麼？牽絲扳藤的反而丟醜。」幹部看到馬的膿包相，知道他表演不出什麼精彩的場面來，得不到預期的效果，便對葉焯山說：「你先上吧。」

葉焯山聞說後，把眼光向這幹部掃了一下，隨即昂著頭兒，雄糾糾的跑上臺去，然後站在臺前喊道：「我是葉焯山，從小流氓做到大流氓，壞事幹得多了，共產黨也殺過了，為的無非是錢，要我坦白，一時也說不了許多，如今是宰是殺，乾脆點動手吧！二十年後，窮爺又是一條好漢。」

最後兩句話，恰和名淨金少山在演《鎖五龍》裡，高唱「二十年投胎某再來」同樣激昂慷慨，頓時把全場氣氛都壓低了，靜肅得有如死寂地帶，迄待場外東北角傳來幾響槍聲，葉焯山和馬祥生的性命都被結束了，看客們才驚覺過來。

引刀為快贏得硬漢名

馬祥生為杜老板的同窠兄弟，也是拜陳世昌為師的。他的形態和四大金剛大不相旬，修短合度，風度瀟灑，到是白面書生的模樣。抗戰期中，他從未來過香港，所以筆者要待寫到勝利後那個階段，才讓他出場，在此不擬細表，如今還是單說葉焯山有關的事。

據吳藝父說：公審那一天，他由「民革」派為代表，出席逸園公審大會。事先他已知道這是怎麼一回事，原不想去，卻不能不去。可是看到一個老朋友如此收場，心裡萬分難過，所以他把手掌掩住眼睛，不敢看也不忍看，回來後好幾天都吃不下飯。的確，他是應有特殊的感觸的，當年指導葉焯山讀新華日報的情形，在他腦子裡當仍閃爍其間不致消滅。此時葉焯山屍骨早寒，他卻受任為「上海市民政局副局長」了。可惜政治行情，早晚異價，待我第二次回到香港，又聽到他被劃為右派分子了。

葉焯山這筆帳，就此結束。他生前不算是鑽刃惡毒，而當事到頭來，引刀為快，卻終贏得硬漢之名，一般該死不死的人，對之應有愧色吧！

第十四章

杜月笙身邊四大金剛之四：顧嘉棠

寫罷了「四大金剛」中的高鑫寶、芮慶榮、葉焯山之後，接手寫的為顧嘉棠。在我筆下，他是屢經露臉的人；但皆瑣瑣屑屑，只一鱗半爪。這裡所述關於他的一切，則為比較具體的輪廓。

抗戰以後，顧嘉棠在「四大金剛」中為跟緊杜老板的一個。民國卅八年（一九四九）起，杜老板再度遠離來港，以至於死，其時他身邊的「四大金剛」如高鑫寶、芮慶榮、葉焯山等，均已先後下世，舊遊零落，他便成為杜老板唯一的貼身人。他倆的關係，說得冠冕些，不妨目為魚水相依；但事實上並不完全如此。古人云：「一生一死，交情仍見。」他在杜老板故世後是露過馬腳的，前文已述端倪，後文再寫到這節時，當再點明一下。

杜月笙對顧另眼相看

顧嘉棠在抗戰後所以突出儕輩在杜老板跟前特別走紅者，第一是因他有足夠的錢，可以舒捲自如；第二是因他和四川人早有淵源，避地重慶後，正好發揮作用。唯其有錢，他於杜老板故能始終追隨；亦唯有錢，杜老板於他故能另眼看待。太平洋戰事發生後，香港淪陷，大家多向重慶跑。杜老板和四川人原有交情，不必利用他；但因若干事件，當面談反而不好啟齒，必待有人作為橋樑，才覺合式；而顧嘉棠亦恰具有此項資格，可以居中聯繫。因此他在杜老板跟前便越發站得住了。

以往他和高鑫寶這批人，「地醜德齊」，並非獨勝，從黑道撈來的錢，分贓「劈壩」，二一添作五，有數可計，他亦未能獨占雙份；何以後來高鑫寶等猶為錢而忙，甚至為錢而死，而他卻能挾嬌妻美妾，泛海而南，包好勝斯大酒店的長房，一住兩年，然後搬進九龍德成街新建的高大洋樓，佈置鋪陳，堂皇富麗。逐日呼朋嘯侶，徵逐酒食，大金龍酒家的女招待，斟酒佈菜，環繞其間，一打賞除正帳加二外，另照人頭計算，每名各給體己錢港幣五大元，贏得櫻桃嘴發出一片「多謝」聲，不絕於耳（編者按：當年的五大元可抵如今的五十元以上，手筆不可謂不闊也）。難道他另有點金之術，足以維持其豪華生活麼？

在香港生活十分闊綽

揭開來說，並無奧妙，他的資財全由居積所致。他不像一般白相人，把錢看得太輕，悖入悖出；他又不像一般白相人，嗜賭如命，一擲鉅萬。聲色之場，他雖涉足其間，卻是淺嚐即止，不惟不做「瘟生」，有時且能運用心計，反而鉤進一票。不止如此，他還能把骯髒的錢投入於正常而穩健的事業，廣置地產，造屋出租。上海地價，有漲無跌，無形中他的財富隨時膨脹開來。所收房租，日積月累，待集有成數，又可作為買地資本，生生不息。如此經營，自然成為殷實之家。及至抗戰軍興，內地大戶，多來上海租界避難，寸金尺地，房稅更高，由此入息更鉅。宜其在港大可闊綽一番了。

杜老板雖不需要他代為週轉，而對有錢人特加看待，究屬人情之常；何況他一向把杜老板看成主子，來港之後，杜老板的若干朋友，亦即成為他的朋友，應花錢的他能破其慳囊，應款待的他也能賠錢請客。杜老板好比一朵牡丹，他頗能做到綠葉扶持，作為陪襯。花花轎子人抬人，杜老板怎能無動於中呢！

組港記公司運銷煙土

他是擁有一批馬仔的，在他旅港期中，其馬仔如周培三之流也不時到香港來。我在前文說過，那時杜老板正幫軍統幹著地下工作，傳遞消息，駁運軍械，及與潛滬地工取得聯繫，在在需要幫助。其中一部分任務即由他的馬仔分任以去。事關機密，責任匪輕，他能挺身自在，更不由杜老板不另眼相看了。

反之，顧嘉棠的投效，杜老板亦非要他白勞，不是調劑他，便是把他的地位加以抬舉。約在民國廿九年（一九四〇）間，當局擬將川康存土，運往海外銷售，藉濟嚮糈，委託杜老板經理其事。這是發財機會，杜老板承攬後便交顧嘉棠辦理，而以鄭子嘉為助。他們當即糾集資本，組織「港記公司」，一面接運，一面推銷，中經太平洋戰事，停頓一時；但因煙土究屬搶手貨物，不久即全部售脫。子嘉為潮幫土商，專任銷售，初經洽定廣州灣陳某承購；後因日軍占領東南亞，海運梗阻，另謀出路，改由顧嘉棠主持。以故其時粵北軍政代表，出入顧家，斟盤議價，甚為忙碌。這一盤黑帳，經手越多，私肥越厚，所以顧嘉棠著實撈進不少。總算他的天良尚在，得魚不肯忘筌，這機會是杜老板挑他的，應付折衝，杜老板亦費去大力，斷不能使其徒負虛名，毫無實惠，因與鄭子嘉合造一座石頭房子，作為奉獻。地點在重慶汪山附近，大門緊對公路，正是車駕必經之處。杜老板以其過於觸目，怕人議論，始終沒有住過一天，也沒有管過一天的業。

吳季玉飽受顧的戲弄

至於顧嘉棠由杜老板一手捧起的地位又是怎樣的呢？我可先說一樁笑話作為例證：抗戰期中，九龍柯士甸道杜公館，賓客如雲，上午尤盛。賓主之間，雖不必拘於禮數，但總有個分寸，不便過分放誕。他可不管這一套，興到為之，滿不在乎，吳季玉便是他時常戲弄的對象。季玉為人，前文曾經提及，走慣江湖，見慣世面，雖談不上修養功夫，而吳儂軟語，和易近人，卻是天生的溫婉性格；但他特有一種忌諱，任何戲弄，他都可以曲意相承，惟有那個尊臀，不肯任人輕易觸到。糞窟千金，史籍上曾有人以此留名，他之視如「禁區」，固出於珍惜之意，做朋友的既知其有此忌諱，自不應加以冒犯。顧嘉棠卻存心侮慢，人前人後，專揀他這豐隆之處，使勁捏上一把，惹得滿堂哄笑，才覺快意。可憐季玉遇到這狂徒，講文是對牛彈琴，講武又苦力不能敵，只得任他輕薄一番，臊紅了臉，踉蹌走避。我們試想，顧嘉棠如非自恃有杜老板撐腰，怎能不顧體統，「非禮」慢客，如此猖狂。

盡量提高顧社會地位

前文談過，那幾年裡，杜老板曾從淪陷區招致名流來港，而重慶方面亦不時有政要南遊。按說，這類酬應，非比尋常，像顧嘉棠這塊材料是不配參加的。可是杜老板遇到適當場合，總是有意栽培，拉他一把，忝居末席。後來到了重慶，所謂灶下養，中郎將；爛羊胃，騎都尉；爛羊頭，關內侯；雖皆出身低微，人所訕笑，而繡衣錦袴，究叨一命之榮。由於杜老板的推介，他也認識了許多貴人，烘雲托月，他的地位從而提高了不少。其時軍統每年例有一次盛會，紀念局本部成立，大排筵席，並備諸般娛樂。繁絃急管，裙屐翩躚，卜晝卜夜。顧嘉棠居然亦有一份請帖，且是夫婦雙請。屆期他當然傍緊杜老板聯袂赴席，事先卻一本正經地向杜老板提醒：「女眷是千萬去不得的，這傢伙酒水糊塗，局本部房子大，又不是可以亂闖的，如果去了，到那時節，也許要找她們怕找不到呢！」在這幾句話中，他所指的「傢伙」是屬何人？酒水糊塗，後果將會怎樣？又為什麼到時怕難找到她們？顧嘉棠並未說明，我亦無從解釋，但我相信看官必能意會，不待言傳。話說回來，顧嘉棠在提高地位中，頭腦並未沖昏，居然粗中有細，倒是不能一筆抹煞的。

川幫銀行送杜五百萬

據與杜老板交情夠密的人說，杜老板最後一次去重慶時，以香港突告淪陷，毫無準備，手頭是很拮据的。錢新之雖然為交通銀行董事長，而能幫忙他的極為有限，只允他在交行透支二十萬元。這數額在別人手裡儘可敷衍一時，而在杜老板手裡，等於杯水車薪，於事無濟。當局到曾眷注於他，轉輾示意，問他是否需錢；他卻打腫臉子充壯漢，僅領好意，不願干擾。在此為難之際，所幸川幫銀行概予支持，湊合五百萬元供他隨時調用，手頭才見舒暢。此中撮合，即由顧嘉棠奔走而來。上文說他在杜老板跟前走紅，半因其與四川人早拉交道，又說有些事當面反不好談，必待中間有人作為橋樑，才覺合式，即指此類事件而言。話說回來，顧嘉棠和四川人的交情，又是怎樣拉上的呢？那是軍閥割據時期，四川出口的是鴉片煙，而套進的是槍械彈藥，這項秘密交易，顧嘉棠便是其中承辦人，由此論交，自非泛泛可比了。

又在重慶期間，杜老板除非有病，多數住在城內交行二樓，必待週末才回汪山本寓。在城內時，中晚兩頓飯大半由顧嘉棠代為準備。入夜以後，杜老板無可消遣，亦惟跑到顧家，談天門牌，散心排悶。顧家夫婦總是陪伴左右，待他深夜言歸，才能就寢。此類小事，原不足掛齒；但其殷勤之意，耐久不渝，卻不是容易做到的。

哈同官司撈足了油水

其後勝利聲中，杜老板回到上海，初以顧家嘉廬作為行館，不即回宅；以我猜想，他與顧家夫婦相處已慣，諒亦為因素之一。其時其地，一般有問題的人物，為求解脫罪嫌，求神拜佛，杜老板自為一尊偶像，留在他家，香火廟祝乘機大撈，固可想見；前文已詳，無待複述。這裡另有一事足供談助的，即為猶太富翁哈同的遺產官司亦於其時由掮客介紹而來，油水之足，不在漢奸案子之下。這場官司，勝利前即已發動，兩造鈎心鬥角，糾纏不清，老天爺好像特別留下這塊肥肉，等待重慶來人分嚐一臠，延至勝利後才能結案。南京的機關部院，上海的法官、律師、會計師，沾過手的都不空手。據說杜老板插手後，幫的是喬治哈同一面。事後酬勞，相傳杜老板和顧嘉棠各曾分到一幅地皮，是否屬實，不得而知。但哈同花園的花草木石由顧嘉棠大量運走，則為眾目共睹之事。

滿園花木不破費分文

其時顧嘉棠在滬西虹橋附近，經營一座花園，占地甚廣，面臨江邊，風景殊勝。就中劃出一部分築成中西合璧的樓房，其餘則就其平衍陂陀，因地制宜，或為小阜，或為平疇，或則疊石為山，或則引流作澗，凡人力所能做到的，他有的是錢，都能咄嗟立辦。所難者厥為蔥蘢佳木，非經多栽培植，不易成材。一個光禿禿的花園，耗去多金，而無綠葉扶疏之致，究屬恨事。恰巧哈同遺產糾紛解決，園中土地，亟待分割，所有樹木，必須斬除，顧嘉棠於是不費一文，儘量移植；頓見柔枝巨幹，接葉交柯，織成一片濃蔭，平添一番景色。所以他縱未分到地皮，而此項收穫，如果論值，數亦不菲。倘使哈同夫婦地下有知，應悔當年栽木蒔花，徒為多事吧！

建新居打響如意算盤

抗戰結束，內戰隨起，時局觀察家在勝利後已作如是觀。同路人如吳藝父輩則更進一步，預言南京決逃不出失敗的命運，四年之內，必見分曉。其時上海雖仍一片繁榮，而經濟混亂，物價高漲，比之敵偽時代猶有不如；軍人橫行，鬧市架起機槍，準備與警察械鬥；大學生反這反那，不時遊行示威，曾將市長吳國楨的眼鏡煙斗打落；舞女們亦成為脂粉英雄，為了反對不甘接受的規定，把社會局包圍起來，門窗玻璃，全部搗毀；這些還是表面上的杌隉不安。地底下則更屬暗流洶湧，鬥爭激厲。在此一局勢下，顧嘉棠營造花園是太不識時務了；然而清醒的究有幾人？一般身當其局熟悉政情的大好佬，誰不在大興土木，廣置姬妾，取爭財富，恣意享樂，因勝利而沖昏了頭腦呢？顧嘉棠算得什麼？即使他不信「三個月打垮共產黨」的大言，至少他會信江南可以確保，所謂燕巢危幕，對他說來未免失於白費了。

在他的如意算盤中，杜老板身患哮喘症，時常發作，應以擇地休養為宜。但如離滬遠行，他因經手事情太多，不易辦到；若就近處覓一地點，則又沒有適當的山莊別墅可供稅駕。他滿擬等待花園佈置完成，將杜老板接來，長駐其中，以資調攝。虹橋一帶，雖非風景區，而人煙不密，空氣新鮮，對於他的病體必有裨益。如遇必須親身出馬的事，則與市區相隔，並不過遠，驅車往返，極為便利，也不會有所躭誤。地因人重，事在人為，將來當地名流，各方政要，要和杜老板取得聯繫，他的花園便成為匯集之區。他以園主身分，出面招待，周旋於大人先生之間，身分自益提高一等。

一晚抽頭黃金一大條

名既有了，利必隨之。杜老板是好賭的，如使住上一年半載，他憑抽頭一項，所有花園營造佈置費用，不僅完全撈回，且有餘羨。其間杜老佈倘有特別「交易」，他以近水樓臺，那份好處，更是十拿九穩。猶之進廟燒香，乞丐尚獲佈施，怎有偏枯廟祝之理。因此他越想越有趣，越想越著迷，管它時局如何，先把杜老板利用一下，名利兼收，豈不更好。

按之其時杜老板雖已身攖痼疾，尚非過分嚴重，其所住的十八層樓寓所，晚間多半設局聚賭，經常參加的為朱如山、徐士浩、吳啟鼎、劉航琛等，人數不多，局面則大。據說吳啟鼎曾於一夜之間輸去美金七萬元，還算是「小弄弄」的，因此那筆頭錢，極為可觀，據杜家傭人估計，平均每夜為一「根」大條。所謂大條即為十兩重的赤金，折合金圓券已忘其為幾千萬，依目前香港市價則近港幣三萬。連賭一月，便是黃金三百兩，若賭半年，這筆頭錢更足驚人。顧嘉棠早就紅了眼，所以轉著這個念頭，等他花園造好，借著休養美名，把杜老板硬拉過去，作為臺柱。不意人有千算，天只一算，待他種好花木，鋪平草皮，辦清裡裡外外傢俱，已是時不我待。大江南北，一片風聲鶴唳，南京既經倉皇辭廟，上海人亦鬧著逃難離家；莫說杜老板未進過園門，顧嘉棠本人恐亦未嘗在園享過清福。血本無歸，心機白費，倘如前文所說，哈同夫婦死而有知，必將相與嘔噱，認為這小子福分太淺薄了，徒然搬走樹木，卻始終沒有受用過。

載運豬鬃好夢一場空

顧嘉棠逃難到港後，還是在錢孔裡翻筋斗。其時西南一帶仍未易手，混水尚可摸魚。據說他曾夥著一位川籍的大好佬，想把西南出產的豬鬃設法運到海外來，足足實實的賺它一票外匯。按之豬鬃一項，向為統制物資，此時仍如舊慣，並未開放；但是兵荒馬亂下，乘機私運，大有可能。這位川籍大好佬，對於西南各省經濟情形，滾瓜爛熟。抗戰期中，他曾將西南出產食糧，在前席中說出各種統計數字來，馴至尾數亦不含糊，口齒伶清，逐一道出，因而得到當局的器重。他又是一位擅攏龍門陣的人，上至天文，下至地理，娓娓談來，極富吸引力，使人唯恐其言之盡。他的手面甚闊，抱負不凡，做過高官，當過大任，但又仍為布衣一襲，貌類冬烘。最難得的是他遇到任何棘手的事，只須著枕，納頭便睡，大有泰山雖崩天君不動之概。其時渝港之間，空運未斷，這位大好佬在川擁有潛勢力，確能發揮作用，購運豬鬃，儘能辦到。顧嘉棠信賴有素，因投資美金三十萬元。不料軍事變化，無從捉摸，等待搜購完成，準備裝運，已是兵敗如山倒，空運陡告阻絕。一場好夢，未及黃粱蒸熟，雲散煙消。顧嘉棠的逃難資本，反而因此損耗甚鉅。

包辦輪船起義得巨賞

這次失敗了，顧嘉棠卻能另顯神通，在一樁無本生意上撈進很多，吞沒亦巨；但亦連帶地害人不淺。民國卅九年（一九五〇）間，我們常聽到輪船起義的消息，有的船駛往大陸，有的船駛往臺灣，各以起義為名，其實一半是為了攫取暗盤賞格，從中騎劫。顧嘉棠曾包攬這行勾當，向某機構接洽後，指揮狐群狗黨，以旅客身分挾械登輪，在通過海峽時實行騎劫。據說那一艘「×達」輪的「起義」，就是由他一手包辦的。事後這筆巨額賞格亦由他一手具領。這是隔了一個洋面的交易，在他隻手遮天之下，由他支配，分到杯的不過少數人，其餘統由他囊括以去。最不幸的是後來案情破獲，有幾個未吃羊肉的反惹一身羶，跌進監牢，遞解出境；而他卻飄然遠引，移家臺灣去了。

陰溝翻船被敲了一筆

即在此時，陰溝裡竟也翻船，他被一個意想不到的人敲了一票不大不小的竹槓。這人叫做程嘯仙，安徽人，曾任崑山縣縣長，早經落魄，來港後處境極窘。顧嘉棠和他是相熟的，為了進行這類秘密勾當，把他找來，叫他動動筆頭，寫寫報告，其待遇除每月酌給幾文零用外，在他的藍塘道寓所內撥給他一間工人房，管住管吃。程嘯仙正在走投無路，只要有人收留，其他自非所計。而顧嘉棠以可恥的代價，用上一名參預機密的「師爺」，塌盡便宜，自亦合算。程嘯仙做過縣太爺，當然懂得辦文墨的規矩，因此每一文件都曾錄有底稿，編有檔案，以備查考。所以關於「輪船起義」這類事，全部西廂記不僅在他肚內，且能提出真憑實據。事雖如此，程嘯仙卻非存有野心的人，只因辦事手續，理應有頭有尾而已。迄至顧嘉棠去了臺灣，來信囑其家屬出頂房屋，收拾細軟，準備遷臺居住的移轉關頭，獨把程嘯仙置之度外，絕無片言交代；這可把他弄慌了，茫茫人海，以後何處安身？經去函訴苦後，亦如石沉大海，積久不見回信，這更把他激怒了，覺得這種白相人雖已成名，而有事有人，無事無人，還是脫不掉「半弔子」的窠臼；於是腦筋一動，惡念隨生，想在這些秘密文件上打其主意，以備報復。無如顧嘉棠遠在臺灣，幹的又是有利當地的事，程嘯仙縱然包藏禍心，實苦無從著手。還虧做過縣太爺的畢竟有其辦法，當乘顧嘉棠的老婆三老板將房子頂出，新住戶訂期接收之際，突然聲言，頂費中除非有他一份，決不遷讓。一面暗示顧嘉棠的朋友，他有法寶在身，儘可要挾一下，三老板如不識相，報警勒遷，正好拆穿西洋鏡，吃虧的未必是他。這些話頭，傳到三老板耳中，茫然不解，顧嘉棠卻是胸中雪亮，明白法寶即指秘密文件而言。一經揭露，莫說香港這條路，從此斷絕，休想再來；即當時同夥的人，經此證實，明瞭他吞沒過鉅，亦將聯合向他清算，不肯放過。萬一因此惹起某一機構的反感，更難免於他不利。權衡輕重，破財還是便宜。因此他接到老婆來信，立刻回話，囑咐速送三千元，取回文件了事。程嘯仙待竹槓敲到了手，才捲走鋪蓋，讓三老板將房子移交新住客。三千元自非鉅數，而從虎口吐出片肉來，恐尚為顧嘉棠成名後的第一遭吧！

對杜家務亦有發言權

這是發生在杜老板故世以後的事。在杜老板故世前的那一大段期間裡，則其在杜門地位，與時俱進，不惟杜老板個人的事可以過問，即杜老板的家務他亦有發言權。猶憶杜老板在重慶時，聽到徐懋棠經理的中匯銀行，假公濟私，不實不盡；又聽到徐懋棠投靠偽組織人物，認賊作父，結拜盛老三做乾爹；曾經兩次三番，咬牙切齒，一待回到上海，要向徐懋棠清算一下。可是後來事實並不如此。杜老板的那團怒火，不知何時雲散煙消，師徒之間有笑有說，依然熟絡。此中轉變，因素甚多；而顧嘉棠的影響力即屬其一。杜老板一生耳軟，又吃情面，經不起有人絮聒其間，為懋棠乞情討好，只能姑讓一馬，忘其前愆，予以自新，留觀後效了，至於顧喜棠如此落力，庇護懋棠，則其出發點全為本身利益。事因當時顧嘉棠經營金鈔買賣，貨物囤積，需要大量資金，懋棠則迎合其意，儘量以行中現款，抵利貸給，供其運用。彼此心照，顧嘉棠自不能不力為說項了。話說回來，這也由於懋棠洞知他的說話，在老杜跟前確起作用，所以特別孝敬，否則他是乖人，將另覓門路，不會如此巴結了。

見利忘義竟出賣亡友

又其時杜家眷屬，分居各處，杜老板卻只以十八層樓寓所為其安樂窩，一年到頭，難得到其他各處光顧一下，雨露不獲均沾，勃豁忌嫉，自難全免。這筆家門帳，恩恩怨怨，是是非非，清官也斷不了的。外人自難與聞，也不便與聞。唯有顧嘉棠像是「忝通家眷」一般，可以從旁進言，可以代出小主意。杜老板抱病在身，畏囂怕煩，就讓他攬去，寧人息事。因此他的說話，在杜家也算是有口齒的，相當接受。

也就因此，所以前文所說杜老板故世後，徐懋棠提出借據，聲言杜老板生前欠他港幣十五萬的疑案，其中最具關鍵性的人物，懋棠以外，他便是唯一的一個。物必先腐，而後蟲生。他恃其特殊身分，從中發揮腐蝕作用，所以徐懋棠這條毛蟲才能孳生出來，潰圍穿壁，裡應外合，共膏饞吻。吳開先事後指桑罵槐，痛詈顧嘉棠串賣亡友，吞沒孤兒寡婦的錢，比之不肯吃窩邊草的兔子還有不如。快人快語，確屬一針見血。其實這筆款子，為數有限，他能分到幾何？乃竟為此區區，忘其與杜老板的生前交誼，露出馬腳，殊為不值。也許逃難資本損耗已多，括進一文，便多一文受用，故不惜使出白相人「裝筍頭」的慣技，幹此昧良負義的把戲吧！

由花匠到癟三到流氓

五十年前，顧嘉棠只是一名種花匠，綽號叫做「花園全根」。種花匠有兩種：一種是大公館僱用的「花王」；一種是栽花為業的花農。顧嘉棠沒有前者的園藝知識，亦沒有後者的土地資本，僅為花農所雇的幫工。他的長相，土頭土腦，身坯結實，最適宜於做莊稼漢，栽花還嫌粗手粗腳，所以他能應付的無非鋤泥芟草挑水施肥一類粗活，實際還夠不上花匠之稱。

大凡由小伙子轉為「癟三」，再轉為「流氓」，經過是大同小異的。其最基本的原因為一個「窮」字。由於窮，故缺少受教育的機會；亦由於窮，故不易找到上進的途徑。他們的父母，本身衣食，尚苦無法周全，養下來的兒女那能管得許多？只要有地方可以送走，減少一張吃口，其他已不關心，實亦無暇關心。另一方面，如這小伙子本性是馴良的，他會安份守己，從正路上慢慢的爬，慢慢的前進，在苦掙力扎中找到生存之道。但如氣質惡劣，性情暴躁，不願受教，也不肯吃苦，則做壞人和幹壞事，便捷得多，早晚走上邪路，易於借火。顧嘉棠由花匠變成癟三，其經過屬如此；一半是因家道夠窮，一半是因本人不肯學好。

徒刑六月又爬高一級

顧嘉棠在癟三淘裡混過一陣後，結合同伴，在滬西華租兩界毗連的地方，利用鄉下人酬神演戲或中元節建醮的當口，臨時搭蓋蘆蓆棚，設局聚賭，抽頭營生。這類賭檔，設備簡陋，又可隨時拆走，故通稱為「黃牛棚」。兩界毗連地方，管轄權並無明確規定，他們蝨處其間，私設賭局，不易受到警方干擾，故能稍占地利。但這是不能保險的。一次，租界一名華捕突然闖了進來，恰與顧嘉棠碰個正著。這華捕的來意，未必捉賭，只待撈進一注財香，便肯鬆人了事。卻不料顧嘉棠孤寒而又莽撞，偏不賣帳。一言不合，彼此交手，糾纏中陡聞砰然一聲，華捕的佩槍走火，受傷倒地。這可把事情鬧大了，顧嘉棠當被捕房捉去，解送會審公堂，判處徒刑六個月。在白相人的術語裡，吃官司的叫吃「香港大菜」，認為是一樁「吃價」的事。他因打傷華捕跌進監牢，更屬不凡，資歷上倍見「光彩」。因此釋放那一天，老夥伴早在提籃橋監獄門口取齊，擁簇著他，表示「推重」之意；陪往剃頭沐浴，並去南市城隍廟燒香磕頭，消災解晦。此後他因禍得福般仗著吃過「香港大菜」的資格，反而爬高一級，由癟三轉進白相人的行列。

病逝臺灣總算有福氣

其後他和芮慶榮合夥，在長濱路開設一家「如意茶樓」，並附設一檔本灘（本地灘簧），幾張賭桌，賣茶為名，聚賭是實，這些還算是明的。暗地裡他們是把茶樓作為梁山泊前枕溪靠湖，由朱貴掌櫃的那間酒店，招徠天罡地煞，進行「拆梢頭」、「講斤頭」、「裝筍」、「搶賭臺」、「搶煙土」的勾當。杜老板和「八股黨」的結納，大半是從這間茶樓裡拉上交道的。日後杜老板升梢了，他們也即隨而竄起。及待杜老板掌握煙賭兩行，顧嘉棠便是大公司的一名稽查。如前文所說，由於他看錢很重，又善居積，身邊很有幾文，故在抗戰後能以突出的姿態，在杜老板跟前挺得起胸，說得響話。

據說他自移居臺灣後，很不得意，接連吃進幾筆倒帳，有時還不免遭人侮慢，因此血壓過高，中風而死。同是白相人，他沒有芮慶榮那樣死的狼狽；更沒有高鑫寶、葉焯山那樣畢命槍下；而在殯儀館內依然有其風光，妻妾盡哀，親朋致奠，如此收場，應算是有福氣的了。

高君談「八個檔」舊事

闊別多年的高君從曼谷歸來，一樽相對，互訴離情。他知我以煮字療飢，因以黑社會世家子的身分，談到「八股黨」的問題。他說：這八個人雖有共同的領導者，卻沒有共同的對手方。在利益一致時雖站在同一陣線；而在利益衝突時卻各有其立場。所以他們並沒有固定的組合，根本與「黨」字不相干連。依照他們的推論，這「黨」字實為「檔」字之誤。上海人口語中，「檔」字可以代表一個人，如「單檔」是。亦可以代表多數人，如「迭一檔碼子」是。又如彼此親密謂之「搭檔」，兩人合組謂之「雙檔」，男女同夥謂之「雌雄檔」，其例甚多。迨至反目成仇，各走各路，則又謂之「拆檔」。他們八個人在煙賭場合結為連雞之勢，打打殺殺，人所習見，所以被稱為「八個檔」。有時，某一事件實際是他們中少數人幹的，但因其同惡相濟，給人印象過深，故在口頭上仍是籠統含糊，說為「這又是『八個檔』幹的好事。」由此他們在黑社會中成為突出的腳色，「聲名顯赫」，大有張遼威震逍遙津，禁小兒夜啼之概。「檔」、「黨」音近，後來便訛為「八股黨」了。

高君又說：「八個檔」始終是「八個檔」，並無新舊之分。在他記憶中，「八個檔」為高鑫寶、葉焯山、顧嘉棠、謝葆生、顧掌生、金廷蓀、芮慶榮、馬祥生等所構成，並指出前文所寫的吳金根、王嘉荃、江灣楊毛等並不在內。他的話是否準確，無從證明，但他已是年近六七的人，幼承「庭訓」，長復浸漬其間，「八個檔」在他家中進進出出，都是目睹的事；我雖為門外漢，然除顧掌生外，餘均熟人；即以謝葆生而言，抗戰勝利後雖未謀面，而在政府西遷武漢時，亦曾幾度相逢。當時他因販運煙土，出了岔子，長跪於杜老板跟前請求幫忙，這幕情形，猶未湮漫。兩相印合，頓覺高君所言，較為可信。

第十五章
杜月笙最親信人物：金廷蓀

杜月笙身邊「四大金剛」的一生經過，大致已如前述，告一段落。現在飛符唸咒，所須召請者為金廷蓀其人。金氏生前，人稱「三哥」，數年前已在臺灣病故，在「八個檔」中為最後歸山的一個，亦為身後能得草山老人賜額旌揚的唯一人物。老而客死，歸正無期，一字之褒，恐未必便能瞑目吧！

金廷蓀，寧波人，抗戰前他在杜門，權握樞機，極占身分。如把杜老板作為施公案中的黃天霸，他便是天霸身邊的計全。其時「八個檔」中的四金剛雖為佛門龍象，氣勢桓桓，然而拱衛山門，仍屬外圍分子；惟有他能以韋馱菩薩的姿態，作童子相，捧金剛杵，面對世尊，在護法神中儼如魁首。抗戰後，他未即離滬，留下間隙，顧嘉棠才得挨近杜老板，取而代之。迄後他從浙閩間關來港，大局變化益劇，住未多時，太平洋戰事突然爆發，香港淪陷，杜老板已經去渝，他祗得以難民身分，仍返浙東去了。

心腸夠硬又極工心計

金廷蓀從小就來上海，學做皮匠。出師後在舊法租界「中法學當」對面設一皮匠攤子，恰和杜老板原住的均福里（即黃金大戲院院址）相距不遠，所以很早他倆就認識了。

他的長相，相當文雅，既非突眼挺胸，亦無疾言厲色，一眼望去，到像是規矩的生意人。可是他的心計很工，心腸夠硬，落在他的手裡保證不易討到半分便宜。由於前者，所以杜老板的邪道營生和正路營生總是交給他出面承辦。由於後者，所以杜老板有時遇事，尚難遽下決心，他已起而代庖，無所顧忌。下面寫的，可以看出當年他在杜門，「得主之專」與其不可一世之勢。

暗殺吳炳全解開死結

約在民國九、十年間，杜老板憑藉黃金榮在法捕房的勢力，於菜市街寶興路設了一個賭臺，抽頭聚賭，他以擅於捧拍，又會出主意，已成為杜老板的得力幫手。當時法租界的市面，黃金榮並不能完全掌握，法捕房另一華探長吳炳全（綽號小炳全）便是他們的對頭人。因此這間賭臺的馬仔，不時被捕，或遭毒打，對於黃杜大為不利。當由他秘密策劃，將吳炳全暗殺於其住所門前，而為黃杜解開死結。這位打手今當健在，放下屠刀，專心唸佛，黃大仙鑽石山一帶的佛寺裡猶能見其蹤跡，年齒已逾七十了。

此一暗殺事件過後，杜老板等組織大公司，包辦上海的煙土買賣。公司牌號叫做「三鑫」，「三」者為表示黃（金榮）張（嘯林）杜（月笙）三人合作的事業，「鑫」則於字書上音義均無所據，而世俗則視為多金之意，屬於吉徵喜兆，故常用為牌號之名。該公司的主持人為杜老板，而經理即為金廷蓀。「鑫」字加上他的姓氏，成為四「金」，越發顯得「堆金積玉」。由此以後，十餘年中，他是一帆風順，左右逢源，進益既鉅，聚斂復精，故能廣蓄資財，僅次於黃，而為張、杜所不及。

三鑫公司獲法帝支持

前文提到的大公司，即為三鑫公司的簡稱，未曾細寫，今特借金經理登場之便，述其崖略。黃、張、杜等所以能在法租界開設大公司，包辦煙土買賣，其因素雖多，而主要的一項，則基於帝國主義對殖民地的搜刮政策。第一次歐戰後，法國很窮，搜刮益力，只須殖民地政府能將刮削所得，上解巴黎，任何喪失國格的事，它都可以不顧國際批評，採取放任態度。大公司與法租界當局勾結下，成為幫助「法帝」搜刮的工具，故能得到支持而公然成立。

大公司為籌辦和批准土行的總機構。各土行經大公司批准，發給執照，即可營業，門市批發，各隨其便。惟所需煙土，必須像大公司購買或由大公司配給，土行不得自運，為最重要的條件。大公司製有印花。煙土貼上印花的即為官土，托在手裡走，巡捕看到，也不干涉。所有印花收入及公司一部分利潤，按時呈繳法捕房，轉繳巴黎。而捕房經費亦多取給於此。

江浙水警護煙船過境

煙土的來源，一為大公司通過洋行向印度、波斯、土耳其等國訂購；一為通過西南軍閥向四川雲南採運；一為通過北方軍閥向皖北熱河等處採運。所需資本，由大公司與各土行合力籌集。所需運輸工具，由杜老板設法調度，兵艦差輪有時亦被利用。其銷路除上海市場外，主要向松江青浦等地內銷。江浙兩省水上警察統領如沈葆義、池耀宋、俞葉封、徐樸誠等，與大公司向通聲氣，一遇煙船過境，無不視為要公，派出砲艇，沿路護送。

大公司職務的分配，金廷蓀雖為經理，但因其並非熟行，故於業務推展，另由蘇嘉善從中策劃。此君與潮州土幫具有深厚淵源，與各地土販亦向有密切連繫。在集合資本推廣銷路兩方面都是輕車就熟，不妨說為大公司的靈魂。其時杜老板的經濟來源，主要依靠煙土。但大公司不是他個人的「事業」，予取予求，究多不便，則又賴此君為之騰挪挹注，俾能週轉靈活。故就私誼言，亦不妨說為杜老板的靈魂。其在外圍，公司為了從外洋輪船提取走私的煙土，需要組織一支強有力的人馬，用以對付虹口著名毒販、惡霸劉梁江、陳茂棠等，免遭劫掠。這任務便落在高鑫寶、顧嘉棠、葉焯山等七個人的身上，合之金廷蓀乃有「八個檔」的名稱。

官紳名流均染指分肥

大凡規模較大的組織，總不免於派別之分。顧嘉棠眼看蘇嘉善雖以客卿性質，參預其事，而有能耐，有實權，為了自己前途，便一力奉承他而與金廷蓀對抗。這條路子，原屬正對，無如蘇嘉善是一癆病鬼，經不起過分辛苦，民國十九年（一九三〇），一病不起。杜老板自是惋惜不勝。金廷蓀則以蕭規曹隨，穩攬一切；而顧嘉棠反而結下一場私怨。迄至剿匪軍興，籌措軍費，以寓禁於徵之名，開放煙土買賣，杜老板得到了啟示，乃將煙土市場轉入南市華界，在改頭換面下，以煙酒公賣局代替大公司，以煙酒公賣分銷處代替土行，另成一番局面。該局局長曾鏞（孟鳴），廣東人，僅為一個象徵，賽際仍由杜老板一手控制。分銷處則由各土行原班人馬承包，依然指臂相連。金廷蓀雖因大公司已不存在，失去經理名義；而所享利益，則連他在內的「八個檔」悉仍舊慣，毫無影響。杜老板眼看四面，耳聽八方的，故其時南京方面的有關各院部會，上海當地的市政府、警備司令部與附屬機關，以及名流巨紳，政客蔑片，亦能於中染指分肥，貓鼠同眠，一團和氣。

承辦航空獎券多油水

大公司的情形，略如上述；而與大公司平行的尚有賭臺。名噪一時的「一八一」號則於是時產生，以經手人不是金廷蓀，在此不擬細表。惟賭臺有大有小，不止一處，杜老板「統籌全局」，自不會少了金廷蓀這一份，因此法租界生吉里那片賭臺，就由他和馬祥生共「抱臺腳」。

一二八戰事結束，為了擴充空軍，建設國防，飛行航空獎券，以三個月為一期，全張十元，每張一元。其獎額則頭獎為五十萬，二三獎遞減。博彩額之鉅，自有獎券以來，無出其右。當時宋子文任財政部長，適去美國，來電著由郵政儲金匯業局承辦發行事宜。該局局長沈叔玉在未接到宋電前，史量才已先得到消息。事因宋沈間並無電報密碼，該電不便直接致沈，中間須經他人轉手，而此一轉手人適為史的老友，亦為杜的老友，當將消息先行向史透露，意在浼史出面，去電宋氏，保舉杜老板承辦。史極韙其所言，立刻發電，向宋建議。宋接電後，以其所舉人選，確屬適當，亦即覆電，表示接受。迄待宋電轉到沈手，已如明日黃花，早經變質。所以杜老板對於這場喜事，得來未費工夫；而金廷蓀則又恩寵獨膺，由杜老板委為經理。這和他以前經手大公司，兩不相同。大公司雖可發財，而營運的為害人的煙土，究屬不是光輝的事。發行航空獎券則為當局委辦的工作，不惟有利可圖，且能提高身分。上海灘許多人由善棍蛻變為慈善家，不就因經辦備「慈善獎券」而掙來名譽與地位的麼？

杜老板受益洋房一座

尤其可喜的，辦獎券無所謂內行外行，除須物色會計人才掌管帳冊外，以他心計之工，儘能應付，因此籌備不久，大運公司的招牌便掛了出來，各項進行，極為順利，油水十足，更不待言。如就正常的利益言，只須將香港馬會作為比擬，已能明瞭，無須細說。若以非法利潤言，則初辦時期，頭二三獎，誰為得主，尚有跡象可尋；及待經驗已豐，熟能生巧，航空獎券已等於從前的「發財票」，頭獎號碼，雖仍按期開出，惟得主已不屬於購券的大眾。一明一暗，雙管齊下，所以大運公司的進帳，比之香港馬會尤屬可觀。這原是史量才對於杜老板的幫忙，宋子文對於杜老板的調劑；而享受成果，則杜老板所能得到的，僅為金廷蓀為他在杜美路所經營的大洋房，以時值論，不過一張航空券的頭獎而已。話說回來，這座洋房在杜老板的經濟上倒曾起過作用，受益不淺，但為後話，下文再談。

代表杜老板執行懲處

民國十六年（一九二七），上海清黨後，金廷蓀為建立其在故鄉的威信，與寧波當局合作，亦起而清黨，尚恐聲勢不大，當把楊虎和杜老板拉了過去。在江天輪中，他們都是全副武裝，精神抖擻，大有滅此朝食之概。楊虎以上海警備司令，越省殺人，雖已超越其管轄區域；但因身負清黨責任，尚不妨越俎代庖。杜老板算的是什麼呢？劍及履及，未免多事；而這股狠勁則由金廷蓀煽孽而來。前文說他在臺故世，猶獲賜額旌揚，殆即種因於此。

「高明之家，鬼瞰其室。」以杜門之大，與其構成分子之複雜，薰蕕同器，良莠不齊，自屬勢所難免。杜老板是豁達大度的人，外來拂逆，尚加容忍，家室瑣瑣，自無意過事誅求。即使事屬不堪，情難曲恕，大義必須滅親，亦只是杜門之事，與做朋友的何干？金廷蓀卻不如此，奮身自任，代作主張。「一條麻繩」、「一瓶毒藥」，便是他嗾使杜老板置人死地的老話兒。杜的表弟朱香香在寶裕里弄口被人砍去一腿，即由他一力堅持，代表杜老板執行的懲處；而在他的本心說來，則仍認為無以蔽辜，不夠痛快。

蔴衣官司沾手有好處

如上所言，金廷蓀在黑道混跡多年，總算經過陣仗，出過風頭；但其身分則仍屬於「孔子」，未列家門，按照幫規，不得收徒聚眾。直至民國十六年清黨之後，他由高鑫寶引進，參拜其老頭子王德齡為師，在青幫中確定輩份，始能另樹一幟，自闢山門。此後他倆以同門關係，相當接近，遇事頗能合作，徐懋棠因折產涉訟，投拜杜門，倚為靠山，即由他倆從中牽線而來。

其時上海民刑訴訟案中，如「蔴衣」債案、折產案、桃色糾紛、繼承糾紛，均屬生財大道。其處斷經過，大同小異。不外是律師起訴開場，而以在外和解為名，而由白相人「講斤頭」「叫開」了事。大凡此類案件，其中曲折甚多，原被兩告，各有不可告人之隱；惟在表面證據上，則原告頗能言之成理，持之有故，似處於不敗之地。被告自知弱點所在，為恐依法裁決，過分破財丟臉，因借白相人的氣勢，插手調解，使對方知所顧忌，不能不曲意相從。反之，原告虧心之處，只能矇混法官，卻不易矇過大眾耳目，既見白相人出頭干涉，亦不得不貼然就範。這麼一來，該案最後出於和家一途，幾已成為可以預見的定局。話說回來，白相人從中處斷，也不是一味蠻不講理，偏袒之中，尚能衡情度勢，不會使人含冤莫訴，也不會使人蓄意取盈，其間斟酌損益，猶見幾分公道。由是大事化小，小事化無，一場官司，煙消雲散。原被兩告，少不得向他們重重孝敬；而法官眼開眼閉，亦能坐享其成。所以此一現象，雖屬畸形，而在共同利益上，則沾手有份，面面俱全，確見講法律不如「講斤頭」之微妙。

一筆謝禮為數極龐大

徐懋棠的父親徐慶雲，在上海商場頗著聲譽，曾任大英銀行買辦，兼營紗廠，又做各項投機生意，長袖善舞，積資甚富。故世以後，析產官司，立刻爆發。其弟懋昌既不滿乃兄之操縱把持；慶雲之妾亦不滿懋棠之壟斷家務。各具呈詞，投訴法院，請求秉公處斷。懋棠身陷重圍，又自知理絀，如果依法審判，損失必鉅，因此乞靈於旁門左道，通過金廷蓀、高鑫寶的關係，轉懇杜老板出面調停。佛面當前，誰能漠視？況以衢導之道，平停其間，徐妾身屬女流，懋昌則為紈袴，經他耳提面命，敢不懷德畏威，靜待解決。以故此案不久即由原告聲請撤銷，懋棠亦搖身一變而永為杜門弟子矣。據說那筆謝禮，為數極鉅，相等於航空獎券的頭獎，如用以創辦事業，儘可開設一爿銀行。金廷蓀和高鑫寶當然朋比分肥，而為杜老板揩進這注財香，不能不說是他倆的有心報效。

杜祠一幕破天荒盛舉

民國二十年（一九三一），杜家「進祠堂」那一幕，不僅是上海灘破天荒的盛舉，亦為全國性的大新聞。各方致賀的代表，幾於各省各埠皆有到來。所收禮品，種類甚繁，精粗悉備，不下數千件之多。杜老板奉主入祠那一天，其儀仗執事分作六個行列，浩浩蕩蕩，長及里餘，經過好多條馬路，然後由金利源碼頭渡往浦東高橋，法租界和華界電車因此停駛兩小時。

及待栗主奉安，典禮告畢，杜祠內外，排席唱戲兩大項目，同時開始。祠內吃的為精饌細膾，出自名廚；祠外吃的為大肉肥魚，家鄉風味。祠內唱的為京朝大角，除余叔岩外幾已到齊；祠外唱的是當地名伶，一片海派作風，恰合浦東老倌脾胃。如此緜亘三天，日夜交替，真乃火樹銀花，好個豪華氣象！來賓雜遝，先後約共八萬餘人。在偌大場面下，其間舟車設備，裡外佈置，賓客接待，飲宴供應，真是五花八門，煞費手腳；使非有人深思熟慮，絜領提綱，事先籌備充分，臨事指揮若定，勢必顧此失彼，秩序大亂，「奉安」轉貽不安，娛賓反成慢客。所賴金廷蓀勇於負責，獨挑大樑，揀選員司，分工合作，故於應付之間，頗能恰到好處；否則杜老板儘管花錢，而主持無人，功德未必圓滿。所以前文把他作為黃天霸身邊的計全，確屬比擬無差，身分極合。

知人善任實深於涵養

八仙橋黃金戲院原為黃金榮所創辦，抗戰前幾年，改由金廷蓀接手經營，以孫蘭亭、汪奇俊為正副經理，又倚趙培鑫、吳江楓等為得力助手，故能生面別開，為京劇在上海創造新的局面。趙培鑫由學馬（連良）派轉學余（叔岩）派，做工唱工，頗能得其神髓，在票友中已是鬚生泰斗，早負盛名。曾在本港大會堂露演，使人耳目一新，大有重見漢官威儀之感，知者已多，不待細說。其實孫蘭亭亦是絕頂聰明，不僅經營戲館是屬能手，即於京劇本身亦富研究，麟派馬派，唱來無不酷肖。文丑武丑，演出尤屬當行。名角南來，往往煩他配搭，以收綠葉扶持之效。可是這幾個人全是杜老板的高徒，楚材晉用，卻能渾融調協，無所畦町，這不能不說是金廷蓀的知人善任；而其與杜老板的契合無間，亦即於此可覘一斑。說實話，三大亨後來互相猜疑，其門下亦起而互相齮齕，均為事實，人所共見；惟有金廷蓀超然物外，既無面諛，亦無腹誹，曲意全交，實屬不易，與其說為工於心計，毋寧說為深於涵養。

忠於謀人見輪囷肝膽

八一三戰事結束，上海淪為孤島，吳開先輩潛蹤駐滬，從事秘密工作，形格勢禁，展布甚難。當「中儲」銀行成立前後，開先奉命勸阻當地金融界巨頭，勿與偽方合作。事屬簡單，卻苦無法聯繫。這因開先是屬「地工」，不能公開活動；而輾轉接洽，又虞走漏風聲。反之，金融界巨頭多屬大把身家，明哲保身，亦不願與帶有危險性的人物發生接觸。在此一籌莫展之際，乃由金廷蓀在其本宅設宴，與黃金榮共同具名邀請金融界巨頭赴席，俾開先得以乘機露面，轉達中央旨意，而完成其所負之任務。事過境遷，也許有人認為此項佈置，輕而易舉，微不足道；而不知身在其局的人，風險極大。無問敵偽當場破獲，一網成擒，後果不堪設想；即使事後風聞，查無實據，而盤詢究詰，廷蓀亦不易脫清關係。匕筋之間，幾將身家性命，付於一擲。還能說是小事件麼？置之不論，其時何時？其地何地？他以朋友立場，不顧利害，忠於謀人，亦可見其肝膽輪囷矣。

河源領得賑款十五元

金廷蓀於民國卅一年（一九四二）秋，由浙閩輾轉來港，席未暇暖，太平洋戰事便告爆發。其寓所在香港方面，一海之隔，與九龍杜家失去聯繫。後以難民身分轉往內地，亦非與杜家有關人等同行，孑然一身，匆匆就道。以一個生活舒適已慣的人，手提包裹，跋涉長途，已自腳軟腰痠，負暈氣喘；何況頻年兵燹之餘，他所取道的東江一路，往往一二十里不見人煙，飢渴交侵，驚疑自擾；外加盤纏之費，極為有限，幾至數米為炊，併日而食，益滋人間何世之感。適行抵河源地方，賑濟委員會設有一救濟站，主任吳思源係屬粵人，既不知他是上海灘的風雲人物，而他亦不願在人前自炫，攀借許世英、杜月笙等大名，循例領到救濟金十五大元後，咬緊牙齦，默默地經由福建轉向浙西而去。

民國卅四年（一九四五），杜老板奉命馳東南，從事策反工作，準備配合盟軍反攻。廷蓀自浙西來會，在淳安西廟中互訴離情，極為歡洽。不意住未多天，忽傳日軍進犯消息，當地富戶，紛紛遷徙，廷蓀恐再淪為難民，忽忽道別，向浙西深處而去。迄待倭奴投降，天日重光，他才回到上海。

流寓香港渡亂離歲月

勝利以後，他的作風，視前判若兩人，若說公共場合，絕少見其從蹤，即以杜家之親，亦常經時不到。大約經過八年抗戰以前，他早體會到「世界」已不屬於他們，新陳代謝，應由下一輩起而問事，若仍倚老賣老，攘臂下車，即使不被打倒，亦屬不甚光鮮，祇益其醜，故寧匿跡銷聲，做一個安份守己的老百姓。所以就他生平而論，其後半本的沖恬淡遠，較之一般患得患失者確屬高明得多。無奈倦鳥雖歸，舊巢難穩，四年未滿，又須打疊行裝，重為流徙之民。這回他離開上海後，逕來香港，賃居於渣華道。老去心情，亂離歲月，憂傷煩悶，排遣為難，故在雲華餐廳，往往見其獨踞一桌，危坐經時，百無聊賴。又常見其枯坐街頭，望月窺星，淒涼對影，深夜猶不思睡。其後移寓臺灣，不久故世，對他可說是最好的解脫了。白相人中，三妻四妾，不算一回事，惟他震於閫威，不敢二色，白頭夫婦，廝守終生，楊士驤自輓有云：「平生好讀遊俠傳，到死不聞綺羅香。」用以移贈，倒有幾分相合呢！

第十六章

出入杜門的兩位幫會老前輩

往事如塵，杜月笙身邊的人物，無論「四大金剛」也好，「八個檔」也好，最親信的人物也好，這些人已早化為塚中枯骨；而當其乘時得勢，顧盼自雄之際，一般捧拍者流，為表其巴結恭維之意，又苦不易找到適當嘉號，於是謬相烘托，譽為俠林中人。其實，他們與這「俠」字何曾粘到分毫？嚴格說來，所謂「雞鳴狗盜之雄」，亦屬遠不夠格。跡其行徑，只是狐群狗黨而已。

遊俠之行，雖不軌於正義，而「其言必信，其行必果，已諾必誠，不愛其軀，赴士之阨困。既已存亡死生矣」，尚須「不矜其能，羞伐其德」。才能「名不虛立，士不虛附」。太史公於序遊俠列傳中已早為之定下型格。依此以求，近百年中，杜老板雖以輕財仗義，見稱於人；而依違取容，為德不卒，亦不必為之曲諱。與太史公所定型格，細加勘照，至多只能做到庶幾近之的地步。其他則恰如傳序所云：「至如朋黨宗彊比周，設財役貧，豪暴侵凌孤弱，恣欲自快，遊俠亦醜之」矣。

如此說來，抗戰期間，出入杜門的黑道中人，難道全為痞棍，沒有一個夠得上是「典型人物」的麼？

是又不然，據我所知，其中有位江爺，又有一位高四爺，則仍抱殘守闕，和而不同，蔬食布衣，存其本色。

出道遠在杜老板之前

江爺，名幹廷，安徽人，袁項城當國時期，他是趙秉鈞手下的特務人員。北方官場，各地政要，黑道幫口，他都有廣泛的接觸。故就闖蕩江湖而論，涉世之深，出道之早，遠在杜老板成名之前。據聞其時特工人員，對於本身身分，並不如後來的藏頭縮尾，嚴密掩蔽。在偵查案件時，如須借用軍警，調度款項，只須攤開特別執照，當地官廳，無不悉力照辦。即使其在車站輪埠，突遇要公，必須爭取時間，立刻出發；售票處一見此項執照，也會要錢給錢，要票給票，不須經過請示核准一類手續。這些情形，待我與他相識時，早成陳蹟，酒後茶餘，他難得提起半句。

唐天如說的一件往事

我所能知道的：有次，唐天如先生由天津循海道去滬，船才抵岸，碼頭腳伕和旅館的接客人不待跳板搭好，已是飛躍而前，紛紛上船，爭拉顧主。他們看到天老貌類冬烘，認為可欺，便將他死拉活扯，推往岸上，擁入馬車，送到四馬路某一小客棧。隨身行李，半已散失，腳伕猶自惡聲相向，需索多端。旅館內的茶房，亦是滿臉流腔，攢眉擠眼，故意揶揄，直以鄉曲看待。

天老知已陷黑店，無計可施，因與幹廷通上電話，請其前來相視。片晌，一茶房忽爾足恭為禮，笑向天老問道：「客官！江爺是你的老朋友麼？人已來了，正在找你，適間怠慢，請你包荒一下何如！」旋見幹廷由另一茶房陪侍而來。彼此相見，寒暄甫畢，天老當將經過告知。幹廷說：「這裡本不是你住的地方，走，走，走，住到舍間去。」一面向這些茶房說：「你們真是狗眼，刨黃瓜，捉弄曲辮子，也得看清人頭呀。別的不說了，趕緊把唐先生的行李收拾起來，送到我的公館去。如有短少。唯你們是問。」茶房們聽到這樣吩咐，臊紅了臉，結巴巴的答道：「江爺，你倆就先請吧，放心好了，包管送到。」幹廷乃拉天老離店而去，而全部行李也就於俄頃間送到新聞路江宅去了。

這是天老親口告訴筆者的。其事雖小，已見黑道中對他早就服貼。其時杜月笙或許還在小東門十六舖一帶，度其遊蕩的生活哩！

力請天老為杜氏診斷

抗戰期中，幹廷在九龍辦一被服廠，專製軍用物品，承接重慶軍需署的訂單。牌名「麟笙」，原為張嘯林和杜老板合營的事業，自他接辦移港，乃將原名「林笙」改為「麟笙」。他不時到杜家來，杜家上下人等都尊稱他為江爺。他總是笑容可掬地逢人道好，爐火純青，不透半分意氣。一遇杜老板的喘病發作，則其覓藥求醫，唯恐有誤。古道熱腸，遠非杜老板的貼身人所能企及。唐天老精於醫道，但如傅青主一般，不肯輕易為人治病。然而青主尚喜看花，如「置病者於有花木寺觀中，令善先生者誘致之，聞病人呻吟，猶為治制，應手而癒。」顧亭林先生嘗以蕭然物外、自得天機稱之。天老則既無花癖，又不能誘致，而蕭然物外，則或與傅青主同屬一流。其終枉駕杜門，為之診斷，則全由幹廷力請所致。

晚晚到許家去陪靜老

入晚，幹廷多在許靜仁（世英）先生家。有時陪靜老搓衛生麻雀，輸贏極小，最多不出五元。有時看靜老寫字，揮灑之餘，間以談笑，俾不致過於寂寞。靜老患失眠症已歷數十年，各種安眠藥均經服過，全不見效，因此每夜必須熬到四五句鐘，才能登床尋夢；幹廷不去則已，如去許宅，亦必熬到四五句鐘才能歸家。但他為了鄉誼，為了友誼，樂此不疲，經年如是。靜老嘗和他說：「我一生服宦，滿清時代的王爺，北洋時代的軍閥，國民政府的革命黨人，我都曾伺候過，並且伺候得很好；唯有這一個人我很想加以巴結，卻苦巴結不來。我寧原寫字打小牌，消磨長夜，雖因失眠之故，半亦由於心悶。」這是一個什麼人呢？幹廷獨悉其隱，為使老鄉長能於友好之間，得到溫暖，彌其缺陷，所以他自忘其為辦廠的人，百端待理，晚飯過後，便向許家一溜，盤桓竟夕，直待雞聲啼過，然後歸去。如以年齒而論，靜老雖屆高齡，幹廷亦非壯健，鬢眉花白，已是接近六十邊緣了。

佛門乞米渡苦難歲月

香港淪陷後，食糧極度缺乏，又在日軍嚴密控制下，劫後災民，逃得過刀兵，卻不易逃過飢餓。幹廷的家庭雖屬人口不多，而灶冷瓶空，已拳於饔餐不繼。被服廠的工人雖早解散，而賓東之間，舊情猶在，登門求助，又不能恝然不顧。在此萬分艱困之際，所幸新界寺院的和尚，多半是他方外之交。日軍佞佛，管制較寬，他乃得以佛門檀越轉向和尚乞米，三斗五斗，遠負而來，煮好大鍋粥，讓家人工人塡個半飽。如此竭蹶以赴，才渡過三年八個月的苦難。

杜老板病危時，他因住在九龍，聞訊失眞，誤為已死，渡海喘息而來。才抵杜門，未曾入屋，已是情不自禁，聲淚俱下。及其既死，顧嘉棠等這批貼身人，雖皆木然面帶戚容，煞有介事掏出手巾，不時拭目，其實揩的全是汗水，並非拭淚。唯有他站在靈前，大哭一場。

筆者雖因所知不多，未能將其俠義行為有所表白；但就其待人接物而言，已徵風範，固不能「今與豪暴之徒，同類而共笑之也。」

青幫大字輩的老前輩

高四爺、名士奎，山東人，在青幫中與張老太爺（鏡湖）既為同鄉，又同為大字輩，資深望重，故後輩亦尊稱為高老太爺。

鏡湖由黑道投身軍旅，隸徐寶山部。入民國後，初任第七十五混成旅旅長，後任通海鎮守使，吹角建牙，能以功名自顯。其所錄徒輩，後來結為仁社，率多風雲人物、方面大員。如果組閣組軍的話，文官自國務總理以至各部部長、各省主席；武官自司令長官以至軍師旅團、將校偏裨；在他的及門弟子中，很容易物色全副人馬，陳力就列，不待外求。以故南京重慶的軍政舞臺，人來人去，雖感浮沉莫定，而要津當路，決不會少了他的高徒。即以汪政權而言，其高層組合中，如林柏生、吳奇峯等三十餘人，就曾向他磕過響頭，遞過門生帖子。他如工商巨擘，闤闠聞人，水陸豪強，富家紈袴，其依附門牆，仰承拂拭者，為數之多，更多不在話下。以故上海青幫中，與其輩分相同者，雖仍不乏其人，而名氣之大，則屬首屈一指。勝利前一年，張老太爺（鏡湖）在滬病故，留渝的錢新之等曾集會追悼，白馬素車，多為當時政要。某年為其百齡冥壽，有人發起聯合港臺同門，舉行公祭。羹牆之思，雖在轉徙流離中未嘗稍替，其遺愛之深可以想見矣。

晚歲韜蹤不提當年事

至若高老太爺，則其生平行跡，又是一格。壯年結客，縱橫芒碭山前；歲晚韜蹤，偃臥吳淞江畔。小樓一角中，過訪的多屬老頭老鄉。醬牛肉、辣白菜、山東高粱，熱騰騰的蒸餃子，便是他款待客人的家常飯。賓主間各忘形跡，邊談邊吃，無非日常生活的老調兒，很少提當年事，更很少提當前事。合之他的高個子的身材，清瘦的臉袋，長頸高顴，兩撇稀疏的小鬍子，以及那份半截衣、紮腳褲、瓜皮帽、黑布鞋的裝束，除卻老眼尚能閃爍有光外，精氣盡斂，歸於樸拙。誰會料到他便是當年橫刀躍馬，稱雄於江淮河泗間的老輩英雄呢。

軍統擬請兩老來香港

抗戰初期，國軍自淞滬撤退後，南京杭州，相繼失守。「軍統」當局為恐淪陷區的幫會頭腦，迫於環境，致為敵人利用，因與杜老板相商，轉請他們來港，共赴國難。據聞張、高兩位，曾就此一問題，交換意見。張老太爺初無可否，嗣以門弟子中有人建議，以為集中意志，集中力量，打倒共同敵人，原為國民應盡責任，退往後方，團結一致，在原則上自屬義無反顧，惟幫會並無嚴密組織，散漫支離，其能發生連鎖，如眾星拱照者，端仗北辰居所，俾獲瞻依。若使飄然遠引，失去重心，反恐紛擾徬徨，莫衷一是。龍無首而不行，謀必定而後動，值此時會，變化多端，事須計議周全，似不宜拘於一義。

又幫會是由民間產生，無論青幫洪幫，講得是義氣兩字。其所能發揮的作用，即由義氣而來。政治是走曲線，而義氣則是直線，縱使同歸，未盡同途。如使幫會為政治所左右，反恐有損家門傳統，因亦未便。至於利用云云，十指難齊，勢所難免；但今日所著重的是整個幫會不受利用，而不僅是老頭子不受利用，若徒把老頭子搬走，於事未必有濟，反不如留在上海，以其聲望恩威，從中維繫，較為有用。這番說話，自是言之成理，持之有故，因此張老太爺躊躇未前，而高老太爺則以無牽無掛之身，烏篷出海，投老於炎荒之地了。

四海為家受同鄉招待

當時香港的外省人雖已不少，惟隸籍山東省則為數較多。不說別的，香港差人，多半是由煙臺招募而來；此外行船的和開羅宋菜館的，亦多為山東籍人士。高老太爺受著同鄉的招待，又因他是四海為家的人，飲食起居，簡單樸素，所以住得很是安樂。他去杜家時，杜老板把他當為前輩看待，禮數不拘，而親熱之情則甚周摯。顧嘉棠、芮慶榮等看到他的影子，更是唱其大喏，獻其殷情，總要死拉活扯，陪去小館子，喝上兩盅，以表尊重之意。可是他如閒雲野鶴般，巨室高門，很少涉足，僅與杜家秘書王幼棠往來較密。他倆文武殊途，卻有共同之點。幼棠已是望七的人，和他年齡不相上下，且為一癮君子，和他恰是「吾道不孤」。幼棠除為杜老板辦書札外，是是非非，一概不問，和他的理亂不聞，恬逸自適，則更為氣味相投，彼此對勁。所謂「老對老，談不了。」正是如此。筆者就在王幼老的煙榻上和他訂上忘年之交，又從王幼老的嘴邊聽到他的一些事蹟。

草澤之間都尊為前輩

據王幼棠說：「高四爺以前的事，我因遊宦廣西，難知其詳；但有一點是可以確定的，即其勢力並不限於蘇北魯南，上海這片洋場，他的徒兒出沒其間，也就幹得『有聲有色』。他自勒馬懸崖，屠刀放下，託跡淞滬，度其老去餘年後，草澤之間，餘威仍在，猶自尊為前輩。遇有緩急，提起他的大名，多分能賣交情，給面子，不為已甚。

「徐海一帶，民風強悍，向來盜匪跳梁，利用地形掩護，忽隱忽現，竄擾無定。官兵往剿，如捉迷藏般，十撲九空，疲於奔命，尚未悉匪蹤何在。以故齊燮元、孫傳芳主蘇時代，碰到這類尷尬局面，而又無意大動干戈，為求釜底抽薪，揚湯止沸，圖個眼前乾淨，就得懇求四爺出馬，走上一趟。他們依照他的囑，特備一乘沒有帷蓋的明轎，讓他坐著，由腳伕抬走，沿著那些不大安靖的縣份，闖鎮穿村，巡行幾過。行蹤所到，果然先聲奪人，好漢們為恐撞犯了他，都已斂手縮足，退避一時，使此方隅之地，恢復太平景象。以後如何，他可不管。這因維護治安，原是官廳的事，與他絕無干連，祇因情面難卻，故不得不敷衍一下，擺個樣兒。若想他如黃天霸般為官家立下十大功勞，則雖銀子堆得山高，他也不會為此浮財，壞了江湖義氣。

兩老出面工潮迎刃解

「又魯南賈汪地方，有一個規模頗大的煤礦公司，礦工為要求每天工資增加一毫，資方迄予嚴拒，因而發生罷工風潮。而其時隴海路局，則恰從英國辦來一套機器，裝置於連雲港，以便煤斤從火車卸下後，直接駁往輪船，貫徹其水陸聯運計劃。此一設施，雖可增強工作效能，而碼頭工人，大量裁減，則為必然之結果。因此群情洶湧，已有不穩之勢。及後實施有期，工人請願，要求維持生計，叫囂紛呶，與護路隊發生衝突，致被擊斃一人，受傷多個，於是事態越發嚴重，不易收拾。礦場和路局當事，以此輩向即在幫，又多備有槍械，人多勢大，莫說礦警及護路隊不是對手，即使轉請軍警，派隊協助，亦不易使其就範。如用高壓手段，釀成巨變，誰都負不了這個責任。但如請求官廳，依法仲裁，則此輩正在激憤之餘，理喻徒勞唇舌，而官廳又以威嚴為重，反恐節外生枝，更成僵局。計議之下，他們認為倚仗國法不如倚仗『家法』，與其公斷不如私和，或能有利事機，別開生面；當即派人去滬，懇求張老太爺及高老太爺出面調停。果不其然，此項消息一經傳播，氣氛便見緩和；及待他倆所派代表，到達當地，經過幾度磋商後，這兩樁熱辣辣的事件，便都如水就下，迎刃而解。話說回來，礦場和路局所能得到的，只是三數天內，恢復常態，不致曠日持久，多受損失，此外並未占有便宜。反之，礦工的工資還是照加，所差的僅為數量上的斟酌；並規定以後分班當值，不得解雇一人，所有肇事護路隊，分別懲處，以平眾忿。這些都是出於他倆的意旨，而由那位代表遵照奉行。太史公所謂『設財役貧』，巴結資方，壓制勞苦大炵，他倆是絕對不幹的。」

一面小旗通行清江浦

王幼棠續說：「以上所談，事出外碼頭，雖屬傳聞，相信決不會假。我所確知的僅為小故，並非大起大落的事；但如觸類引伸，亦可從小窺大。一為楊管北為了辦理輪船業務，須向清江浦活動，又懼當地局面不靖，不敢貿然成行。所賴高四爺授以一面小旗，囑咐他在途中，如遇緩急，展開旗子，便可通行無阻。有此錦囊，管北才敢就道，水陸所經，果然『旗開得勝』，有驚無險。一為金廷蓀的生吉里賭窟，一天突來幾個強徒，聲勢洶洶，蓄意搗亂。高四爺適在座中，聽到叫囂聲，推開窗門，向樓下探首一望，恰為強徒瞥見。此輩頓時矮了半截，唱喏連連，結巴巴的以驚動前輩為歉，逡巡自去。這些瑣屑，已足見其老去聲威，當年義烈，雖在洗手之後，草澤間猶自歸心的一斑了。」

民國廿八年（一九三九），高老太爺病故香港跑馬地養和醫院。家門典範，頓失瞻依。此後出入杜門的黑道中人，僅餘江幹廷猶以風格自高，此外便是顧嘉棠這批傢伙，華服其表，鬼蜮其心，十足是海派白相人，所謂江湖氣概，已是蕩然無存了。

第十七章 上海杜公館過年的形形色色

年近歲晚，耳邊雖無臘鼓之聲，年關已是日漸迫近了，已未年快將消逝，無問居行，都有一種特殊的感覺。筆者以為在這期間，寫些杜門過年的形形色色，猶之戲班子端午演《白蛇傳》，新正演《洛陽橋》般，切合時令，較有意味。事實上那些年間，杜月笙自重慶回港後，也正緊接新舊年關，前情後節，倒還連串得上，寫出來不致脫節，但其內容則要從上海說起。

陰陽兩元旦，天地一家春。陽曆年是番鬼的年，中國人只是助興而已，必須到陰曆大年夜，才是真正的過年。依照上海的風俗，大家小戶，一待送灶前後，多已敲起鑼鼓，表示一年辛苦，在這歲盡春回之際，應得熱熱鬧鬧的快活一番，作為補償。其間辦年貨、掃簷塵、掛燈綵、供喜神（祖先遺像），越是繁忙，越感歡樂。時當承平，人情溫厚，赤貧之家，多少總會有人賙濟，不致餓著肚子。至於百債叢身，被人追瘦，以澡堂為避債臺而孵渡年關的，又當別論。

那時上海杜家過年，大致亦復如此，廳堂內除了換上新桌圍、新椅披，供案上擺設燭盤香爐等，「七事件」和乾濕果品十六個碟，瓶裡插好天竹蠟梅，門上紮些冬青柏葉外，並無盛大的鋪張。送灶以後，除夕以前，揀定兩個好日腳，邀請親友喝年糕湯和吃年夜飯，也是普通菜式，無非鹹肉風雞，時鮮蔬菜，再加幾盤熱炒，一個暖鍋，便已了事。因為這種例有的飲宴，目的在於製造歡樂的氣氛，所供肴饌，家常菜倍覺有味，如用上海參魚翅，反不是吃年夜飯的格局。

手面對闊綽令人咋舌

時至今日，所以有人還以杜家過年為話題者，倒不是說他家中排場，而是說杜老板個人的手面，闊綽到令人咋舌。自送灶日起，杜老板身邊已袋好整疊的莊票。只須他認為必需幫助的，不待開口，已自動地隨到隨送。這是袖籠裡的交易，數目多少，外人當然不會清楚，但因其為莊票，依情想來，當不會在五百元以下。其間卻有一種人，自加忖度，未必是杜老板的幫助對象，而事實上則需要甚切，非此不可的，則其立場很是尷尬，開口不好，不開口又不好，那就索性待在杜家，賴著不走，和杜老板硬拼下去。如此經過許久，杜老板明知其人為的是話兒，也就眉毛一挑，揚聲問題：「那能？過不了年？」手隨聲起，取出一張莊票塞去。如此情形，是杜老板俵散過年費的第一幕。

對辭年者逐個送現鈔

到了除夕，團年飯吃過後，杜家所稱的大菜間內（即杜老板會客處），煙榻靠裡已擺好不少疊的現鈔，起碼是五元紙。杜老板坐在一邊，看到辭年的人，說過幾句彩頭語後，便隨意抓起一把現鈔，遞了過去，接手又應付著第二個。如此人進人出，絡繹不絕，一直要到十二點才見疏落。此時，他好像是渾身的蝨子捉清了般，輕鬆愉快，然後到浴堂去。理髮洗澡，準備回來拜天地、拜祖宗、拜供奉在大廳照壁後的大仙。陪著他做這一套的多半是翁左青，因此煙榻剩下的現鈔，全是翁左青的好處。或多或少，那就要看他的造化了。如此情形，是杜老板俵散過年費的第二幕。

鰥居孤獨發濟貧摺子

杜家對於鰥寡孤獨，一向是發給濟貧摺子的。每月朔望，這般貧民可以憑這摺子向杜宅帳房領取規定的月費。此時，這筆錢早就發放了，另須臨時發放的則為街頭乞丐。杜宅傭人先把乞丐攔入隔壁勸餘坊弄堂內，然後讓他們魚貫地走出來，一個挨一個的發給幾個毫洋，領到的即由弄口走開散去，以防冒領。杜宅所在的華格臬路，東自李梅路口起，西至嵩山路口止，這極短距離內，法捕房原就特設警崗，派有安南巡捕駐守，此時當然在旁監視，所以秩序並不紊亂。其時物價穩定，白米每擔不過五六元錢。幾個毫洋是不能小視的，儘可吃幾頓葷素飯了。如此情形，是杜老板俵散過年費的第三幕。

所以每一陰曆年關，杜老板用在這上面的，數量極為可觀，今天還會有人提到的，其故在此。當他掌握煙賭兩行，風生水起，鈔票成籮的抬進抬出，俵散一些，不算稀奇。最難得的是他於煙賭兩行洗手不幹後，來路既少，支銷仍繁，必待舉債始能應付之際，依然我行我素，維持成例，上海灘恐不易找到第二個了。朋友中有人規勸過他，縮小範圍，適可而止。他對於這番好意，自表感謝，但總不肯照做。因他覺得尷尬是自己的事，看到朋友尷尬還要難受，所以他只要扯得動，其他是不加考慮的。

致送茶包亦另有氣派

年關過後，新正期內，杜老板在賀年上又得花大批的錢。他須親自登門的人家，到不一定是豪門巨室；但由他出手的茶包（利是封包）則決不會是小數，且非一包所能了事。除向果盤裡扔下的外，所有那家的司機的、聽差的、以及內室的女傭人，還會指出名兒，逐個分派，非如此不足以表示他的氣派。反之，他人去杜家拜年，如其身分交情，自審不同泛泛，也得如此，除大菜間果盤裡的總茶包外，照樣也有個別茶包。杜家的花頭是很多的，有前樓太太、二樓太太、三樓太太，還有住在辣斐德路的西海太太，每一太太的住處便是一個單位，便得有一份茶包。所以有些人向杜家拜一個年，姑以每處茶包，番佛十尊計，起碼也得花上五十元才好過去，而五十元錢是夠份量的，在杜家則還是起碼的。大菜間（杜老板會客處）裡的那個果盤，容量不大，經不起各方「孝敬」，霎時間便疊成一大堆，每天須不斷的清理，瓜子糖果，才能露面。這全是傭人們的好處，他們在敬茶敬煙間，總得瞅上幾眼，唯恐有耗子（老鼠）偷吃了去。

傭人茶包數達十萬元

是否真有耗子呢？有的。但不是吱吱叫的耗子，而是會說話的耗子。寫到此處，筆者先將茶包收益的分配說明一下：

按照杜家成例，這些茶包，如係仍在大菜間果盤內的，統由萬墨林總管，如是送到各樓太太的住處的，便由該樓女主人總管。其分配辦法：樓上的女傭人可以在大菜間果盤內的分到一份；而樓下的傭人卻不能分享樓上的茶包。至於每人多少，則以其人服務的年資職務為等差，並非勻派。樓下的傭人，範圍甚廣，除本宅外，莫干山別墅的傭人，杭州蘇州看房子的傭人，浦東高橋杜祠的傭人，和請願警察都包括在內。單就杜祠一處已有三十餘名，全體統計則有一百五十餘名之譜。據一位職務不高專看祠堂的傭人說，他在最多的一年曾分到銀幣八百元。姑以此數為平均額，再打個對折，也有四百元，如以一百五十人計，則大菜間果盤中的茶包已有六萬元之鉅。又據那專看祠堂的人說：實際上是不止此數的，他們拿到手的僅為總額的六成，其餘四成則被耗子「偷吃」了。此說果確，可見杜宅新年茶包收入至少是十盤草（十萬元），這個數目在那個年頭是不能不令人吃驚的了。即在物價飛漲、通貨膨脹、鈔票不值錢的今日，亦是一個可觀的數字。

兩隻偷吃茶包的耗子

這偷吃的耗子是誰呢？一個綽號叫「阿木林」，看到銀子卻是活手活腳；一個是郁詠馥，綽號叫「豬八戒」，「豬八戒」是專揀人參果吃的，更不必說。「阿木林」和「豬八戒」的共同工作為服侍杜老板燒煙裝煙，「阿木林」並兼任聽電話及管理雜務。由於燒煙裝煙之故，他倆往往和杜老板在一個煙榻上，成為貼身人。「阿木林」還有一重先天資格，即他和杜老板帶著裙角之親，口口聲聲的喊杜老板為「爺叔」，關係不同，自更接近。杜老板喜歡聽閒言閒語，他倆便利用這些機會，自充耳報神。因此他倆如存心要在杜老板跟前捧一個人，或損一個人，並非難事。比較的說，「豬八戒」除了有關本身利益外，其他倒是不大管帳的，所以他的口孽並不甚重。而狐假虎威，騎在一班傭人的頭上，呼么喝六，吃裡扒外，則這一對寶貝有「異曲同工」之妙。

那幾天裡，他倆在大菜間裡進進出出，穿梭不停，看到背人的當口，立刻下手，就果盤中專揀那胖胖的茶包插進口袋，此外每次清理時又要乾沒好些，因此十成中他倆已先落進四成。總算吃性還不過重，沒有打個倒四折，尚不失為其有良心的人，一班傭人未嘗不知個中把戲，但誰都要在「阿木林」的簷下過，誰又敢多嘴多舌呢？何況杜老板是不管這筆帳的，即使告到他那裡去，他也不會有心機來問明白，反正是歡喜錢，派到多少，便領多少，大家也就過去了。

果盤所得可買田建屋

當時物價穩定，白米每擔不過幾元錢，小戶人家，日用支銷，一年中只須五六百金，儘能過得舒服。問題是在物價和幣值恰成反比，物價越低，賺錢越難，多少人為此區區，奔波勞碌，辛苦經年，猶不免於焦頭爛額，無以卒歲。而杜家傭人，在這新正三五天裡，不費吹灰之力，已將一年澆裏從果盤裡穩拿到手，以後進益，仍復可觀，雖非日進紛紛，卻是財源不斷，故其雖為賤役，人所不齒，而在現實的人生裡，活計維艱，則反為人所豔羨。如此經過三年五載，他們在日積月累下，便都成了小康之家，有的且買田地，建新屋，開米店，開旅館，開水果行，在杜家只是一名聽差的，在社會上則已躋身於老板階級了。

傭人氣派如海上寓公

當年春節拜年，一般小資產階級的時興服式，多數是頭戴瓜皮小帽，腳踏軟底毡鞋，身穿灰鼠袍子罩上黑緞馬褂，攔腰束緊自羅巾，巾頭故意露出馬褂邊緣，作為點綴。出門時外裹中式大衣，鈕扣兒全敞著，雙手插在腰袋裡，搖搖擺擺，氣派十足。這身行頭，自頂至踵，為值不菲，至少也得二百金，杜家傭人都各備有全套。他們散值之餘，回到家裡，脫去青衣小帽，換上袍兒褂兒，投親訪友，拱手彎腰，一派假斯文，居然像模像樣，不是知根識底的，誰會看穿他的身分？

就中那位綽號「豬八戒」的郁詠馥，氣勢另有不同，裝束別成風格。他的長相雖是醜樣兒，而濃眉巨眼，招風耳，厚嘴唇，配上血盆大口，也自夠威夠勢，醜而不陋。可惜的是準頭不高，山根過塌，破壞了五岳朝天的格局。他身高幾近六尺，挺胸突肚，背厚腰圓，兩腿如椽，十個指頭像鑼槌般大，而身手矯捷，旋轉如風，並不見其痴肥臃腫。當此新年流流之際，他戴的是三塊瓦的獺皮帽兒，著的是皮裹出鋒的高桶暖靴，穿的是狐嵌長袍配上團花馬褂，腰帶上繫著漢玉，指頭上套著銀耆，嘴巴裡咬著雪茄，跟著大步兒高聲談笑。一眼看去，杜老板（月笙）無此魁梧，黃老板（金榮）輸其勝概。至於那個綽號阿木林的，滿頭鬍鬍，渾身委瑣，和他一比，更顯得不夠人型了。所以他有次光臨寒舍時，在座的小朋友直疑心他是過氣的北洋軍閥，此日的海上寓公，曾經攪海翻江，來頭定然不小。及經揭穿，知道他僅為杜老板裝煙對火的老夥計，虛有其表，才知人確不可貌相，而以跌落眼鏡，相與解嘲。

豬八戒家的過年氣派

筆者始終認為「豬八戒」是個可人，彼此往來，相當熟絡。他住在舊法租界蒲石路高福里，人口簡單，一幢三層樓的房子，獨門獨宅，極為寬暢。樓上樓下，擺滿了整套的紅木傢具，閃閃生光。庋閣上陳列的古董玉器，雖屬小件頭，在他嘴巴裡都是有來歷的，暗示其鑒別無差，決非贋品。又藏有摺扇幾百把，兩面書畫，多數出於梨園行名角兒的手筆，他每天上午用一把，下午另用一把，過完熱天，還不及一一用過。

他給杜老板裝煙是有一定的時間的。工夫做完，儘可自由自在。如以八仙橋為中點，南至九畝地大東門，北至福州路汕頭路，全屬他的天下。這裡面的茶樓酒店，戲館書場，以至么二長三，野雞堂子，也就全是他的下處，穿門闖戶，百無禁忌。他的酒量極好，無論軟硬，大碗地喝著從不叫饒。食量更宏，三斤重的元蹄經不起他三下五下，已是皮骨無存，青花見底。一待酒酣飯飽，濃茶喝過，他會瞇起眼兒，扭著腰兒，選上一段貴妃醉酒，邊做邊唱，雖是荒腔怪樣，卻令人解酒消食。他從臘月十五前後起，便開始物色吃的用的諸盤年貨。沿街的荒貨攤，南市的邑廟市場，是他經常光顧的地方。大家都是老面孔，這時便兜著他買。因此，他在除夕用以供神的乾濕果品，多至三十二碟，須將兩張八仙桌子拼連起來才能安放得下。每個碟子裡的東西，他都配有一句彩頭話，不是「節節高陞」，便是「連生貴子」，如此這般，隨口編唱，在紅燭高燒、香煙繚繞下，那份過年的氣氛，越發感到濃厚。

杜家客人敢怒不敢言

大年初一，他侵早便趕到杜家，幫著招待客人。但如對來客犯有心病的，他可不管年初一不年初一，恭喜聲中，往往嵌進村言俚語，揶揄一下，才覺快意。來客看在主人份上，儘管不高興，還得禮尚往來，和他賠著笑臉。事實上他所引用的也夠巧妙。即使翻臉評理，照字面說，也還找不出他的錯處。某年，徐懋棠去杜宅拜年，才到客廳，他已搶步上前，堆滿笑容，兜頭作揖，咧著嘴兒高喊：「徐大老爺，恭喜恭喜，請進請進。」這些話頭，驀地聽來，全是巴結的詞兒，誰也不能指摘他說錯半個字；而不知「徐大老爺」一語，帶有地方性的詛咒，另具意義。如使來客是前文提過的徐采丞、徐慕邢、徐寄廎、徐子為等，這一尊稱，絕不蓄有惡意；但他專對徐懋棠而發，則為存心攞景，等於咒罵。這因徐懋棠是寧波人，寧波人口中的「徐大老爺」，和上海人口中的「赤佬」，同一意義，都是用來代表「鬼」字的。元辰令旦，懋棠興沖沖的向老夫子賀歲，無端被喚為「鬼」，當然大不樂意。可是他能說什麼呢？難道「大老爺」的尊稱還不夠受用麼？只有自認晦氣，暗唸「姜太公在此，百無禁忌。」搭訕著遠遠走開了。

話說回來，他雖生就一張利嘴，口頭不肯饒人；但亦因人而施，對於比較正派的來客，倒是必恭必敬招呼周到。難得的是他很有自知之明，除在男女飲食上儘量享受外，從不作非分之想。

八年抗戰中靠賭營生

抗戰期中，杜老板遠走高飛後，他的生活當然大受影響，其與杜門有關的人，不久便分成兩派，有的參加了維新政府和汪記政府；有的則向重慶派來的地工大獻殷勤。他自審這麼一塊料，在這兩個行列裡，跑龍套、做尾巴，全不夠格，不如安分守己，待吃完穀種後再想辦法。其實上海南市早為日軍禁區，城隍廟幾被完全封鎖，善男信女們燒香拜神，大苦不便。於是一般神棍們妙想天開，把城隍神作為投機對象，在舊法租界呂宋路蓋上一座新的城隍廟來，除正殿安置幾尊神像外，其前後左右盡是平房，分賃小商人，擺攤設肆，果然吸引了不少的香客遊客，每遇朔望，尤見擁擠。「豬八戒」和這批神棍原是稱兄道弟的老友記，當既賃下兩間平房，擺好幾張麻雀檯子，靠賭營生。坐地抽頭，有賺無蝕。他在這八年抗戰裡，就是此如混過。

抗戰末期，杜家傭人，包括萬墨林在內，腦子裡都有一種幻想，以為他們的老板（杜月笙）輾轉後方，為國效勞，將來抗戰勝利，論功行賞，上海市長一席，當不會少了他的。他們本身雖未曾到過後方，而在淪陷區內也曾為在上海做地下工作的蔣伯誠、吳開先、吳紹澍等大跑其腿，不無微勞可錄，至少一個警察分局局長，不致撈它不到。及至日本投降，接收開始，大小官員，紛紛走馬上任，莫說萬墨林這批傢伙，全挨不到份兒，即連杜月笙，也還是一品老百姓。因此，他們大感失望，發覺以前的苦頭全是白吃。倒是杜家一等傭人的「豬八戒（郁詠馥）」看得穿，想得到，抗戰八年裡一直過得逍遙自在。而「豬八戒」自始即揑好鼻頭，暗笑他們這一班人發著官癮呢！

共黨統治下走投無路

丁酉戊戌間，筆者回到上海，曾和「豬八戒」會上好幾面，地點在復興公園。經過卅八年（一九四九）這番大變化，他已是潦倒不堪，兩顋陷落，白髮盈顛，大肚腩早枯癟了。他自言以前在日本人的指縫裡尚能應付過去，這一次卻走投無路，屋子裡軟的硬的，逐日變賣，都已吃進肚皮去了。眼前只剩下收藏的扇子，賣一把，吃一把，試問能捱幾時？後顧茫茫，真正不堪設想！值得自慰的是從前雖過著腐化的生活，幸虧沒有幹過壞事，他們（指中共）好像早就查明白，處置得很公平，從來沒有找過麻煩，否則彼此也許不能見面了。這些話距今已有卅個年頭，這位天蓬元帥是否尚在人間，抑已早升佛界，音塵隔絕，不得而知，言念舊遊，曷勝睠睠。

如今回轉頭來，續說杜家新年中的那個「果盤」。自從杜老板移寓香港後，時移勢異，當然不會有「十盤草」之多，但因他這圈子裡的人，來港的為數不少，而他的接觸面又因抗戰關係越發展開，舊雨新知，物以類聚，並瞭然於杜家作風與一般不同，講究的是排場氣派，因此拜年客人扔在果盤內的茶包（紅封包），仍屬可觀，「青蟹」僅為普通出手；大多是「紅底」一張；其以五百元「大牛」表示闊綽的亦復不乏其人，但多交由杜宅內眷代收，不在果盤露面。抗戰期中，每個新年大約可收五六萬港元。即在天翻地覆之後，杜老板故世那一年，仍然三萬有零，為數不菲。在這香港地方，民情風俗，黜奢崇儉，新年利市，每包不過幾個毫洋，聊以見意。以與杜家相較，直非道里可計。

那些留在上海的傭人，自從杜老板走後，這項進帳，頓時不見。新年新歲，失去一注財香，自是懊喪異常。初猶以為時局如此，老板身處客地，年頭歲尾，來往人客，未必能如在滬時的熱鬧。香港的傭人，雖為近水樓臺，理應得月，而在戰雲密佈之下，亦未必生面別開。如此一想，也就心平氣和，忘其躁競。及後風聞所及，杜老板所到之處，財隨身走，新年紅包，依然滿盤滿砵，累萬盈千，享受的則全屬於香港傭人，他們竟舐不到殘羹餘瀝，這就不禁妒火中燒，大喝「飛醋」，切齒怒目，隔海狺狺；無如形勢比人強，叫囂咆哮，無補於事，只有捺住性兒，等待三年五載，老板歸來，舊巢重整，那時主客異勢，再和這批傢伙較量高下。

勝利復員後下榻顧宅

詎知天下事就如流水一般，流去了的水兒決不回頭，過去了的事兒也不易回復原狀。抗戰勝利後，杜老板是回來了，可是華格臬路杜公館的情形卻大異從前，當年由他一手創造的風光，經過八年的消沉後，繼此而來的僅為曇花一現的排場，又由他一手把這發祥之地搞成枯廟般，以迄於他第二次的離滬出走。

事因戰勝利那一年，杜老板由杭州動身時，還準備到滬後直回本宅的，不知怎麼一來，忽生變化，他在上海西站下車後卻被顧嘉棠拉走，下榻愛文義路顧宅，一住數月。此中原因，據一般推測，杜老板或因其住宅與張嘯林公館緊緊貼鄰，嘯林既因漢奸嫌疑，被人擊斃，而其屋又已易主，被人買去，如果逕回本宅，首先觸目的便是黃公壚下的一幕，傷己感舊，能不愴然。他在心裡上既有這般疙瘩，外加顧嘉棠另有用心，堅邀力挽，便在無可無不可中，一反常情，已抵故鄉當不願遽向家門走去。

當時緊隨勝利而來的有兩樁大事：一為肅奸；一為接收。有問題的人物都急於洗刷嫌疑，以免身敗名裂；有問題的貨物也急於改頭換面，以免沒收入官。其間拉關係、走門路，自有不少人向杜老板託身投靠。這不是空口說白話的事，求神拜佛，尚須點燭燒香，事急求人，怎能但憑素手。於是一時蜚蜚揚揚，傳說某人送去了整副的金枱面，又傳說其人以木頭作為暗號，送去了整箱的金條。是真是假，雖皆無從證實；但有一點是可以確定的，即如杜老板果真有人「孝敬」，決少不了顧嘉棠這份甜頭，否則硬拉杜老板住在他家，其用心豈非白費。

時來運到秦某做知賓

按：顧家住宅，高大寬敞，佈置整齊，著實比杜公館開朗得多。在這一段期間，因杜老板稅駕其中，車馬盈門，賓朋滿座，越顯得氣象不凡，光輝充實。無奈顧家所雇小廝，全是上不得枱盤的傢伙，而杜老板由重慶帶來的傭人，僅有一名，其他尚待陸續到達。因此「知賓」方面，殊苦人手缺乏。恰有一個小丑型的秦某，一向是跟顧嘉棠跑腿的，眼見有機可乘，便爾專心致志，自朝至暮，守在顧家，聽候使喚。這番水磨工夫，做的不壞，杜老板看在眼裡，覺得其人伶牙俐齒，手腳輕快，尚不失為一合用之人，當將他收為馬前走卒，予以驅遣。時來運到，正值混水摸魚之際，這一下子他可撈進了不少油水。

筆者寫的是有關杜月笙的瑣記，關於小事物、小腳色雖屬微不足道，卻皆屬於「瑣」的範圍，所以這秦某的來歷，我得不嫌詞費略加描繪。

他是從雜技團出身的，曾在上海大世界遊藝場演出。雜技團例有一個小丑，其扮相大同小異，總是粉白臉皮、紅鼻頭、血盆大口、眼圈兒塗得漆黑，頭戴「一把抓」的軟帽，腳踏爛皮靴，身穿彩色衣袴，裡面像是打過氣的，彭亨腫壯。在演員呈身獻藝時，這小丑從旁翻筋斗、豎蜻蜓，專做怪模怪樣，逗人發笑。有時故意插科打諢，惹得演員向他屁股踢上一腳，隨見白茫茫的氣體從他袴襠裡直冒出來，砉然作響。這番滑稽動作，更足使滿堂哄然，大拍其掌。他所表演的，就是這份腳色，其伶牙俐齒、手腳輕快，原是歷練有素的，一個慣做小丑的人，決無笨頭笨腦之理。

肆無忌憚激怒范哈兒

可是伶牙俐齒也給他帶來一頓拳打腳踢。抗戰期中，他曾從上海跑去重慶，住在顧嘉棠家裡。其時顧嘉棠借寓來龍巷范紹增公館，紹增亦已從前方回來，在家閒住。他倆是老交好，又都是不講禮貌的人，一個直喊著他的諢名范哈兒，一個也連名帶姓的直喊顧嘉棠，相與嘲弄，一天要鬧好幾遍。他夾在中間，同道玩耍，隨班吃飯，看到范紹增做人隨便，從不搭架子，不禁忘形放肆起來，學著顧嘉棠的榜樣，也喊范哈兒，無所忌憚。最初幾次，范紹增當做耳邊風，不加理會。後來一次，他在樓上，竟敢伸長脖子對準樓下的紹增，又是范哈兒、范哈兒的連聲喊叫，這可把范紹增氣壞了，當場拉下臉孔，戟指怒罵：「你這龜兒子，老子儘管不濟，到底是集團軍副總司令，范哈兒是你叫得的麼？」隨即撈著腿兒，跑上樓去，給他閃上幾個耳括子，結結實實的打了一頓，虧得顧嘉棠夫婦從旁討情，才把范紹增的怒火消弭下去。

大凡這類低三下四的人，決不能讓他扯足順風旗，必順隨時繩愆糾繆，才能把他的狂妄挫折下去。經過范紹增的那番教訓，他總算斂跡多了。及至此時，由於杜老板稍加詞色，其狂妄故態，又復蠢然萌動，借故生風，乘危漁利，條斧兒不斷地向那些有問題的家屬猛斫下去。

楚園自首落入圈套

先是杜老板屢勸有問題的人物，自動向楚園報到，並說明這項手續，等於混堂沐浴，沒有惡濁的，經此一浴，越發顯得光鮮；有惡濁的，經此一浴，亦能還其清白；只須交代一過，便可從寬處理，他可擔保，並無意外。楚園為盧英的公館，肅奸聲中由軍統闢為機構，外表看來，卻還是一所大宅。有問題的人物乍聽楚園兩字，暗暗吃驚，因就字面論，楚園和楚囚大同小異，這兆頭就不夠好，貿然報到，豈非自投羅網。但一念及杜老板的解釋，則又自我排遣，以為彼此分屬老友，決不致做下圈套，「請君入甕」。所以他們最後決定，還是投案自首，隨身便服，逕赴楚園，不作任何準備，相信三數天內，必能穩返家門，無須庸人自擾。那知事實恰正相反，他們進了楚園後，統被留住，一去不返，旋解南市地方法院看守所，南冠而縶，楚囚相對，其由杜老板勸導自首的，一時憤火中燒，咬牙切齒，痛罵他負心賣友；而不知杜老板亦正有苦說不出。其所作的解釋與所許的諾言，都是有根有據的，並非故玄虛。萬不料「官」字兩個「口」，言而無信，其本身亦落在圈套之中，以致代人受過，無以自明。

生財有道金鈔滾滾來

話說回來，正當杜老板有苦說不出之際，卻是那姓秦的小丑「生財有道」之時。事因由杜老板勸導而自首的人物，多屬上了年紀的人，養尊處優，享受已慣，一旦身繫圜墻，住的牢房，吃的牢飯，無論精神難於抵受，即體力亦將不支。他們的家屬因此焦灼異常，急於探監送物，無奈限時限量，諸般留難，叫囂呼喝，更蒙侮辱，只得環請杜老板代將衣服被褥食品及時送去，以免多受苦難。杜老板自屬義不容辭；但他決不會親身辦理，當派這姓秦的小丑專任其事。自古道；「朝廷不差餓兵。」這批家屬們都是懂得世故的，當然不會要他白勞。可是他的吃性極重，手段狠辣，區區法幣和關金券全不在眼內，必須以美鈔或條子作為報酬，才能起動他的大駕。否則以路遠時促為詞，或以一次不能致送多物相拒。這批家屬們明知他是乘人之危，一味裝腔作勢，而在那歷亂慌張的情形下，接濟親人，比什麼都更重要，只能讓他大開其條斧了。

也許有人會問：他至多只是杜老板跟前的一名跑腿，難道南市看守所能讓他隨時出入而不受限制麼？對的，這一發問確有解答必要，我得補註一下。事因其時該所寄押人犯，已非鼠竊狗偷一流，多屬於敵偽有關人物，案情重大。為審慎計，所長一職，臨時改派王兆槐充任。兆槐為軍統高級人員，又為杜老板的門生，這小丑在重慶也曾見過的。此時他扯起老杜的旂號，兆槐看在老夫子份上，自不能不予通融，因此「閒人莫入」的「狴犴重地」，他卻能破例進進出出了。

果盤收入移十八層樓

於此，我須重提那批在華格臬路杜宅苦了八年的傭人們。他們眼看老板回來了卻只益了顧家，好了小丑，而他們本身莫說分文無所沾光，即和老板見上一面，亦不易有此機會，五中憤恨，即使胸腔爆炸，但並認為希望還在後頭，老板雖住顧家，究屬是臨時性質，轉眼年關即到，畢竟要回本宅度歲的。東隅雖失，猶可收之桑榆，新年中那果盤裡的茶包，仍可由他們掌握支配，益藉此顯出顏色來，好讓重慶來的傭人們，明白過去的八年是你們的世界，眼前又是他們的天下了。

果然，杜老板回到本宅過年了。大菜間裡的客人由老傭人招呼了。新年中果盤裡的茶包，由於阿木林無意經管，亦由老傭人支配了。卻不料這是杜老板在其本宅所過的最後一個新年，老傭人所能支配的茶包也屬於最後一次。過此以往，杜老板便以十八層樓的行館作為大本營，虎帳春深，樂而忘返，其隨身近侍，則幾於清一色地為重慶帶來的人馬，非他人所能插足。以致一轉眼間，其本宅又回復到門巷蕭條的形態，老傭人亦回復到守株待兔的局面。不消說得，那個新年裡堆金積玉的果盤，也就移到了十八層樓而非老傭人所能掌握支配的了。

再度移港作風已大改

杜老板先後兩度移寓香港，以迄於死。每逢新年，聲勢依然不弱，賀客在果盤內所扔下的茶包，其總額仍以萬數作為單位，上文提過，不須再談。惟就杜老板本人而言，則其作風已大改變，以前分贈過年費的排場，幾已全部收起。除在抗戰期中，對於張仲仁（一麐）等一輩老先生仍有點綴外，最後幾年，憂傷離亂，莫說外強中枯，心餘力絀，即使囊有餘財，亦將為本身著想，遠不是前此的大派利市了。

庚寅除夕，為杜老板一生最後的一個年關，筆者恰在香港，那頓年夜飯就是在杜宅吃的。大廳前後擺設四桌大圓席，與席的除家屬外多是比較接近的朋友和他的高足。我記得那天天氣相當陰晦，入夜後北風頗勁，寒意侵人。杜老板雖在病中，精神還好，直挺挺的坐在中間一桌的首席。其廚司是從上海帶來，名叫小瞎子，揚州人，燒的當然是揚州菜，手藝雖非第一流，而配料調味，刀法火功，都還不錯。菜式為冷盤、熱炒、大碗、一口鍋，極為豐盛，吃得個個人都感酒酣肴飽，紅光滿面，在窗櫺緊閉燈光籠罩下，越發覺得滿屋是熱烘烘的。飯後，大家陪杜老板談談笑笑，猶未遽散，直待一歲臨分，其兒、媳、孫兒逐個向他叩頭辭歲後，才逐漸退去。月不長圓，花難永好，人事更屬變化不測，但在此歲尾年頭之際，大家一團高興，誰又能預斷這頓年夜飯便是杜老板最後的一次呢？這是後話，原不必在此先提，祇因寫到這個節目，不便中途結束，所以索性放手直寫到底了。

第十八章

由「職教社」到「民建會」的黃炎培

在前文筆者談過杜月笙身邊的四大金剛、八個黨等；現在武場談過，再說文場，好讓那些出入杜門的文人，也來露臉一下。

如前所說：海派白相人，唯強是從，唯利是競，江湖義氣，固已蕩然無存；由後所說，則所謂文人，未必便是佳人，外型儒雅，中懷齷齪，可以稱為清客，亦可以稱為蔑片。其在金谷園中，能不目迷五色，硜硜自守者，實如鳳毛麟角，未易數覯。

進一步言，此輩憑藉兩片唇皮，一身軟骨，脅肩搖尾，捧拍功深，從而倚仗杜老板作為護符，自闢「市面」；或逕由此仰承樾蔭，潤屋肥身。比之海派白相人在草莽時期，為杜老板豁其性命，打下「江山」，而後才能大碗喝酒，論秤分金，道弟稱兄，有福同享者，直是廉恥道喪，遠不相及了。

抗戰期中，一般文人，因政府遷往重慶，西南各省，猶屬金甌無缺，儘足迴旋，故多蕪鞣萬里，轉徙後方；非如今日，雅雅魚魚，集中於香港一地。惟渝滬之間，港為通路，以為過江名世，不免如鯽之多。杜老板雖與文字無緣，而禮賢下士，向著好客之名。以其接觸面的廣泛，客館延賓，當然是不斷的做其東道主人了。

這裡先寫那位投靠紅朝，以民主建國會作為政治資本，後任中共「人代會」副主席的黃炎培（任之）先生。

杜老板對黃尊而不親

在抗戰中的那幾年裡，黃炎培曾數度由重慶來香港，有時借寓堅尼地臺陳宅，有時由杜月笙招待，把他安頓在九龍德成街毛和源家。杜老板是很尊重他的，客中所需，供應唯謹。反之，他於杜老板卻也十分恭維，那把雌雞聲口，親熱地喊著「杜先生」，一味讚美其於抗戰的貢獻，聽者已感肉麻，他仍一本正經，滔滔如故。

他自一二八中淞滬之戰起才開始認識杜老板，一個出身於十六舖的小流氓，根基不同，趨向各異，原是道不同不相為謀的。可是，由於他的經驗豐富，心竅玲瓏，覺得此人正在竄紅，便緊緊地拉上關係。謂為折節下交，固無不可；謂為存心利用，則更貼切。

他嘗自慨，生平僅有「無貝」之才，卻缺「有貝」之財，以故抱負雖大，無由逐步施展。及既與杜拉上交誼，正是一個花錢如水的人，恰合所需，足彌缺陷，自非巴結不可。因此華格臬路，時見高蹤；電話中通問致候，則更逐日不斷。詎知杜老板的名心雖重，手面雖闊，而於利害關頭，亦自有其計較。

如黃氏談到職業教育問題、農村改進問題、社會福利問題，言下之意，無非需錢，杜老板儘能接納雅言，悉心相助；力有不逮，並願拉人幫忙，以成其美。但如越此範圍，談到國家大事，杜老板知道出了錢還會惹麻煩的，那只有敬謝未遑、礙難從命了。以故，他對杜老板的批評，定下了「尊而不親」四個大字。

三百萬股本泥牛入海

此時他到香港來，除勸募重慶職業教育社經費外，還為大廈（？）企業公司招股。事因當時幣值日低，物價高漲，手中存有游資的以保持幣值為基點，進而攫取暴利，無不囤積貨物，經營黑市買賣。大約他已看得心動，也想混水摸魚，因此來港和杜老板、錢新之等商量，招募股本，組織公司，以免獨有向隅之歎。據我所知，杜老板等曾代募足股款三百萬港元，交他帶去。大廈公司的招牌也就在重慶張家花園職教社門口掛了起來。他因體面所關，未便露面，由賈佛如擔任經理，其中業務，難悉其詳。約越一年後，忽告結束，賺錢賠本，迄未分明；而杜老板等經募的股本，則如泥牛入海，蹤影全無了。

民主同盟的活躍分子

最後一次，他來香港，又是一番風光。因他已接受公債勸募委員會秘書長的任命，此行是奉命出國，向南洋僑胞勸募公債。我在杜宅，看到他穿著一套沙士堅的西服，通體潔白，洋腔洋勢，似很得意。其時政局動態，民主同盟正在發創之中，他是個中活動分子之一。杜老板曾勸他相忍為國，應以團結為重；即使對於當前局面，有所不滿，須加改革，只能據實直陳，剖析利害，相信當局必能接受。萬不可另起爐灶，自造分裂，為敵所乘。授人以柄。這番說話，據說頗起作用，後來他回重慶，似能斂跡一時。

其實他這個人並無政治見解，更無政治立場。幾十年來，他在集會中作過不少講演，在報刊上寫過不少文章。無非老生常談，從未發表過具有建設性的政論，空無所有，已足證明。可是他的氣量狹隘，感情衝動，一面以不做官顯其清高，一面卻巴不得世間還有三顧草盧的劉玄德。於是在瞎起鬨下，立異炫新，自我標榜。

黃氏身上獲廉價情報

但如有人攎其順毛，稍加撫慰，則不惟馴服如羊，且願受人指揮，甘充走狗。其時國民參政會，常以豪門政要為抨擊對象，此呼彼應，當場受窘。杜老板原與該會無關，惟在開會前他必飛抵重慶。其作用為利用其人緣不壞，路路俱通，可於事先探出若干脈絡，預告當事，及早準備。

一面設疏通，從旁排解，希望對於政要的質詢案子，減輕重點，或逕胎死腹中。其間傳遞消息，使杜老板得以著手佈置者，他便是通風報信的一人。嘖室之中，議壇之上，誰不知他道貌岸然，大有一士諤諤之概；但在背地裡，偷偷摸摸，誰料他正幹著老半吊子的勾當呢？如此其人，暮楚朝秦，可左可右，談政治即使是骯髒的，恐他亦不夠格吧！話說回來，這就是杜月笙唯一利用他的地方。雖說歲時伏臘，冰炭有敬，杜老板不會白勞他；而兩相比較，則仍屬於廉價的情報。因一轉手間，杜月笙可由此越發得到他們的重視了。

對自己兒孫心如鐵石

抗戰八年中，黃炎培遭遇著兩次家庭大故：

一為其大兒子黃方剛病故於成都大學，遺下美國籍的太太及子女多人，身後蕭條，又值幣值貶低，物價騰踊，更苦生活艱窘，因是他的孫子不得不以賣花、賣冷飲，藉博蠅頭之利，補貼澆裹。此項消息，傳到重慶，這位老先生卻是心腸如鐵，置若罔聞。

一為其太太在滬故世，黃門悼亡，寫下的詩聯果然不少。一時他的辦公室內，白紙黑字，張懸遍壁，全屬誄詞，令人不忍卒讀。如此恩愛，重以高年，在人們想來，他應眾鰥居到死了；而不知亡兒喪妻，並不足以打銷他在秘密進行中的戀愛。其時貴陽大學有一姚姓學生，被他看中，情書往返，已歷多時。姚生有時來渝，他往往丟下要公，過江迎候，儼如尾生抱柱，不脫時刻。因此他的原配，下世未久，屍骨未寒，他已是急不可待，在大伏天以續絃聞。他寫的白話詩裡，有「你不嫌我老，我不嫌你醜」之句，居然刊成單張，分貽友好，以廣流傳，作為佳話；卻忘了「匈奴未滅，何以家為」的古訓，徒見其肉麻當有趣而已。

提出「國共恢復和談」

民國卅四年（一九四五），抗戰已掌握了必勝之勢，瞻念前途，他本並無多大出路，必須依草附木，在政治市場中才能插足；於是提出「國共恢復商談」的大題目，創議訪問延安。訪問團於七月一日成行，同去的有褚輔成、冷御秋、左舜生、傅斯年、章伯鈞等五人。這裡面的冷章兩人和他是一鼻孔出氣的。褚則為其一向利用的人物，當年在滬，遇有地方事件，須向市長吳鐵城折衝交涉時，他往往慫恿褚輔成、沈鈞儒等出馬，而他則匿在幕後，做個提線人。這還不算，為了討好市民，他還會在電話中告密，說明其事與本人無關，他們業已在途，轉眼即到市府，請市長先生作準備，以資應付。褚老以薑桂之性，直道而行，故常墮其術中而不自覺。至於左、傅兩位，各有立場，他正好借重他倆，以示此行動機，純出於謀國公忠之意，作為其蠅營狗苟的掩護。

他們一行在延安躭留五天，於七月五日飛回重慶。一回來他的馬腳便露出來了，他寫了一本《延安歸來》，為中共做其宣傳工作。是是非非，這裡不必加以評論。惟念五天之中，走馬看花，未必便是全面；而在他的主觀下，卻已自承其了解中國共產黨的可敬可愛，而並不是可怕的了。當日種因，此時食果，大約他後來得任紅朝高官，安居大宅（北京安兒胡同一號），每天清晨安穩地喝上一大盅的白銀耳，諸般優遇，就從這本《延安歸來》奠其根基了。最肉麻的，他還口口聲聲，說者小冊子是全靠新娶夫人姚女士執筆相助呢。

以矯情博取他人同情

抗戰勝利後，黃炎培回到上海。他在南市林蔭路的住宅已遭兵燹，因借居於環龍路中華職業教育社的頂樓。這是整座的寫字間，女眷雜居，確多不便。其時復員開始，大批人遠從西南各地紛紛回滬，而淪陷時租界房屋，已早被避難者遷入住滿，以致房荒倍見嚴重，房租越發騰貴。如租賃一樓一底的弄堂房子，起碼也得搞落四五根大條（黃金），猶苦入無人讓出，不得其門而入。他在重慶，雖曾開過公司，做過投機囤積，但因經營不得其法，中途結束，前文曾經提及，我們絕不能說他發過國難財。他為民主人士，在參政會中算是一個夠分量的參政員，報刊之上，時有言論發表，自屬風頭人物；但因他所走的途徑，恰與當時局勢，處於相反的一面，包庇不了「漢」字頭，更不能在「劫收」中分嚐一臠，所以他也沒有發過勝利財。高價賃屋，確有困難，但如善財難捨，還是力所能及，不須「仰屋興嗟」。可是他寧侷促於頂樓之上，裝出那副無可奈何的神氣，則另有其密底算盤，非常人所能窺測。他的企圖是想通過矯情，以博取他人的同情，既取清名，亦取實利。「名」字不談，單說「利」字，杜老板、錢新之、徐采丞等見他無家可歸，寄廡雜處，便湊集了大條數十根（每根大條為黃金十兩），為他在善鐘路榮康別墅買下一幢洋房，不僅有屋可住，且一躍而為業主，旦夕之間，果然「得米」。

據我所知：「解放」後，他獨作主張，不經董事會議決，遽將中華職教社，連屋帶人（社內職員），雙手獻與中共。但於這幢洋房，則仍據為己有，並未交由公家管理。同是出於他人捐贈，處理則異其趣，這就可以看出他的心計來了。因在解放後，職教社已成為他的包袱，故須拋棄；而洋房則為他的資產，故須保留。

來往京滬間被人跟蹤

其時他常僕僕於京滬之間，參加國共兩黨的協商會議。因其態度曖昧，南京方面，確實派人跟蹤。一次，他從南京返滬，抵達北站後，一個陌生的青年突然上前，代他提行李，找車子，伺應殷勤，大出意表。這青年老實對他說：「我以前是中華職業學校的學生，你雖沒有教過我，卻是該校創辦人，所以我也可算是你的學生。如今我的身分，則為特工，奉命追蹤，從南京一直跟你到此。我所以暴露身分，倒不是為了師生之誼，只因你在我的直覺上是不應受到監視的，我便這樣做了。」

這樁事，他時常提起，認為得意，其實他是問心有愧的。因為他的作為，表裡並不一致，外面乾淨，肚子裡卻是骯髒齷齪。這裡再舉出一個小例子：

沈校長揭穿分肥黑幕

其時在他的職教社主持下，開辦一所工商專科學校，收費甚巨，聘沈某為該校校長，實權卻操於該社手中。學費收集後隨手套進黃金美鈔，名為保值，實際是備大夥分肥。事因教職員的薪水，為依照基數折合生活指數發給，雖然每月遞增，究竟實發的是法幣和金元券；而黃金美鈔的黑市價格，則其增漲幅度，遠非生活指數可比，尤見強烈。如上月份須以黃金十兩所兌換的現鈔發給薪工的，下月僅需黃金七八兩，已夠支付。以此每一學期結束，存金甚夥，這便是大夥分肥的由來。校長的地位不同於一般教職員，自在利益均沾之列。也許是分配不公或其中另有花帳吧，沈校長首先提出詰問。在不得要領後，便將個中黑幕揭穿開來。一時油印傳單，到處皆是。自黃炎培以下，那許多道學家的臉孔全被撕破，豁露出見錢眼開的真面目，大是難堪。杜老板看到傳單，一言不發，那顆頭卻搖得像博浪鼓般，不能自已。這事其後如何了結，筆者因未想到今日飄流香港，煮字療飢，所以未曾留意，無由奉告。倘將該項傳單，保留下來，此時寫作，資料自更豐富了。話說回來，像他這樣的人，是否果如該一青年特務所說不應受到監視的呢？受人尊崇，而名不副實，是否果如我所說的問心有愧呢？

杜老板通知遠走高飛

民國卅七年（一九四八）秋間，由於前方戰事，節節失利，上海已醞釀著一片混亂之象。民主人士如黃炎培者流，推波助瀾，從中搗亂，人心更見騷動。當局為防遏亂萌，擬將此輩一網打盡，予以逮捕。其時戴雨農雖早故世，軍統分子仍多出入杜門。杜月笙從而得到此一消息，以友誼鄉誼關係，不忍見其垂暮之年，鋃鐺入獄，正擬著人告密，叫他遠走高飛，免罹矰繳。恰巧他託杜月笙的秘書胡敘五送去一份公文，請杜老板簽章寄發。杜老板便立刻打發胡敘五回去，轉告這個消息。限時限刻，千萬不能大意。據敘五說：當時黃在職教社內，正為其老友張伯初寫一大幅中堂，祝賀七十大慶。聞訊後似尚鎮定，揮毫如故，未露驚慌之態。迄敘五回到社處覆命，杜老板猶不放心，接上電話，催他快走，則已溜之大吉，不聞其聲了。所以就一般來說，無論在物質上和精神上，杜月笙對他都很關切，認為可以效勞的，即使明知為其利用，亦所樂為。可是他於這番經過，從不向人提起；而杜老板故世後，他亦從無片紙隻字向其家屬慰問，這是後話。

黃炎培去北京，參加中共政權，所憑藉的政治資本為所謂「民主建國會」。此一組織，發軔於民國卅四年（一九四五）八月廿一日，即抗戰勝利後的十日。地點是在重慶。創議人為他與楊衛玉、胡厥文兩人。在四個月內，舉行過籌備會議二十四次。在九月廿九日第七次籌備會上，商定名稱為「民主建國會」。在十一月廿九日第十九次會上，推出籌備幹事十五人。綜計參加籌備工作的先後共達二十多個。至十二月廿六日便在重慶白象街西南實業大廈召開成立大會，出席的約有一百三十餘人。初時他還裝腔作勢，聲言走的是中間路線，藏頭縮尾，藉廣招徠。迄至民國卅七年（一九四八）響應中共召開新政治協商會議的「五一」號召，便一下子倒向一面去了。

為什麼黃炎培要在匆遽之間（從創議到成立不足五個月）加工製造這齣把戲呢：這又可以看出他的心計來了。事因民國卅九年（一九五〇）底，重慶成立所謂「中國民主政團同盟」。「職教社」不是政團，原不配參加的；但由於他的過分熱中，便把職教社作為投機資本，參加進去，混充政團之一。其後中國民主政團同盟改組為「中國民主同盟」，他仍以職教社的立場參加如故。及至此時，抗戰勝利，已經實現，剩下來的為政治分贓。事關他後半生的利害得失，若仍依草附木，隸屬民盟，則所占比重，至為微末，決挨不到大好處。寧為鷄口，毋為牛後，這兩句書他是讀得熟透了的，所以在短期之內，便有這麼一個急就章的「民主建國會」成立起來了。

自擬代表民族資本家

民國卅八年（一九四九）五月，周恩來約集「民主建國會」在北京同人談話，指出「民建會」以團結教育民族工商業者為主要的政治任務。這一下可把黃氏樂得半死，因它已類似於代表「民族資本家」的政黨，在政治上確占了一定的地位了。於是他的觸鬚伸到香港來，死拉活扯，要把杜月笙和錢新之賺回大陸，作為其個人的工作表現。杜老板是一個不名一業而又業業俱全的人，由紗布、輪船、金融、電力等大企業起以至代人擦背扞腳的洗澡堂止，他不是董事長或總經理，便是常務董事或股東。錢新之則向為江浙財閥的巨頭，乃當時的交通銀行董事長。把他倆列入民族工商業者，或冠以民族資本家的頭銜，恰如其份，並非虛譽。重以他倆聲名甚大，具有號召力，足以影響一般人的趨向，便為突出之點。倘能如其願，離港北旋，這份功勞當然非同小可。所以他不斷的寄來口訊，寄來書信，甚至表示他願親到深圳，恭候大駕；只要他倆決心歸去，成行有期的話。卻不知杜氏此時，體衰病重，一切都鼓不起興致來；而錢新之是精於打「太極」的，非待大勢明澈見底，不會受人擺佈。因此他的如意算盤，始終未曾打響。而批評杜老板對他「尊而不親」，即因其鼻子不能由他一手拴住也。

民主建國會組織經過

寫到此處，筆者無意中發現一份「民主建國會」的資料，用特回轉筆鋒，將該會組織經過補充一下：

根據該項資料指出：「民主建國會」是在民國卅四年（一九四五）春開始醞釀的。其時日軍敗象畢露，投降只屬時間問題。黃炎培等為了取得政治資本，乃用敘餐會方式，每個週六晚舉行一次會議，地點在重慶民生路冉家巷九號胡厥文主持的新民機器廠辦事處。最初固定參加敘餐會的有黃炎培、胡厥文、楊衛玉、孫起孟、章乃器、施復亮、張雪澄、張澍霖、王載非等人。不固定參加的有潘仰山、吳羹梅、胡西園、厲无咎等人。該會的名稱、會章及宣言草稿就是在這個秘密醞釀中完成的。

到了日本無條件投降，舊政協開會前後，新的黨派紛紛成立，有如雨後春筍。該會也在這期間公開活動，擴大發起人會，陸續增加者有漆琪生、羅叔章、胡子嬰、鍾復光、彭一湖、周勗成、范堯峰等幾十人。而於是年十一月，在遷川工廠聯合會大禮堂舉行成立大會，通過會章與宣言，選出理事若干人，監事若干人，「民主建國會」就是這樣的誕生了。

此後，黃炎培揹著這塊招牌，秘密活動。廣收徒眾，上海山商界人士多被吸收進去。他所以和上海工商界發生聯繫，因素有二：一為其所辦的「中華職業學校」，以造就工廠商號的技術和管理人材為旨歸，由此線索，他乃與工商界拉上關係；一為與杜老板為首的「上海市地方協會」，其中會員，泰半為工商界知名之士。嗣在該會下附設「國貨運動委員會」，華資廠商與本身利益有關，紛紛加入。他以地方協會總秘書的身分，周旋其間，因與工商界取得進一步的聯絡。到了此時，駕輕就熟，工商界宜多為所吸收，而成為「民建會」的成員了。就此說來，可見他所憑藉的政治資本，杜老板於無意中倒曾幫過他不少的忙，否則沒有地方協會，怎會有國貨運動委員會。此中因緣，根本無從談起，縱使他擅於鑽營，結合之間，也不會這樣自然吧。

利害衝突章黃分兩派

迄至民國卅八年（一九四九），全國大部分皆已易色，中共政權於成立前一天，召集各黨代表在北京談話，中間提到「反對北大西洋公約」問題。周恩來做了報告後，吩咐各黨推出人選，完成在反對文件上共同署名的手續。

第二天，「民主建國會」在六國飯店召開緊急會議，盛丕華、施復亮、章乃器、孫起孟、胡厥文等均參加。黃炎培就「反對北大西洋公約」，並提出在發表文件上的署名人數問題。當時有人主張一人，有人主張二人，意見分歧，委決不下。最後大家同意孫起孟的建議，用投票方法進行。結果，公推黃炎培一人代表「民建會」在文件上署名，始獲解決。可是這麼一來，章乃器很不高興，滿臉慍色，拂袖而去。

從此，「民建會」便隱隱分成兩派：一派以黃炎培為首；一派以章乃器為首。據施復亮的揭發，過去章乃器在香港也有段使人不愉快的事實。一次，「民建會」派施復亮、孫起孟、章乃器三人代表去香港和中共聯繫，但章出了花樣，實際章一人作了代表，去港回來又不說明，施復亮大為不滿，登時即提出質問。

從這份資料看，恰與前面所說急就章的「民建會」，其目的在於政治上分得杯羹，不謀而合。此外又看出中共政權前後，這批買空賣空的政客都想頂住一塊招牌，表示他擁有群眾，從而提高其政治地位。這和弄蛇的叫化子一般，有蛇在手，行乞時可易使人買帳，不致遽遭擯拒。所以在中共政權未成立前，章乃器便捐了「民建會」的牌子，撇下了施復亮和孫起孟，單獨去港與中共聯繫。在中共政權成立後，黃炎培氣忿不過，因通過孫起孟的建議投票，由他一人在「反對北大西洋公約」上代表「民建會」署名，而把章乃器刷了下去。

黃炎培章乃器的比較

那麼，黃炎培和章乃器比較起來，誰配領導「民建會」呢？平心而論，黃炎培在條件上實在欠缺得多，不甚夠格：

一、民建會是代表工商界和民族資本家的，黃炎培並不具備此項資歷，而章乃器則為真正的工商人物。

二、如前所言，黃炎培從沒寫過或講過具有建設性的政論。其於金融經濟，則更一竅不通，全屬外行；而章乃器則自就任浙江實業銀行副理以來，於金融經濟已具有相當研究。

三、此時黃炎培已是七十以上的老頭上，理應退休，讓較年輕的人出馬，擔當一面，怎能強占毛坑不拉屎，腼靦自容。而章乃器則尚為腦筋靈活、體力精壯的漢子，足勝繁劇。

然而老油條的肚皮裡會做工夫，以柔克剛，以退為進，著實有他幾度散手。由於中國人多少懂得敬老，他便仗著年齒為武器，使人發生憐憫心情，自動讓步，俾能妄竊高位，聊娛晚景；外加該會大將，胡厥文為沈恩孚（信卿）的女婿，而沈恩孚與黃炎培則同為當年的東南學閥。施復亮和孫起孟則與職教社具有特別淵源，當時孫起孟尤能發揮決定性的作用。其他還有不少人，與他交非泛泛，因此他確占有利形勢，只須略略佈置，「民建會」主委一席，章乃器不僅無法問鼎，且為其後扣上右派花帽，種其惡因。

那麼，這老油條投靠紅朝後，果能革面洗心，伐毛洗髓，做一個馬列主義的忠實信徒麼？不然，不然，他所戴的是假面具，封建思想和官僚氣味照樣十分濃重，下面所寫，足為探索。

與張伯初是患難之交

清末年間，據說黃和張伯初為了宣揚革命，曾被清吏所執，幾遭處決（事詳後文），以是彼此成為患難之交。後來黃於伯初，確能照顧，上海浦東同鄉會成立後，總幹事一席，便由他一力保舉，委由伯初擔任。這是一個清閒而又肥厚的優缺，因該會會所，為一幢八層的大洋樓，位於愛多亞路舊英租界，其地雖不如南京路霞飛路的繁榮，但四通八達，不失其為鬧市。其樓下大廳開設七姊妹夜總會，樓上則闢為寫字間，後來且設有越劇場。總幹事掌管這一座大洋樓，其中中房客，進退出入，都有油水可撈，所以是個肥缺。除此以外，便無其他工作，故又為一清閒位子。當清算地主時，伯初為浦東地主之一，自在網內。黃氏卻忘了土改為剷除剝削階級的要政，依然老作風，寫信給有關方面，為伯初乞情緩頰。其結果中共方面並不直接難為他，只是將他的原信，影印出來，分送有關方面，讓他自我檢討，真革命還是假革命？這一子把他搞得比死還難受，手段確是妙極了。

兼輕工部長並無權

大鳴大放時，他正是當時的國務院副總理兼輕工業部部長。這次乖巧得很，他沒有正面鳴放什麼，卻託翁文灝代表發言，提出各省主辦輕工業的負責者，他的部內從不見有名冊，以致中共與地方，在行政上陷於脫節。此中含意，為揭露中共對人對事全是一把抓，在輕工業系統下的人事支配，部長不僅無權，且無從問訊。

就中共的觀點言，這是變相的反對「黨領導」，他雖未直接發言，而居心已不可問。故在反右期間，帽子幾於扣上，所賴年齒起了作用，又因其平時善喊萬歲，乃出於憐老一念，把他輕輕帶過。惟其家屬則仍難免此厄，多數下放，不是掘泥便是挑糞去了。

到老改不了官僚作風

他既做了大官，照例配有兩名秘書，隨侍左右。他雖善於掩飾，冒充馬列信徒，學習研究，十分起勁，無如他的家庭成份，究竟不是貧農苦工，呱呱墮地，已註定了他的階級。如今活到這把年紀，氣質更成定型，東施效顰，決不能根本改變。此外，他於當前現實，實多看不順眼，卻須讚揚歌頌，表示擁護；因此他早就忍住了滿肚皮悶氣，而在無可發洩之餘，便不時借題發揮，專找兩位秘書的岔子，作為他的出氣袋。偶不遂意，大聲呵責，甚至叫「滾」，全是官僚作風。兩位秘書初猶念其年老，勉強忍受；迄至無可抵受時，乃循慣例，準備在檢討上提請公判，他才知所驚懼，把老狐狸的尾巴藏起來了。據聞那位矢忠矢誠，以追隨其左右為榮的王艮仲，也就因其惡氣難受，和他早已鬧翻了。

但求做官徹底地出賣

又從前他在上海西門做其破靴黨時，相與的如顧豐臻（以前在上海教育界頗有名氣）等，及後他在十里洋場，做其高級馬路政客時，相與的如杜月笙等，其人雖皆死去，照理，他在可能範圍內，對於其人的家屬是應稍加照顧的。可是他因幫忙張伯初吃到悶棍後，即使遇到名正言順的事，也如寒蟬仗馬，不敢做聲。他用以自解的是「識趣」兩字，而回覆這些人的家屬的，也是「識趣」兩字。其意若曰：在當前面下，還能計較什麼，混到一碗飯，已屬幸福；如不知趣，另有希圖，這碗飯還不保呢。話雖不錯，然而他的頭腦，已是越老越發軟化了。

據說中共為了肥田料的缺乏，有一時期，曾發掘塚中枯骨，磨成粉粒，作為施肥之用。這話只從報章看到，未經目睹，是否屬實，誰也不能確定。他卻能利用機會，表示效忠，發為「宏文」，發表於職教社的刊物，預言其本人死後，不用包殮，不用棺木，赤裸裸的埋在田土深處，好讓屍身從速腐化，直接和土壤混凝一體，藉以培補地方，而利農作物之滋長。其徹底出賣給中共，連他日遺體，亦不放過，可說極盡投機之能事了。惟念紅朝大官，壽登耄耋，不乏其人。披閱此文，不知作何感想耳！

某君在滬求見的一幕

那些年來，他因視察地方，不時作蘇浙之行。據見到他的人來函相告，由於人民血汗的供養，過於豐富，他的精神極好，身體發肥胖，自頂至踵，如汽油桶一般。渾身裝束，則全為毛織品，挺括神氣，誰都猜不到他已是八十以上的老頭。

由此筆者回憶民國四十七年（一九五八），某君來港，談到在滬向他求見的一幕。某君說：是次他去上海，住在杜美路七十號。這座房子原是杜老板的產業，勝利後賣給美國領事館；「解放」後中共予以沒收，闢為高級招待所。某君抵達時，兩扇大鐵門關得緊緊的，待揚聲叩門後，始開半扇。某君挨身而入，道明來意。所經手續，第一道是填寫求見表格，姓名住址，一一具備。第二道是由司閽用內線電話，向樓上通報請示。第三道不消說明，當然是某君延頸企踵，靜候傳見了。如此約過半句鐘，才聞履聲橐橐，有人自樓上下來。某君私心竊喜，以為不虛此行。詎知來者並不是黃炎培，而是他的隨員王艮仲。彼此原是相熟，班荊道故，按說應有一番熟絡。詎知王隨員繃著臉孔，僅說：「任老事忙，改日再約。」一語短而峭，一車身回樓上去。某君嗒然若喪，只得退出；而砰然巨響，起於身後，大鐵門嚴實地關攏了。這個故事，相當平淡，但足說明他的官僚架子，越老越大。

第十九章

黃炎培討好中共的幾篇醜文

關於黃炎培的事，信筆寫來，幾乎漏掉了他的一件大事，即其第二公子黃競武被害的事。

按之民國卅七年（一九四八）冬，保衛大上海的城防工事即已興工，湯恩伯、陸根泉等不斷地出入於杜月笙之門。事因湯為保衛大上海的負責人，陸為包作頭，承辦上海城防工事，而杜老板則為上海城防工事委員會主任委員，所有建築經費、防事工科，均由其一手籌劃，以故湯、陸等出入其門，在聯繫上固有其必要。

其實這時候的杜老板，多半臥病在床，管不來這類繁瑣的事。可是他又不能不管。因為他如拒絕了，難免使人懷疑，以為他存有貳心，而為自己前途打算。在此情勢下，所以他不願管而又不能不管。好在他是有辦法的，以病為名，僅頂一個空銜，而將實際工作由總幹事王先青承辦，並不親身處理。惟關於大項目上他究不能脫身，因此湯（恩伯）陸（根泉）等不時移樽就教。

說實話，這些城防工事全是糟蹋老百姓的血汗錢，絕無用處；在保衛大上海戰役中，當地居民只見中共軍隊浩浩蕩蕩開進上海市區，並未聽到當時的城防部隊，憑藉任何工事，在郊區和共軍作一生死肉搏之戰，反而濫殺了一些不相干的老百姓。

黃競武家中打翻醋罐

黃炎培的次子黃競武，即是在濫殺下而犧牲的。就一般言，他是一個平凡的人；就黃家一門言，他也不是一個出色的後輩。他曾出過洋，鍍過金，得到美國經濟學士的學位，原在鹽務稽核所任職。當時該所總辦為朱庭祺，亦為浦東人。他仗著乃父的面子，又兼鄉誼，故能插足其中，待遇極優，與海關郵政同為人所豔羡的職務。後來因他在蚌埠分所鬧出一樁貪污的案件，乃改在中央銀行任職。他被害時，仍為央行職員。

黃炎培是享有教育家的盛譽的，平日誨人，都是大道理。修身齊家之道，按說是修養有素，足資示範的了；但事實並不盡然，他的這位兒子卻是風流人物，居然討了一位舞女做小老婆，黃炎培也居然容許了他，並不因其敗壞門風，加以譴責。但事情不能就此收科，父子縱能狼狽相依，卻阻不了媳婦的踢醋罐。雖說競武的大老婆胡一鳴，原是善良的女人，克盡婦道；但這關係一生幸福的事，儘管度量夠大，亦無法容忍過去。因此閨房裡勃谿詬誶，鬧得家宅不寧。這還是小事，萬一糾紛擴大，家醜外揚，則於黃家門第，影響實鉅。

請杜老板斡旋家務事

黃炎培有鑒於此，乃託杜老板出面斡旋。這是難題，清官尚難處斷，杜老板自不易想出兩全辦法。其時已是抗戰初期，他以為亂世兒女，悲歡離合，原不算一回事。如將胡一鳴妥為安排，使其精神另有寄託，則在時間沖洗之下，醋意諒可潛移，家庭糾紛或可從而平息。當將此意婉示一鳴，作為試探。所幸她是忠厚一流，不為已甚，對於杜老板的勸解，相當接受。杜老板因將她派往其所主持的中國通商銀行任事，使其能因環境改變而減輕其心理上的刺激。此一辦法，果然有效，以後便再沒有什麼嚕囌。可是黃炎培的兒子搞舞女、討小老婆，卻始終成為話柄。

如上所述，黃競武原是平凡的人，從不參預政治，故其無端被害，確屬冤枉。及待上海易手，負有保衛大上海任務的雷儆寰、方某等退到香港，杜老板曾於席間面詢其故。他倆異口同聲，說是誤殺。此一答覆，輕描淡寫，一若亂世錯打錯殺，事極尋常，不足重視。其草菅人命，亦於此可見一斑矣。

靠攏分子中風頭最勁

中共政權成立後，發表黃炎培為輕工業部部長，兼國務院副總理。在靠攏分子中，風頭最健。好事者因猜想他的名位大半建築在黃競武的屍體上，否則酬庸之典，至多只是一個部長，不會畀以副總理的榮銜。他們曾以沈鈞儒和他對比，論學位（前清功名），論資望，論貢獻，沈鈞儒儘能與他並駕齊驅；而吃皮鞭，坐監牢，則沈鈞儒所遭困厄，遠非他所能並論。事後計功，不謂沈鈞儒所得名位，反遜一籌，而他則榮膺副揆。足徵競武之死，對於乃父，確有幫助。筆者初聞此說，尚不完全同意；嗣見他所寫的和所說的，一味表示他對共產主義，自始即能接受，對於共產黨人，亦自始即已引為同志，大言不慚，像煞有介事地自我標榜，因而想到人們猜測，固屬不無見地，未可厚非。

談以往大吹先知先覺

其後，他又寫了一本書，名為《八十年來》，裡面說的是他以往的事蹟，等於自傳。也許是年齡越增臉皮越厚吧，他把自己寫成一個革命性最強烈的人物，曾受孫中山、蔡元培的器重。又進一步把自己寫成先知先覺，說明他的擁護中國共產黨在時間上緊接於民國十年七月該黨的第一次全國代表大會，絕不後人。下面列舉的即從《八十年來》書中摘錄而來，而由筆者加以糾謬。

原書「我真加入革命黨了」一節有云：「一九〇五年，（我）真加入革命黨了。那年七月，蔡元培師招我到他家裡，時在深夜，蔡師很誠懇而莊嚴地指出國家大局前途和我們報國趨向，說：『只有集合同志，組織起來，共同奮鬥。現在愛國志士集中於中國革命同盟會……你願不願加入？』我說：『……一切惟師命。』師囑我明夜此時再去。再去，師給我宣誓書……我立桌右極莊嚴地舉手宣讀一遍，師和我握手，從此我正式為中國革命同盟會會員了。不久……（師）將同盟會上海幹事一職，囑我接任，給我極秘密的會員電碼名單。」

同節又云：「我和中山先生密切的個別談話，還在辛亥革命之後，先生脫卸了政權，住上海閉門寫一本書《孫文學術》，稿才及半，忽然招我去談，拿出學術初稿，虛懷下問……『字句上有須勘酌的，請你動筆。』我就不客氣地照辦……。」

所引事實均死無對證

筆者按：在原書中，關於他參加革命一類大事，所提人證，均早故世，使人無從質疑，在上面一節所引的孫中山、蔡元培是如此，在後面各節所引的人物亦如此，這是一個特點，不可囫圇讀過。當然，我們不便否認他加入同盟會，亦不便否認他見過孫中山。但令人詫異的，同盟會改組後他是否仍為民黨黨員呢？又從那次見過中山先生，以後曾否再見呢？下文缺如，全未提及。

按之癸丑二次革命後，國中多故，中山先生一再開府廣州，屢謀北伐，掃除軍閥。他既受中山先生的器重，如果真心革命，理當貫徹初衷，再接再厲，乃竟其後寂然，遺下一片空白。僅就此點，已足說明他前次參加革命，即使屬實，亦是投機取巧。一待官已做過（江蘇教育司），洋已出過（去美國），擁有地方勢力，勾結好軍閥官僚，革命對他已成障礙，早把同盟會和中山先生拋入汪洋大海，宜其著筆之餘，一溜而過，無法自我渲染了。

那麼為了什麼，他還將老帳表白一番呢？這就因中共是以徹底革命為號召的，如使其本身毫無革命氣息，怎能依附充數？為了再投機、再取巧，所以他不得不舉出這些死無對證的事例來，出賣野人頭，裝點門面。話說回來，萬一此時仍為北洋軍閥的天下，我可斷言，縱然刀口擱在他的脖子上，他又會矢口否認，而大罵革命黨為亂黨了。

一段幾遭處決的經過

或說：「你在上面不是寫過黃炎培於清末年間，宣揚革命，曾被清吏所執，幾遭處決的嗎？怎能出爾反爾，武斷他不是革命者呢？」

的確，他是有這麼一段危險的經過的。事情發生在光緒廿九年（一九〇三）六月廿三日。根據他自寫的資料云：「六月十八日我和訪梅（即張伯初、名志鶴，曾見前文）應南匯新場鎮青年們的邀請，還請了顧次英（名冰一、南匯人，日本留學生）定廿三日演說，百里以內，舟車雲集，地方痞棍密告南匯知縣戴運寅：黃炎培演說誹謗皇太后、皇上。戴立將黃炎培、顧次英、張志鶴、張尚思拘捕。張尚思是從周浦來聽演說的，不是演說的，糊塗地被一併拘留起來。這是六月廿三日事。我們四人被捕後，南匯縣衙門照牆上貼起六言告示：『照得革命一黨，本縣已有拿獲，起獲軍火無數……』一面電詳兩江總督魏光燾、江蘇巡捕恩壽請示。蘇撫電令解省訊辦，江督電令就地正法。督撫電令兩歧，再電請示，到廿六日中午十二時三刻，就地正法的督撫會銜電令到，但是我們四人早於十二時一刻出獄乘輪去上海了。是怎麼一回事呢？」

老律師有錢才有辦法

「四人被捕，新場一群發起演說的悄年極度惶急，他們懂得『官怕外國人』，恰巧發起人裡有一新場基督教堂陸子莊牧師，四人一下獄，他們立刻約陸牧師連夜去上海總教堂見美國人步惠廉總牧師。步惠廉預測四人將受極刑，大感不忍，商之老律師佑尼干，設法援救。佑搖頭。再問，佑答：我和你是美國人，一切要通過美領事、上海道、轉詳督撫，幾個彎彎曲曲的手續。四顆人頭早落地了。步惠廉老是不忍，堅求設法。事情給楊斯盛先生知道了（筆者註：楊斯盛先生，字錦春，川沙人。幼孤，就業於上海。光緒中葉，江海關建新屋，稅務司懸之西式圖則，招華人構築，無敢應者。斯盛獨應之。落成，大為西人歎賞，業遂日盛。晚年積資四十萬，斥其大半，創設中小學於浦東，成就甚多，與葉澄衷先生捐資興學，同享盛名），楊先生是老上海，說：『律師是非錢不行的，空口商量，律師那肯提出辦法？』即代步惠廉贈佑干尼律師公費銀五百兩。佑干提出辦法了，他說：『辦法是有的。立刻僱一小汽輪，親去南匯縣，要求保釋，只要釋出，便有辦法。』

總牧師出面四人保釋

「時已廿五日下午，急急僱輪星夜前往，到南匯已是廿六日清早，衝進衙門，要見知縣。南匯知縣戴運寅從來沒有見過外國人的，戰慄地出見，一個外國牧師，三個中國牧師——陸子莊、方淵甫、袁恕菴。經過三人翻譯，堅決地要求保釋四青年。戴是吸鴉片的，不敢不早起，更不敢離座。自晨至午，這四個牧師大有不釋放不肯走之勢，戴鴉片癮大發，自知事體萬一弄僵，釀成教案，更不得了。無可奈何，要求總牧師具隨傳隨到切結，還要加蓋指模，以為這是羞恥之事，不料總牧師一一答允。那時我們在牢裡，突然有人打開木柵欄，說一聲『請』，把我們從人山人海中，由鶴立雞群的外國總牧師步惠廉帶領下，出大堂，上汽輪，揚長而去，時已過午十二時。一剎那間，就地正法的電令到，戴運寅只有連連頓足，大大懊喪。

「戴運寅越想越惶急，督撫問我要四個革命黨人怎麼辦！連夜奔上海，求見總牧師；又想空手求見，不好。知道外國人愛吃雞蛋，買了一大籃，闖進了慕爾堂，見老牧師雙手獻上，還交上切結，要求帶四青年回去。總牧師只是笑，苦在沒有譯員，三個中國牧師一片笑聲，老是不肯翻譯。

案情未了匆匆走日本

「我們四人既脫難，中國牧師建議總牧師，乖機勸我們入基督教。總牧師步惠廉正色說：『我救人為的愛人，宗教信仰完全自由，那可以有所要挾？』

「受過楊斯盛贈銀五百兩的佑尼干律師，急告步惠廉總牧師，四青年案不行了。萬一清政府派上海道租界會審公堂審問，一經審過，可以立即解往內地，那就完了。只有快快出國。我等連夜計劃走日本，楊斯盛慨然贈給川資，買到西伯利亞船四等艙票，那時張尚思已聲明並未參加演說，案中除名了。

「西伯利亞船出了吳淞口……渺渺前途，將去日本何地呢？……到神戶……去東京，認識了不少新舊朋友。無如旅費告罄……支持不下去……歲暮了，聞說戴知縣早已撤職，事情過去了。我們囊中僅存歸國川資，三人無奈，相偕歸國。」

一生僅有的光彩歷史

以上是他一生和革命攀附得上而又為其最光彩的一段經過。以後呢？他儘能口傾三峽，筆落千言，也說不出和寫不出什麼來了。正如小太監堅請紀曉嵐說笑話的故事一樣：紀曉嵐老是反覆地說著「從前有一個太監」這句話，迄無下文。小太監聽煩了，緊緊的問他「下面怎樣？」紀曉嵐輒然笑道：「下面嘛？下面沒有了。」

我們試想，像這樣偶冒風險便脫身局外的人，要不是出於感情衝動，便屬於有意投機，這能算是革命麼？自此以後，上海接連發生幾樁大事件，如愛國學社案，如蘇報案，革命黨人為此流亡，章太炎、鄒容為此下獄，鄒容且以身殉。如果他是真心革命的話，這是近在咫尺之事，正宜再接再厲，怎麼他僅在為鄒容追悼紀念時偶露形跡外，竟不見他「榜上有名」呢？天下事，實則實，虛則虛，決不能一手遮天，也決不容自我誇大。他僅憑這段經過便自許為革命家，那麼先烈的熱血頭顱，豈非全是白流虛擲了麼？

話說回來，他有這麼一段經過，總是事實。我們存心忠厚，就讓他利用這段經過，死雞撐飯蓋般，將自己風光一下，也無不可，無須盡情揭破。最令人齒冷的，他竟將其挫骨揚灰還能嗅出反共氣息的底子，妄自比附，塑成一個至少是共黨同路人的形象來。其顏之厚，其心之黑，如使李宗吾今尚健在，必將在其所著的厚黑學中大書特書一筆。

挖空心思冀紅朝信任

原書《八十年來》中有「北京專訪李大釗」、「民風船上讀馬克斯列寧傳」兩節。這是芝麻綠豆的事，不足掛齒。他所以大書特書者，為表明其於共產黨人和共產主義，早有連繫，早有研究。而不知專訪李大釗，並不等於信仰共產主義。人與人間，往來酬酢，原極尋常，怎能作為特殊事件。退一步說，即使其於李的訪問，不同泛泛，那麼在上海的共產黨人也就不少，為什麼他竟不就近聯絡呢？以此推想，我們不妨承認他確有其事；但其訪問是何性質，則另為一事。他不提其他共產黨人而專提李大釗者，則正因李早「成仁」，死無對證，儘可由他說得天花亂墜而已。

至於在「民風船讀馬克斯列寧傳」云云，則更令人笑歪了嘴。說實話，即在上海將近「解放」，共黨文獻懸為厲禁之際，舍間書架上還有這類書藉，既未銷燬，亦未藏匿，自始即未視為不得了的事。他在民風船上讀此傳記，為他民國廿五年入川時的事。大江之中，一舟之上，關門落鍵，閱讀禁書，有什麼值得驚奇的？乃竟視為一生大事，列為項目，其用意所在，無非欲使紅朝當道，鑒其「一片忠誠」，匪伊朝夕，從而得到更大的信任。可笑之至，亦可憐之至。

強調與中共早聯繫

又在《八十年來》未經寫出以前，他曾先將平生事蹟寫成自白書的體裁，用謄真板油印成帙，分貽友好。其中有一小節，亦是把他已和共產黨連繫起來，肉麻當有趣，真不知羞恥為何物。

其文云：「自從職教社會遭到災難（筆者註：指北伐期中，他被目為東南學閥，國府下令通緝，及中華職業教育社被搗毀一事），我躲開打算到蘇聯去。今天可以公開說，我和中共是有聯繫的。當時瞿秋白到蘇聯去國際旅行，我還和他餞行。但到蘇聯去需要政府出面才能買到船票，我通過北京政府批准，居然買到船票，並準備（民國十六年）五月十三日動身。但在前一兩天發生事故，北京教育部通知我不能去，因為張宗昌反共。當時蘇聯派了兩人幫助孫中山，一文一武，文的是鮑羅廷，武的是越飛。文建黨，武建軍，幫助辦黃埔軍官學校。但張宗昌把鮑羅廷的夫人關起來，因此鮑羅廷要蘇聯向中國北洋政府交涉。這樣我就沒有能到蘇聯去而改道到大連去。」

油印與正本內容不同

按之瞿秋白出國時，據筆者所知，有遠見的上海人士送給贐儀的尚有其人，一頓飯算得什麼？即使確有其事，那值一提。或許他以為是漂母的一飯呢，暗示中共，你們在沒有辦法的時侯，我已和你們的人打上交道；如今你們富有天下，對於我這老頭子不能不另眼相看吧。

又按他自說準備去蘇聯的時侯，即為張作霖在天津就任安國軍總司令後，在北京就任海陸大元帥前的階段。張氏就總司令時的通電，開首為「比以國政不綱，暴民亂紀，宣傳惡化，勾結外援」等語。及後就任大元帥時的通電，則更露骨，內有不意過激分子，假借中山名義，投降外人，宣傳赤化，害民禍國，背友蔑倫，種種罪惡，難於指數」等語。其於蘇聯與共產黨之深惡痛恨，誓不兩立，已是昭然若揭，婦孺皆知。而黃炎培居然謂其通過張作霖翼卵下的北洋政府（攝閣總理顧維鈞），買到了去蘇聯的船票，這真是一件不可思議的事。其誰欺，欺天乎！

複查原文有云：「北京教育部通知我不能去，因為張宗昌反共」等語。這更屬於夢囈。倘如其言，難道張作霖不反共的麼？又難到北洋政府不反共的麼？可是他卻把不能去蘇聯的緣由，歸罪於張宗昌一個人的身上，我想長腿死而有知，必將大罵：「媽的疤子，太無賴了。」

此外原文又把幫助建軍的加倫將軍誤為越飛，想見其於急作丑表功之際，頭腦子早經沖昏了。另有一點，筆者須鄭重指出的，即油印本上的這些話，在他正式寫出的《八十年來》內均未列入，太堪玩味。以筆者的猜想，不出兩個原因：一為他為瞿秋白餞行和準備去蘇聯兩項，根本沒有其事，全為向壁虛構，自欺欺人。油印本不是公開文件，故不妨夫子自道；一為他摸清當前路數後，明瞭有些事情，確為事實，亦須隱諱，以免弄巧反拙。至於羌無故實之事，若仍信筆所之，則為誇誕虛妄，亦為中共所不喜；所以他在《八十年來》裡，便將油印本中若干項目都刪去了。我們試想，這老狐狸的心竅是何等的玲瓏剔透呀。

第二十章

黃炎培拉攏上海聞人搞地方組織

黃炎培在他的那本《八十年來》中，寫到國民黨對他迫害時，有「國民政府開始排除異己，我被目為學閥，下令通緝」等語。什麼叫異己呢？莊子有云：「世俗之人，皆喜人之同乎己，而惡人之異於己也。」普通說來，則為意見與己不同之謂。

黃炎培曾經說過加入同盟會、參加革命。又曾說過深受蔡師（元培）倚重，付以黨人秘密名冊；並蒙中山先生特達之知，囑代修訂《孫文學說》。語氣之間，斬釘截鐵，表示這些過去的事，全屬「貨真價實」，無可懷疑。揆此說來，那麼他和從同盟會一再改組而成的國民黨在根源上早有密切關係，原是志同道合的了；為什麼北伐成功，國民黨反視之為異己，下令通緝呢？此中原因，不難索解，使非國民黨氣量褊小，不能容物；則為他不甘寂寞，早經變志。

與蔡元培南北辦教育

那麼，究竟是由於國民黨量小呢？還是由於黃炎培的變志呢？姑且按下，待後再談。茲特提出蔡元培先生的事蹟作為反映：當北洋軍閥統治時期，蔡先生在北方辦教育，他在南方辦教育，一師一徒，事業相同，似無差異；但在精神上則彼此迥殊。蔡先生所辦的教育是為革命播散新種子，為文化開闢新泉源；而他所辦的教育，則徒為軍閥裝點門面，為封建保持傳統而已。以故北伐成功後，蔡先生越發受到士林敬仰，尊為大師；而他則被目為東南學閥，為人唾棄。可見所謂異己者，原是由他懷抱異志，自種其因；而非國民黨之不分皂白，專以黨同伐異為務。一經比照，彰彰明甚。

可是，黃炎培在他那油印的自白書（八十年來）中卻還以學閥自矜呢！他說：「當時在北京由一群又一群的軍閥間互鬥爭，對我們這一群不來顧問；但是蔣介石一上臺，就下手發動消滅我們這群人，稱我們是學閥，其實閥字的意義是有功者門第也。軍閥是無法無天的，但就這樣的套用，我們並沒有做壞事。」

尋繹其意，他一面是指國民黨一無是處，即在北伐時期，其施政較之軍閥已有不如。軍閥對他們尚能放任，國民黨則不肯輕易放過。一面又就「閥」字上做其文章，自我解嘲，以為此雖惡謚，適見國民黨人，濫用字眼，不學無術，不僅不能成為罪名，反足為他們積年辦學，表彰功績。

趨時附勢得張謇提攜

筆者意想，他寫到此處，必甚快意，以為大大地把國民黨譏刺一下，而不知其醜惡即正在此等處自我揭露。按之五四運動後，學潮疊起，有正義感的教育家和學生，多被軍閥視為眼中之釘，輕則放逐，重則殺害，報章不絕於書。而以他為首的一系列人，其時辦這辦那，得心應手，則不僅如他所說，軍閥從不顧問，且能更進一步，得到軍閥的支援。以同樣辦學的人，為什麼軍閥對之，抱膝墜淵，愛憎如此其極呢？此中道理，不待說明，儘能於原文中探索得之。蓋其急於自表之餘，漫不經意，已隱然寫下不打自招的供狀了。

再按「閥」字，古義為指有功的門第，後世則已移為巨室之通稱。巨室者何？包含甚廣，豪強惡霸，亦在其內，與稱大白相人為聞人，其意正同。他從老西門破靴黨出身，一向辦學，又未曾做過大官（解放以前），原與巨室一調牽扯不上。而不知其趨時附勢，特具一功；外加中過舉人，讀過南洋公學，舊學新學，都能混得進去，以是得張嗇翁（謇）的提攜，嶄露頭角，於江蘇省議會與教育會中，由升堂而入室，更由入室至掌握操縱之機。一時蘇省學務，自教育廳長起以逮各級學校校長教員，如非其類，難安於位。其在外貌則仍以清流自居。歷任督軍省長，又以蘇省為人文薈萃之區，對於士大夫階級，著意懷柔，以示其能尊「賢」重「道」，從而沽名釣譽；於是他越發得勢，聲名倍張，影響力且超越於教育界之外，怙勢稱雄，門庭若市。目為「學閥」，或為巨室，猶嫌未當，固不如直指其為學霸之為明確也。

自日書中大罵朱經農

按自項城當國後，國民黨在長江一帶勢力，節節萎縮，退處於珠江一隅，猶受盡當地軍閥的惡氣，其勢益慼。及五四運動發生，全國響應，民氣逐漸發揚，國民黨始能乘機推進，於蘇浙皖等省，秘密活動，吸收學生，加盟黨籍。筆者其時正讀中學，頗悉其事。但該黨在浙皖走得通的，在蘇省則不免於扞格，在與他關係較淺的學校走得通的，則於他有關的學校內，每為所扼，難於滲透。此中原因，即由於他的利益是與軍閥一致的，故以全力，從中抵拒。而他自稱軍閥從不顧問他們，亦即因此。迨後北伐軍奠定淞滬，朱經農根據上海市教育局長的職權，第一步封閉江蘇省教育會，第二步封閉學校經費管理處，第三步封閉中華職業教育社，把他所憑藉的地盤先行搞垮。如此處置，全是他破壞革命應得的後果，根本不是迫害。

最可笑的，他還在油印本的自白書中對朱經農申申而詈。他說：「那時市教育局長朱經農，很壞，過去是一直跟我們在一起的，也算是學閥的系統。但他一朝做官就翻了臉……這個人沒有思想，枉生天地之間……。」這種說法簡直是老糊塗。須知彼此共處，僅屬私交，而革命則為大義，朱經農不肯以私害公，正是不可及處，壞從何來？如必徇私庇護，這才是沒有思想，枉生天地之間呀！

又如前所述，他於敘述國民黨的迫害中，不顧落筆重輕，悍然用上「消滅」兩字，肯定地為自己的生命下了決斷，非被處死不可。使人看來，以為其後遭遇，縱不致一命不保，亦將慘酷非常，去死一間；詎料緊接那節之後，續寫下去的，卻是戲劇化的發展，不僅所謂迫害也者，於其毫髮無所損傷，反受當局殊遇，身承恩寵。他說：「一九三一年歸自大連，蔣介石託我的同學邵力子邀我到南京談話。蔣要我搬到南京住，我沒有答應，表示我正想到東北和日本看看。他希望我歸來相見。」

以搖尾姿態身事紅朝

照此說來，正見國民黨對他雖曾發下海捕文書，卻是外張內弛，並無跴緝案之意。其時尚未進行清黨，也許該項通緝，非純出於國民黨的主張亦未可知；否則像他描寫得那樣風火雷霆的案子，怎會如此收科？又怎會當局猶以上賓相待？所以我在上文，曾說根本不是迫害，其故亦半因此。而他於回憶之餘，猶用嚴厲字眼，極度渲染其當時處境之險，一若今日尚能身事紅朝，實從九死一生而來，則無非以搖尾的姿態，冀邀主子矜憐耳。

那麼他的通緝令是當局自動撤銷的呢？抑是有人從中說項因而解除的呢？事屬關鍵，原應說明，他卻避而不談，絕無交代。以我猜想，其中定有忌諱，不敢坦白說出。大約清黨以後，國民黨的政策已有轉變，而他又是一個識時務的「俊傑」，善於「豹變」，因是能以待罪之身，轉為前席之客。而其間為之疏解拉攏者，其人十九必為黃郛，因他其後尚有過節，亦賴黃郛為之解圍者也。

振振有詞自詡有先見

此後他去日本溜了一轉，回國之後，立刻跑到南京，向蔣先生獻上三本書，煞有介事地指稱日本對華侵略，即將發動，有書為證。其實這三本書是公開發售的，既非情報，他能買到的，別人亦能買到的。何況日本對華，最後必將出於武力侵略，更為人人皆知之事，有此書本，並不等於智燭機先：無此書本，亦決不會昧於大勢。事至平常，有何足異？他所以視為獨得之秘，搶先晉獻，無非顯其不凡，作為敲門之磚耳。

不意蔣先生對此既不重視，即外交部長王正廷亦復視為等閒。他於疊遭冷落之餘，怨望自深，於是以其慣技，不問因由，先作結論，武斷後來的抵抗是屬蓄謀。其在《八十年來》中，對於此項經過是這樣描寫的：

「（一九三一年）四月廿四日回國，腦海裡充滿著日本必將侵華的預感，東奔西走，與人言，輒不省。五月去南京，面告蔣介石，並給在日本購得的三本書。蔣默不作聲，請我轉告外交部長王正廷。見王後，王大笑，說：『如果黃任之知道日本要打我，日本還不打我哩！如果日本真要打我，黃任之不會知道的。』我說：『很好！我但幸吾言不中。』於此，可見當時國民政府的權要們是多麼顢頇糊塗呀！」

平心而論，王正廷和他雖是老友，彼此儘可放言無忌；但如以外交地位而論，則其調侃之詞，確嫌不夠禮貌。惟細按一過，王所說的，亦自合情合理。因侵略他國，事屬機密，何時動手，豈是一個外來遊客所能探知？倘果如此，日本的保密也就大成問題了。證以後事，九一八之變，不僅外人不能預知，即其本國內閣，事先亦不盡悉，純由關東軍臨時發動。可見王正廷的話，雖屬俏皮，卻沒有錯。所謂顢頇糊塗，其實是他自己。

不料時局演變，卻給他找到口實。三個月後，九一八事變果然發作了。於是他越發振振有詞，自詡先見之明，大有眾人皆醉唯我獨醒之概，因是他又緊接著續寫下去：

「同年九月，東北日寇侵略爆發……至外交部，時學生抗日請願團到部大吵，搗毀器物，王正廷適與我們談話，群眾湧入毆打王正廷，王負傷。我在日記上記著：應該！應該！」

一派幸災樂禍的口吻，似專對王正廷以前的調侃而發，而不知外交部對於九一八事變並不負有特殊責任；王氏被毆被辱，亦非應得之咎。如此落筆，適見其為小人之心耳。

借口抗日組織維持會

九一八事變後，接踵而來的為一二八之役。這對淞滬沿線的居民和南市浦東的老百姓的是一樁莫大的災禍：而對他說來，卻是一個「東山再起」的機會，從此可以頂著抗日的大招牌大肆活動了。其時他已進了申報館，為恐聲望不足以資號召，因慫恿史量才出面，組織「上海市地方維持會」，所負任務名為救濟難民，救護傷兵，供應前線軍用物品，實則借此機緣，結成團體，作為在政治上插足的階梯。史量才自視甚高，富於領袖慾，又經他不斷竄掇，越發目空餘子，唯我獨尊。結果這條老命，就由他一手葬送，事詳後文。

「上海市地方維持會」會址，設於巨籟達路一八一號，原為杜老板等經營的賭臺。此時恰在停業中，改為會所，寬敞而又深密，極為合用。史量才自為會長，杜月笙、王曉籟副之，理事為虞洽卿、張公權、錢新之、徐新六、胡孟嘉、張嘯林、胡筠秋、簀延芳等，皆屬金融實業各界知名之輩。而他則以總秘書兼總務主任包攬一切。由此他與杜老板極力拉攏，從而得到日後不少的幫助。

近水樓臺猛對杜巴結

及淞滬協定簽字，戰事即告結束，傷兵難民，均有安頓，整個上海市已在恢復常態中。該會原是臨時性質，局勢既經緩和，自不便仍以維持地方為名，繼續存在，理應解散；但因黃炎培另有野心，正如上文所說，他要依傍這批各業各界的巨子，襯托他的地位，提高他的聲望，作為過問國事的張本，怎肯砲聲甫息，便爾收場散伙？於是他又竄掇史量才等出面，以應付日本未來的軍事侵略；仍須集中人才，預加準備為詞，說服群眾，改頭換面，將「上海市地方維持會」易名為「上海市地方協會」，由臨時性轉為永久性。其實無問名義如何，此項組織，依法均無所據，當局礙於他們多為知名之輩，儘管一百個不高興，面子上還須一再敷衍，承認其為民間團體。

該會改組，於同年九月間完成。所有人事，依照新會章重新改選。這是換湯不換藥的把戲，一切自如舊觀，黃炎培仍以總秘書兼總務主任。不同的僅為會址遷移，由巨籟達路一八一號遷往靜安寺路一一三八號。後又遷往愛多亞路中匯大樓四樓。

靜安寺路一一三八號為浙江興業銀行產業，其中有大片草地，兩棟大洋樓，會場可容百十眾，較巨籟達路原址為小，而結構良佳，精緻合用。此時黃炎培已由杜老板送給他一輛黃色道奇篷車，成為四輪階級，滿街飛滾。到會時其司機朱阿四猛撳喇叭，往往嚇得司閽的胡姓老頭，屁滾尿流，忙不迭的拉開大鐵門，好讓他的座車，長驅直入，不受間阻，否則一頓排頭是吃定了的，什麼「不負責任」、「不講工作效率」的詞兒，儘能從他雌雞聲中鬧上一串。等待汽車駛入，停靠洋樓階前，他才下車，履聲橐橐，神氣活現。

「中匯大樓」為杜老板手創的建築物，其底層即為中匯銀行。每天中午，杜老板是必到的，坐在董事長室，名為辦公，實際只是會客。該會同在一屋，電梯直達，這對黃炎培說來，正是「近水樓臺先得月」，越發便於他的逢迎巴結了。

摸透了闊佬們的心理

該會經費，規定每一會員年納一百二十元。以會員二百人計，此項收入，歲逾兩萬，為數不菲。他是一個重視金錢的人，起居生活，確能節約。如照其自奉方式，處理會中用費，收支兩抵，至少必能平衡。卻不料他對於公款支銷，另有作風，手面相當闊綽，公私亦不分明。姑就他的座車而說吧，司機薪水、汽油消耗、修理費用，統由會中出帳。這還不算，他為停放汽車，在其寓所特地搭蓋車棚，這筆材料費和建築費，亦由會中代付。單是此項，數已不貲。此外尚有諸般使費，無問性質如何，他總是簽個名兒，便交會計報銷入冊。凡此在預算書上都是毫無根據的，他可不管這套，用了再說。因此每個年度終了，必有一筆為數可觀的赤字，須待彌補。上海就是這麼一個古怪的地方，只要你會動腦筋，會擺噱頭，縱有難處，亦能過關，不致紮手紮腳。何況他在外貌一向頂著清白的招牌，誰也不會懷疑他的公私混帳；重以會員們各有大把事業，大把身家，自己的事還苦忙不過來，誰會騰出工夫，把帳目稽核一過？既然鬧有虧空，少不得再花幾文，填補過去。這般心理，他活了半百之年（指當時說），揣摩已熟，因此他總是好整以暇的等待年晚歲近邊提出特別捐款，請求會員自由捐認。杜老板和穆藕初、簣延芳、胡筠秋等這一系列的人，向來喜掙面子，自易吃進他的「噱頭」，往往提起筆來，你認幾千，我認幾百，在集腋成裘之下，短期間內不僅彌補足額，有時且有餘數。他面對這些大爺們，堆下笑容，表示謝意，卻又結巴巴的好像說不出口。那副神色，感激中透出自卑成分，反使捐款人過意不去，工夫老到，固不知經過幾許磨練者也。

逐日上杜公館溜一轉

至於史量才則雖名為會長，卻不大理會這些，一因其人生就猶太脾氣，金錢看得挺大，捐款是不肯隨便出手的；一因這個組織，他雖頂上會長名義，不無增光之處，但他原是新聞業的大老板，向有地位，不須專靠此項頭銜，提高身分，因此他於該會，並不過分重視。一因黃的捐款，歷來層出不窮，那套做工，他早看膩，彼此都是老狐狸，不必再耍花樣。所以非待拖不過去，他是相應不理，而出手之小，亦能作為象徵而已。

及後史氏遇害，杜老板繼任會長，不惜金錢，死撐面子，對他可說是大開方便之門，有求必應；不惟該會的虧空不成問題，即他所辦的其他事業，如遇經濟難關，亦能代為張羅應付。以是他在此一期間，除跑中匯銀行，還會如上轅門般逐日去杜公館溜上一轉。

該會會務，按照常情而論，實在說不出一個所以然來。上海各業各界，都各有其獨立的機構，亦各有其專業的範圍，組織健全，機能活潑，那會有剩下來的、辦不了的，要待地方協會出而擔承？所以此一團體，不止於法不合，顧名思義，亦屬牽強，完全是多餘的。

然而無中生有，買空賣空，正是上海馬路政客的拿手好戲，何況他是此中出類拔萃的，儘能噓氣成雲，揮汗成雨，從濛鴻中幻出海市蜃樓，使人為之奪目。當時大局環繞著兩個問題：一為攘外，一為安內，其重要性原是一般的，而著手解決，孰先孰後，則朝野之間，意見顯不一致。有的認為大敵當前，內部必先統一；有的則又認為槍口對外，鬩牆之爭自會消溶。坐是紛呶，莫衷一是。

力主對政府嚴厲批評

前面說過，該會是以準備應付日本未來的軍事侵略而改組成立的，他便憑藉這個題目，利用當前環境，就其本身利益，疇張為幻，大肆活動。不消說得，由於曾被通緝，挾有私仇，他自站於當時現行政策的反面，引吭高嚷，攘外第一，藉以打擊以蔣先生為首的政府。

此項表現，在「維持會」及「地方協會」成立之前已見於他的言論與態度。其時他先進申報館，充任總管理處主任。九一八事變的次日，申報主人史量才召集高級職員集會討論，準備於社論中有所表示。黃炎培首先發言，力主嚴厲批評政府，趙叔雍亦隨而附和。卻不料一向被人目為反蔣分子的陳彬龢反不謂然，以為政府固應負責，但外患當頭，當以一致對外為先，如因批評政府而有傷於對外一致，則期期以為不可。史氏雖無明顯主張，但以先入為主，即囑主筆張蘊和依照黃氏意見起草社論。卻又不料張老先生逕以「我寫不來這種文章」為詞，以冷漠的態度，作消極的抵制，才把黃炎培的意見推翻而改由陳彬龢就其所見製為社論。

按；九一八事變的次日，事變起因，經過詳情，上海尚未接有明確的報導。以後局勢，更無從預測端倪。申報為具有權威性的報紙，實不便於社論中遽作表示。即使為了事態嚴重，不容無所反應，亦只能先向日本軍閥，嚴詞譴責，以示敵愾同仇之意。必待全局趨於明朗，政府的對策已有跡象可窺，然後根據事實，判明責任，指陳得失利害，以供獻替。指陳無效，繼以批評；批評無效，繼以抗議；這才合於大報的風格，此理甚明。黃炎培豈有不知之理？所以明知故昧，作主張者，無非借題發揮，急於洩憤，以快私意罷了。

九一八當夜一段故事

在黃炎培的《八十年來》書中，有一片段寫到他在九一八事變當夜的故事。他說：「一九三一年九月十八日日軍占領瀋陽之夜，我從申報館到史（量才）家。史正和一群朋友打牌。我說：『電報到了，日本兵在瀋陽開火了，瀋陽完全被占了，牌不好打了。』一人說：『中國又不是黃任之獨有的，要你一人起勁？』我大怒，一拳打到牌中心，哭叫：『你們甘心做亡國奴麼！』別人說：『收場罷！』」

時隔三十五年，這類細故，實在沒追述的價值。他所以不肯放棄，著意描寫，無非是向他現在的主子表白其愛國心特別強烈。但如將他的前情後節，相互此勘，則其愛國心是很有問題的，如以今天大陸的政治術語說來，那是個人主義的愛國心，而非為正統的愛國心。下述兩事，足為例證：

提高政治地位好機會

民國十七年（一九二八）五月三日，濟南中日軍衝突，日軍慘殺交涉員蔡公時等十六人，並由青島調兵增援，於十日攻陷濟南城，大肆屠殺。其情勢險惡，與九一八事變初期並無二致，然而他在《八十年來》中始終未提隻字。事因其時他在通緝中，基於仇視國民黨的心理，巴不得日軍代為出氣，所以對於國土之被占領，同胞之被屠殺，純取隔岸觀火態度，絕不敢有憤慨。及至此時，他雖不能如北洋軍閥時期的活躍，而沉機待變未嘗去懷。今既遇此大變，加以利用，便能轉綠回黃，提高政治地位，豈容放過，所以他於五卅慘案時已經抹去的愛國心，此時突又發現，且昇華達於沸點了。

依筆者推想，史量才為申報主人，像九一八事變這類重要的消息，館方一接電訊，決不會不搶先告知，何待於他的報告！其所以黃夜走訪，必因急於與史密商，如何乘機搞風搞雨。及見史與其友，猶如平常一樣，為遣長夜，挑燈竹戰，阻礙了他的秘密勾當，因是動了肝火，邊哭邊叫，做足了憂時愛國的嘴臉，把這班「竹林七賢」轟跑趕走。至於一拳打到牌桌中心云云，恐為夫子自道，實際怕還沒有這副膽子呢。

第二十一章

黃炎培由反蔣到擁蔣

太平洋戰事發生後，國人對於抗戰必勝這句口號，都能提高信念。但在黎明到臨以前，必須經過一段最為黑暗的時間，則為一定之理。其時重慶對外僅有的西南國際路線，由於安南、緬甸均被日軍占領，而湘桂等省亦因日軍進攻，發生了大變化。為了配合未來大好形勢的到來，全國上下必須加倍的苦撐硬頂，以保持此一支離破碎的局面。

當時，黃炎培以一望七的老頭，卻在這最黑暗最艱苦而又關係最巨的時會，綺念滋興，春情勃發，如前文曾說過，由背地裡談戀愛、寫情書，進而公開舉行其娶填房的婚禮。其時他回憶到在九一八事變之夜，在史量才公館以國難為由阻止他人打牌，不知作何感想？又他如仍記得霍去病所說的「匈奴未滅，何以為家？」更不知應作如何解釋？由此以觀，筆者說他愛國心是屬於個人主義的，不能說是信口雌黃，全無所據吧。

在申報社內有職無權

自此以後，他以申報總管理處主任兼領地方協會總秘書，頂頭的老板同為史量才。及至史氏遇害前一年（民國廿二年－一九三三），他才脫離申報。

如今先說黃炎培在申報的情形。其地位雖僅次於史氏，而所能過問的僅為為紀念申報六十週年而繪製的中國新地圖和中國分省新地圖。這是根據北京地質調查所勘測的藍本，由丁文江、翁文灝、曾世英等專家編製，以色彩的濃淡顯露地形起伏而由日本人承印。他於此項專門學問是屬門外漢，原無參加資格；但因編輯人在北京，而印刷都又遠在日本，不能不派專人居間聯繫，他所能做的僅為聯繫工作而已。

說來也許不易令人置信，他以文人出身，幾十年來在社會上又曾混到相當聲望，按說他在申報是應有所作為的。那知事實並不如此，莫說以張竹坪為首的經理部門，他無法加以過問；即以張蘊和為首的編輯部門，其中同人，亦絕不予以重視。只要是他筆底下所寫出的社論，無論好壞，統付字簍，絕不刊登。甚至他人所寫的專題論文，其中如有徵引到他的，亦寧割愛，不予發表。所以他連編輯部的門兒幾於無法闖入。這是什麼原故呢？話很簡單，只因他的為人表裡互異，早被看透；何況他臉上還有一個鷹爪鼻的突出標誌，和他交過手的如果是聰明的話，便不能不存戒心，抱著敬鬼神而遠之的態度了。

捧出史量才搞風搞雨

所以以後他在申報辦公的時間極少，而以地方協會作為活動的大本營。這是一個買空賣空的機構，原幹不出什麼大名堂來。卻虧他是一個買空賣空的能手，批亢擣虛，做得有聲有色。如前所說，該會是以準備應付日本未來的侵略而設立的，但除「攘外」以外，還有「安內」問題，緩急輕重，朝野所見不同，議論紛紛，各是其是。他為捧出史量才，又為抬高自己，本其反政府反蔣的成見，又聽到攘外之聲，高唱入雲，便以急先鋒姿態，於重大事件發生時，伏案主稿，寫成通電，主張槍口必先對外，由各公團聯名拍發，而以地方協會會長史量才為領銜人。複油印多份，分送各報館刊載，以博取國人的同情，擴展史量才的聲望。其於熱河之役、百靈廟之役，又由他持帶大宗物品，以慰勞軍隊名義，送往當地總部，與高級將領取得聯繫。最微妙的是他親往慰勞的部隊決非中央軍隊，則為值得令人尋味的一事。其時朱子橋先生以救國救鄉（朱視東北為其第二故鄉）的精神，馳往北平，組織東北義勇，向敵人進行游擊戰，所需經費多賴上海和南洋僑胞捐助，當就地方協會的基礎，另作組合，成立東北難民救濟協會，接受該項捐款，推由穆藕初主持其事，而他則隱操支配之權，接木移花，以利其聲勢的發展。

與沈鈞儒各唱一臺戲

其時沈鈞儒等組織救國會，以團結對外為主標，呼籲國人，督促當局，放棄將由安內問題而引起的內戰，聯合各黨各派一致對付日本的侵略。其主張是否絕正確為另一事，而其動機並不帶有投機成份的則為肯定的。黃炎培既以攘外為重，便當參加他們的陣線，以中堅分子自任；但事實並不如此，他是十分乖巧的，僅於口頭上表示其熱烈的共鳴，在行動上則始終不作實際的結合。此中原因是多面的，救國會被視為親共的團體，而他的本質則為反共。救國會的成員多屬於自由職業者，而他所需依傍的則為資產階級。救國會為一個硬綳綳的團體，而適合於他的脾胃的則為可以操縱和利用的機構。以此，他除鼓勵他們加強行動外，並不作再進一步的深入。

史量才對蔣大言不慚

凡此種種，其用意為串通一切可以運用力量，藉以造成一種形式，使當局不能不重視他，從而和他拉攏，已達成其過問國事的目的。而其所以抬出史量才作為領導人者，則因嚐過通緝滋味，驚弓之鳥，不能不存戒心，故將史氏抬出，做為盾牌，在萬一之際可以抵擋一陣。

史氏為人，自視不凡，好高騖遠，前文曾略道及。此時由於黃炎培的竄掇，越發恣其虛驕之氣。他的《八十年來》書中有云：「有一天，蔣召史和我（黃炎培自指）去南京，談話甚洽。臨別，史握蔣手慷慨地說：『你手握凡十萬大軍，我有申新兩報凡十萬讀者，你我合作還有什麼問題。』」就此以觀，史以不止於虛驕，且屬狂妄。如將史所說的加以分析，可得出下面結論：史自認為其地位和蔣先生是平等的，所以用上合作字眼；又自認其所擁有的勢力並不在蔣之下，合作的條件是對等的；又自認合作對蔣先生是有利的，不合作便不能解決問題。此外還在語意中，間接表示他於蔣先生並無所求，亦無所懼。反轉來說，蔣先生如想天下太平，卻不能缺少他的這份力量。在這段記錄之後，黃炎培加上一句按語：「蔣立即變了臉色。」

怡閣寫「陳光甫喪偶」

寫到此處，見舊存×報曾刊有怡閣先生所寫〈陳光甫晚年喪偶〉一文，原與本文牽扯不上，是屬另事；但其中涉及杜老板與地方協會，正與筆者目前所寫的不無關連，用特騰出筆墨，就我所知，先說一下。

怡閣先生的原文有云：「上海銀行於鼎盛時期，突遇風波於上海，其實存戶最多，存款最大，而其業務穩健，毫無別故，徒以偶然謠諑而起；得楊管北氏自動向杜月笙進言，杜氏以地方協會會長立場，昭告各幫各派，立刻予以全力支持，提存風潮，當日平息。」

又云：「自此而後，楊管北與陳氏成為忘年之交，楊氏遇有困難，陳氏必盡力相助，互助互惠，傳為佳話。」

筆者於此，應先向怡閣先生敬致佩忱。事因這樣一個題目，如以拙筆寫出，最多只能就友誼立場，申其微悃，於陳夫人表示哀悼，於陳先生致其慰唁之意，便以枯腸搜盡，此外說不出什麼話來。而怡閣先生卻能生面別開，引伸假借，將題外不類之事，作為文中重點，不為筆陣縱橫，且見苦心孤詣；倘非高手，曷克臻此。固足令人甘拜下風者也。所不解者，文中既言杜氏以地方協會會長立場，全力支持，如此如此，可見該行提領風潮，當日平息。期間解紛排難，杜氏之力獨多。詎怡閣先生反而吝墨如金，未嘗褒以一字，獨於進言的楊管北鋪張揚厲，許為「佳話」。用意何在？莫測高深。說句笑話，豈以杜氏已為塚中枯骨便可一筆抹煞了麼？唐突之言，恕罪恕罪。

銀行遇風波並無其事

然而事實真相，是否如怡閣先生所說的呢？筆者不敏，敢以地方協會老土地的資格，斷然指出，全屬無根之談。

按之地方協會成立於民國二十一年秋季，中斷於抗戰後的民國二十八年。前期的會長為史量才，歷時三載。後期的會長為杜月笙，其接任則在民國二十三年冬。此一期間，上海工商業最大風潮，除榮宗敬所經營的紡織業，因範圍過大，負債纍纍，週轉不靈，搖搖欲墜外，絕未聞有上海銀行突遇風波，而由杜氏一手解救的事。

退一步說，即使事屬不虛，而衡情度勢，不會如該文所云，杜氏能以會長立場，舉重若輕，而於旦夕之間，遽予平息。

如所周知，杜氏憑其閒話一句，為人拆姘頭、分家當，倒確是言出如山，能使兩造降志服從，不敢另節生枝。又如前文所說，地方協會憑其買空賣空手段，不時針對時局，開大會，發通電，大唱高調，倒也卻能吸引社會注意，使人懍於當前局勢的嚴重。但如以此作為衡量，以為事無鉅細，只須抬出這兩個響招牌來，便能消弭解決，那恰如上海人打話：「睏扁了頭。」全為夢囈。

杜老板無力阻遏擠提

誰都知曉，銀行擠兌，事關存戶身家生命，任何力量，阻遏不了，當年香港發生的一幕擠提風潮已足說明，不待細表。如當年上海銀行確有其事，而風潮平息，又如該文所說，我想杜氏縱如閻羅老子，地方協會縱如森羅寶殿，亦不相干，無從用力；因世人儘有要錢不要命的，絕不會輕易被人嚇退。必待杜氏化身為騎黑虎的趙公明，又把地方協會化為萬民膜拜的財神廟，捧出朱提，任人領取，這才能使「提領風潮，當日平息」。

然而杜老板果真是財神爺麼？他的昭告果能當作「通行寶鈔」使用麼？如其不能，則自屬於虛構，不辯自明。

慨自抗戰以還，三十年來，由於大環境不斷變化，社會上的神仙老虎狗，於是層出不窮，循環莫息，而屠沽之子，市井之夫，夤緣時會，埋首鑽營，由是發跡升梢，亦正不少。及其囊橐既豐，攀附有途，名以賄成，秩因粟致，本質仍為駔儈，頭銜則屬官身，則又昂頭天外，大言炎炎，不說某人仗我成全，便說某事由我策動，一若其自脫離娘胎，便以高人一等，所有以前鑽門路、磕響頭、做小舅子、冒名走私等穢跡瘡疤，忘記得乾乾淨淨。亦遮蓋的乾乾淨淨。一般人既不悉其根腳，又見其賣相甚佳，談風極健，便不知不覺墮入彀中，以為其人根器夙厚，而以「上海大亨」相譽。殊不知這些傢伙，拆穿了一文不值，當年在滬，有的還是陞官圖裡的「未入流」，有的還在杜老板的背後「跟屁頭」呢。

杜陳一人僅屬君子交

再說杜（月笙）陳（光甫）之間，原屬兩途。杜老板以偏鋒取勝，雖能出人頭地，而在正式商家看來，總覺不大順眼，也不一定賣他的帳。及後時移勢異，杜老板又能力爭上游，在花花轎子人抬人之下，正式商家為了世態如此，改變觀念，和他有所往來，也還是表面的，骨子裡自有分寸，適可而止。老實說，光甫先生最初對於他的態度，諒亦不會例外。迨至過從較密，相知日深，彼此交情當然又做別論，隨而增厚了。

談到事業方面，光甫先生為傑出的銀行家，才具開展，處事穩重，於杜老板絕無所求。反之，倒是杜先生對於光甫先生，不能不有所借重，杜老板所辦的中匯銀行，除房子漂亮外，業務極為平常。杜老板有心想辦好它，羅致專家，屈就董事，以資指導，光甫先生則曾接受委託，相與提攜。「解放」之後，中匯為增資問題，大傷腦筋。杜老板邀集旅港董事長在其寓所集商，光甫先生逢會必到，未嘗因時局影響而改變其態度。

杜老板在上海銀行開有戶口，但因來港以後，坐吃山空，又臥病在床，往往調度失靈，存款不足。其所開支票，該行按照業務規定，並不通融，照常退票。有時杜老板為維持其於持票人的信用，需請該行暫墊，則先派徐懋堂預先向行方商洽，並不向光甫先生直接干請。交情是一回事，銅鈿銀子又是一件事，界限釐然，兩不相涉。

杜老板故世後，光甫先生輓以聯云：

為社會疏財；為朋友排難，忠信作人師，使我思鬪穀魯連其事。
有豐績堪歌，有嘉言足式，音容歸天下，問誰繼孟嘗季扎之行。

這副聯語，全是諛詞，光甫先生可用，別人亦可用。倘杜老板生前果真為他解決偌大困難，我想聯語之中不致如此泛泛吧。據我看來，他倆交情，雖不太淡，也不過濃，出身殊途，而君子之交，所揆則一，人世間如尚有佳話的話，這才算得是佳話呢。

麵粉大王談及楊管北

又：已故世的王禹卿老先生，於其生前，不棄葑菲，時蒙相見。某次，在閒談中，他向筆者問起楊管北是否仍在香港？筆者說：「我和他向無往來，據聞他倆夫妻還在此間，未回臺北。」老先生笑說：「貴人多忘事，我和他們夫妻在紐約見面時，承他太太的好意，當面許我，待回香港親製幾色家鄉菜給我吃呢。」由此老先生談到杜老板，他說：「杜先生真可惜，他辦了許多事業，卻沒有賺到大錢，一來因他是外行，二來因他耳朵太軟。有了這些毛病，所以對人對事，認識不真，賺到的錢，橫檔裡多被人吞掉，分給他的也就可想而見。」言次，他舉出許多事實來，尤其是在上海淪陷期中杜去重慶，許多人就利用這個真空，在他的事業上侵蝕吞併，搞出了不少花樣。

閒談原是漫無範圍的，接口他的話頭又回到楊先生的身上來，他說：「這幾年管北算是著實發達了，手裡幾條船，噸位都夠大，近來又聽說他在九龍買地皮，造大廈，兼營地產業。從前跑杜家的他可以說是最出色的了。人走時運馬走膘。早些年他還是有困難的，記得曾有一次，由我擔保，他才能向上海銀行借用二十萬，而今是大不相同了。」

王老先生是一位年高德劭的人，在上海辦有八盤麵粉廠，人稱為「麵粉大王」，信譽極著。這番話與怡閣先生的大作合看，筆者不需浪費筆墨了。

風色不對反蔣變擁蔣

閒話說過，回到本文。史量才在蔣先生跟前說過那些大話後，不久申報忽被禁止郵遞，除租界外，內地無法發行。這一下殺手鐧，直接搖動了申報的生命線。黃炎培看到風色不對，明瞭以硬功而找政治出路，不僅觸礁，且蹈覆轍，於是急忙轉向，自動辭去申報職務，以示無他。但仍不能放心，又託黃膺白（郛）代做疏通工作，進謀諒解。在他正以全力求成之際，可憐史量才卻因被他捧的過僵，不意轉圜；又因其他事件，增加不利因素，結果這條老命終於送掉。誰殺伯仁？我想他不能不內疚神明吧。可是他在《八十年來》一書中，對於史氏遇害，絕無片語隻字，致其悼惜，獨於他脫離申報一事，硬裝筍頭，說是國民黨迫逼所致，意在增強其與國民黨當年鬥爭之烈，受禍之深，希望抬高其在紅朝身價。然而一手不能遮天，去職真相，是出自動，抑由被迫，今天在香港還能找到活證呢！

自此以後，他做了一個百八十度大轉彎，由反蔣變為擁蔣，由故意主張攘外轉為迎合安內政策。但因他究竟不是現場的政局中人，未能採取直接有用的行動，所以他的轉變又是一種方式，從旁敲側擊以表達其意識型態。說得通俗一點，即為向南京方面大做眉眼。

第二十二章
老當益壯功架十足的黃炎培

民國十七年（一九二八）四月，南昌共黨暴動，旋被敉平，就中方志敏、邵式平等一股，流竄贛東，秘密活動，裹脅甚眾，僅歷年餘，上饒、玉山、橫峯、弋陽、貴溪、餘干、萬年等縣均各占有據點，舉行工農兵代表大會，成立信江區蘇維埃政府，選出方志敏、邵式平、黃道等三十三人為執要，又將烏合之眾編為江西紅軍第五團；豕突狼奔，聲勢似屬不小，實際則僅為騷擾性質，為患並不過大。黃炎培為向南京表示擁戴，撇開「攘外」、專講「安內」，對於此類消息，加倍留心。

不久，這支紅軍由德興一路，威脅皖南，又進擾浙邊，竄抵開化。黃即以蘇浙緊鄰為詞，大聲疾呼，倘不迅以剿滅，星火燎原，江南財富之區必遭糜爛，因此故作緊張之態，每天摯好公事皮包，分訪金融界和實業界，促使他們聯名去電南京，請調重兵，馳往圍剿。並從皮包內取出文件報紙，說明事態發展，未可小窺，為虺不催，為蛇奈何？正應及早提高警覺。

黃氏未能放響的一砲

奇怪的是：「皇帝不急，急煞太監。」這批資本家對於黃炎培的建議，反應冷淡，並不起勁。這不是說資本家臨事鎮靜，不以赤禍為慮；而是說他們明瞭當前局勢，政府儘能控制，不須故事慌張，徒亂人意。

事實上，中外消息，上海的交通界和金融界最為靈通。此項警訊，黃炎培所能知道的，他們早已知道，也許還更詳細，待他報到，已屬明日黃花，意義不大。所以他們之中，有的敷衍著他，相約等待數天，看清風色，再議其他；有的反以其態度突變為訝，存心調侃，請他自己巡電南京，以期直捷，免因輾轉簽名，坐誤大事。因此，這一砲他是未曾放響的，不無怏怏。其實此項建議，只是一記花招。他的真意，則為利用資本家與當局的關係，希冀通過此一橋樑，能將他的轉向間接表達。關於後來事實之所顯示，這個目的他確已達到了，並未因資本家婉拒發電而失去作用。

利用杜氏搞農村改進

在他所寫的《八十年來》一書中，他曾著意描述其在嘉定（？）徐公橋地方辦理農村改進的經過，隱約透露中共所說的生活與實際相結合，他早已身體力行，遠遠的走在前面。奇怪的是他任職於地方協會時期，關於說動杜月笙擔任經費，由他一手興辦高橋農村改進會一事，則又諱莫如深，絕無隻字提及。以同一名義的事件，提與不提，忽異其趣，這是什麼原故呢？

揭穿來說：除了避免紅朝猜疑，力求擺脫他與杜老板的關係，不能不埋葬事實以外；更重要的即為高橋農改會實由響應剿共所定「三分軍事、七分政治」的原則而來。所訂「管、教、養、衛」等各項實驗辦法，又為脫胎於康澤別働隊在收復區所施行的一套。當時他於赤色滲透，既訂有防微杜漸的辦法，又引用一個宗教色彩極濃的王揆生為總幹事，傳播基督教理，相輔而行，俾在農民腦海中築起一道堤壩，格外趨於單純劃一。其由外埠來滬參觀的各種團體，則常由他帶往觀摩，希能以此作為藍本而在各地推行，使於紅色滲透逼起防堵作用。

按：高橋為浦東一小市鎮，距離江西「亦匪」，路隔千里，風馬牛原不相及。當地農民，生活相當安定，未必為培養紅色的溫床。他不去窮鄉僻壤之區，施展其抱負，獨擇高橋作為實驗區域，這又是他取巧之處。因高橋為杜老板出生之地，各項設施，不怕這冤大頭不拿出錢來。而利用冤大頭的錢以遂行其希意承旨的工作，則為塌盡便宜的妙招。

此在當時，他確已盡其迎合的能事，苦心孤詣，殊值佩服。而在日後，則以前種種，適為「反人民」與「反革命」的行動，宜其退藏於密，秘而不宣了。

製造機會以表現反共

民國二十三年（一九三四）九月，紅軍從閩贛邊區撤退，開始二萬五千里的長征。這消息給他帶來莫大的興奮，曾以全力，發動一批新聞記者，組織參觀團，趕往收復區，實地調查紅軍在瑞金、廣昌一帶所施的暴政與暴行，攝取照片，寫成有系統的通訊；並搜集所遺的標語文告等等，寄回上海，大量刊佈，與官方宣傳相互配合，使人怵目驚心，知所警惕。以前香港有一家報館，為了虧蝕甚鉅，改頭換面，專為「犬馬」服務，銷路頓廣，大勝於前。其中有位編輯，即為當時參觀團的記者之一，亦即為黃炎培所派往之一員。

同時他又利用杜老板和地方協會，製造機會，使其在反共上能做更進一步的表現。

他向杜老板建議：紅軍經過五次圍剿，政府才能掃穴犁庭，這是在重大犧牲下得來的勝利，其意義遠過於打垮北洋軍閥。我們地方協會應當有所表示，作為對政府的貢獻。依據他的意見，贛東各縣經紅軍盤踞多年，民間疾苦，自不待言；尤其是大兵之後，必有凶年，病疫勢所難免。目前政府對於撤退中的紅軍，尚在號令各省，分道合圍，徹底撲滅，一時恐無餘力辦理收復區的工作。地方協會雖為民間團體，負不了多大責任；但如盡其人力物力，於收復區的衛生醫療方面有所自效，以紓當局後顧之憂，俾能專心軍事，根絕國家大患，則其事雖小，固亦有裨時艱，值得一做。而於當局擁護之忱，亦可藉以表達。

組醫療隊做醫護工作

不消得說，杜老板是巴不得向當局報效一番的，正苦無計，依聽他的說法，自合脾胃，忙不迭的翹起大拇指，連稱「高見」，准定照此辦理。當經召開大會，提議組織醫療隊，馳往廣昌、瑞金，辦理醫護衛生防疫服務。即席議定所需經費，先由中匯銀行暫墊，再由會員認捐歸還。籌備工作，統由黃總秘書長炎培負責辦理。醫療隊隊長一職，則由會員龐京周醫師擔任，旗下醫務人員，並由龐氏遴選延聘。工作期間，先以三個月為度。

龐為上海同濟大學出身的醫生。同濟是德國人辦的，他又曾去德國深造，故在上海人的習慣上目之為德醫。此君天分極高，出道亦早，擅文才兼擅口才，為賭客亦為嫖客。畢倚虹所著《人間地獄》說部中，若干資料，即從他身上得來，改名換性，加以影射。

他的診所設於上海派克路，病家就診，經常到門不見土地。如係急症，須預探其蹤跡所在，然後從賭臺豔窟中把他拉來，恰合上「急驚風遇著慢郎中」的老話。可是他於同道間的情形，則殊了了。所著《二十年上海醫藥界的鳥瞰》一書中，多屬一針見血之談，鞭辟入裡。

其時秋陽如虎，正苦燠熱，他以散漫已慣之人，毅然接受此項任務，聘齊人手，牽往災區，不避艱險，從事義務性的工作，如此急公好義，實大出人意表。事後總結，醫療隊在三個月中，雖因環境及條件的限制，僅能以廣昌、瑞金為重點，無法展開廣泛的救護，但就病人計算，則男婦老幼，經過醫療而回復健康者不下一萬餘人，確於善後工作為政府盡過一部分的力量。

老當益壯兼功架十足

經此種種，黃炎培的反共態度，雖以間接手法表露，然已成為中堅分子。一方面他又於陳誠、康澤等有所聯繫，每於他倆過滬之便，登門造訪，希能由此內線，直接表達其於當局的款惘。在筆者曾經參加的一次茶會中，座有某君；於欣賞某報所載黃炎培與李宗仁握手的照片時，聯想所及，指出照片中的黃氏，嘴巴大張，恰與當年他和陳辭修、康兆民見面神情，一模一樣，笑的幾乎合不攏嘴，「不忍卒聽」。三十年前，他以此捧拍功夫，面對剿共將領熱烈演出；三十年後，他又站在相反立場，向一個和他同路的靠攏分子如式表演。巧言令色，功架依然，真可謂「老當益壯」了。

一生都戴著副假面具

以下某君還有說詞，茲姑從略。就此片段，以足見其以反共作為宣傳手段，營營苟苟，無縫不鑽，早經有目共睹。這些功夫倒不是白做的，後此他在形跡上與當局似非接近，而投書遞簡，暗通消息，則與當局往還頗密。此項信件，由他起搞，交由汪伯軒謄正。

汪伯軒、蘇州人，曾任崑山縣縣長，此時擔任地方協會秘書，生性恬淡，似於世事早看穿了，大有藉此席地以供修養之意。他看到黃炎培以近花甲之齡（指當時言），猶自滾紅滾綠，知進而不知退，未免過於無聊。所以當他代為謄錄信稿時，往往加以冷嘲熱諷；而不知抗戰後黃炎培之能參加最高國防會議及授為美金公債勸募委員會秘書長，即從此時打下基礎。直至他以年近九旬，就木不遠，仍復厚顏無恥，又冒充「進步」分子，製造謊言，裝點門面；一若其自有生以來，所作所為，始終一貫，未「解放」前，其言論行動無不暗合於毛澤東思想。徹頭徹尾，戴著一副假面具。如此人生，可憐亦復可哀。

杜老板曾保護鄒韜奮

上述各節，在其《八十年來》一書中不見蹤影，且莫管它。最可鄙的，及其遇有可資標榜之事，則雖瑣屑無關宏旨，亦皆取為資料，不肯割棄。我們試想，像他這樣的年齡，單從辛亥革命說起，數十年中，其間國家發生不少大故，志士仁人是流血捐軀的，即在他的交遊中亦復不少，可歌可泣，足供收錄。可是他在《八十年來》書中，關於此類人物，僅提鄒韜奮、沈鈞儒等三五人，餘皆不見。內容又極空洞，言之無物。

其所以如此著，理由即為明顯，蓋因鄒、沈等均屬於「解放」有名的「民主人士」，鄒於死後被追贈為中共黨員，尤見高貴。他為本身增光，必須和這些人緊緊拉在一塊，故特列為項目，以資依附。

因此筆者常致慨於杜老板之不解文墨，寫不出自傳來，以致好多事跡，如使黃炎培身當其局，儘可引以自炫的，在他則皆沒沒無聞，殊為可惜。以鄒韜奮先生而言，當抗戰前期言論態度為南京所側目時。唯恐所辦《生活週刊》與本身安全或有問題，曾經有一時期，將其治事之所移往杜老板的中匯銀行大樓，以防萬一出事，杜老板能從底層銀行部即時趕到，抵擋一陣。當時杜、鄒並不相識，自然談不到交情，只因有人從中關說，而杜又諗知鄒為書生、為硬漢，因而毅然承諾，隱負保護之責。即事過以後，鄒並未向杜道謝，杜亦絕口不提，是其所是，各泯其迹。如使此事發生於黃炎培的身上，那還了得？將不知如何大吹大擂，藉以提高身價了。

地協對黃有莫大作用

平心而論，一個人被打垮了，再站起來，已經不是容易的事。站起以後，還會大顯身手，滾紅滾綠，把自己的身分提高到向所未有的地位，那就更不簡單了。如前所云，黃炎培在北伐後是被通緝的，而在抗戰後則早蛻化成為名流。這還不算，「解放」以後，一般民主人士雖能分沾雨露，位列紅朝；唯榮寵所加，高居輔揆，則他仍以一馬當先，無人能出其左右。雖說魚龍漫衍，何足道哉！而其翻雲覆雨，迴黃轉綠，揣摩意旨，迎合潮流，則老官僚輸其圓滑，新政客無此精神，儘管瞧不起他，卻不能不佩服他。

然而這也不是偶然的。在那一時期中，如果沒有「安內」、「攘外」兩大問題，橫亘其間，能有槓桿的作用，他縱善於投機，而無題目可借，也耍不出什麼名堂。又如沒有「上海市地方協會」這塊招牌，擋在前面，增加聲勢，他縱善於利用，而身無憑藉，徒靠黃炎培三個字，也搞不出他人買帳的花樣。所以他的豹變之速，關鍵所在，除他天生的狡獪外，地方協會實具有莫大的效用。嚴格地說，如謂當日如無地方協會，及無今日的黃炎培，亦屬實情，絕不為過。至於他所辦的「中華職業教育社」等類機構，在這大局面中，無論性質未能配合，即比重亦嫌不夠，如欲借以過問國事，那是差得遠了；何況這類機構，從年初以至年尾，自顧不遑，還得在沿門托缽中討生活呢！

第二十三章

黃炎培搞「地協」吹牛拍馬八面玲瓏

上海地方協會當史量才擔任會長時期，會員不足百人；及杜月笙接任會長，範圍擴大，會員人數即增至二百餘人。這批新增的會員其時對於該會並不發生興趣，所以踴躍參加，年納鉅額會費及特別捐者，無非衝著杜老板的面子，屬於捧場性質；有的則為企圖藉此場合，能與杜老板多見幾面，以表殷勤之意。黃炎培既與該會發生密切的依存關係，又利用該會為個人進取的地盤，那麼他向這位具有號召力的杜老板以及其一系列的人，堆下笑容，唱其大喏，以盡捧拍奉迎的能事，自不待言。好在臉皮的老，不妨笑罵由人。

「地方協會」每月開理事會兩次，大會一次，時間總在下午六點左右，正當公司行號散值之餘。這在黃炎培想來，利用公餘，不妨正業，設想不謂不周，到會人數必不見少；殊不知此一時間，亦即為資產階級，呼朋引侶，商量娛樂節目之際。上戲館，吃花酒，逛跳舞場，多在此時準備其多采多姿的業生活。除非時局突見動盪，謠言四播，為了證實消息，交換意見，不得不到會做其利害切身的探訪外；如在平時，誰會有此心情，遵守時間，跑來開會，把這可供賞樂的光陰，虛度於枯燥無味的議席上？

拉人開會的心理攻勢

黃炎培以「地方協會」總秘書的地位，職責所在，非拉足人數來開會不可。何況他是有大舖的開會癮的，如難拉足人數，坐滿一堂，至少也得拉到半數，才像模樣。否則疏疏落落，勢必影響該會的存在。猶之戲館，僅有演員而乏觀眾，這戲也就演不下去了，縱不停鑼，亦難為繼。因此他在開會的那天，事先準備，大見緊張；彷彿舞女轉場之先，猛追大戶，廣拉舊好，好讓她在轉場之日，有人捧足輸贏，掙得一個滿堂紅的場面。

他是精心於心理攻勢的，為使該會會員對於開會通知發生注意，所用信封是經過特別設計的，四週印上三分闊的血色紅邊，作為標識，簡單明瞭，使人一望即知為地方協會寄來的通告。屆時會員們來與不來，是屬另一問題，至低限度以使會員們的腦海中留下一個影子。

等到開會那一天，唯恐會員們漫不經意，他在中飯過後便開始其分頭召請，猛打電話。在打給張三時，他說李四必來；接手打給李四，他又說張三必到。其實都是買空賣空，隨口哄騙，他和張三通電話前並未與李四預有接洽；反之他和李四通電話時，張三是否果來也未做肯定的承諾。而他所以滿口吹牛，譸張為幻，則因深知張三李四，向來「合穿一條褲」，有了孟良，不會少了焦贊，只要其中一人被他賺進，另一個必然手到「擒」來。

對杜氏一派手法不同

對於杜老板一系列的人，則其召請手法，又有不同。在電話中他總是柔聲下氣，以請安問好的道白開場，轉而談到那幾天市面上的突發事件，然後談到本題，說明今天開會，卻是輕描淡寫，並不固請其人屆時必到，只說：「杜先生到會前一刻鐘是一定會來的。」一句帶過，隨口便打著「晏歇會，晏歇會」的套語，掛上電話。這項手法，對於那一系列的人確是一帖藥，即使其人實在忙不過來，或已預有不可告人的約會，亦必忙裡偷閒，騰空身體，趕往該會，和杜老板打個照面，攀談幾句，然後偷偷溜走。雖因半途退席，在他看來，為免美中不足，但簽名簿上究竟是多了一個，他的目的也就達到了。

至若錢新之、徐新六等這類銀行家，公司叢脞，委實沒有閒工夫，參加此類無關痛癢的集會。所以他的電話雖然照打，亦明知無用的，不過循例而已。好在這類人老於世故，手段圓滑，如果確能抽身的話，總會敷衍一番，雖說姍姍而來，匆匆而去，席不暇暖，車不停輪，而所給的面子卻以夠大。黃炎培對於這類人到場開會，是當作「鳳凰來儀」看待的。

此為，虞洽卿、張公權等雖以會員而兼理事，卻另有其風格，一年到頭，大會小會，除非認為值得一顧者外，絕不參加。而事實上他倆認為值得一顧之集會則少之又少，也許一年到頭，竟無一次。所以他倆來會，等於鐵樹開花，事屬奇蹟。黃炎培懂得奇蹟唯有上帝可以創造，因此每逢開會，也只能電請一般會員，而於他倆則不敢妄事干擾。

任矜蘋甘作黃氏走卒

話說回來，黃炎培的手下卻也擁有若干會員，作為他的啦啦隊，遇有集會，準時必到，硬繃場面。這批啦啦隊大部分為屬於職教社的成員，附以六指翁任矜蘋等一類角色。黃是職教社的創辦人，職教社的成員等於他的徒子徒孫，揆之有事弟子服其勞之義，徒子徒孫為老頭子作啦啦隊，繃場面，原是分所應盡，不足為異。可怪的卻是任矜蘋這一流，道不同不相為謀，彼此原無結合之理。今竟沆瀣一氣，則其中故另有故存焉。

姑以任矜蘋做為例子吧：這位先生，身材矮小，貌不驚人，腦筋卻是靈活，作風也很夠膽。在上海的舞場業和電影業首闢鴻濛，獨開風氣，他也算得是老祖宗的一個，無如馮唐易老，李廣難封，別人辦娛樂事業，都曾大發其財，他辦娛樂事業，卻反喪其所有。即至此時，他雖仍為長袍馬掛，通體光鮮，不失為紳士派頭，爭奈瓶罄囊空，債臺高築，實際已是無顏壯士。每天地方協會才開大門，他已到來，獨坐客室，喝茶抽煙，翻書看報。有時與黃炎培相值，空聊一通，又復如故。直到午鐘敲過，他才退去。該會職員，見其如此行徑，又不悉其來意何在，群起猜測，迄難索解。嗣經會中茶役透露，始知他是妙想天開，竟以地方協會作為避債臺。事出冷門，確使債主萬想不到，奇詭權詐，令人拍案叫絕。

茶役所以能識其隱，則是他曾吩咐他們，如遇來客，查詢他的蹤跡，堅囑保密，不可道破，個中原委，他自不作任何說明，可是茶役多屬玲瓏心竅，聞一知十，已料他於女色糾紛、錢債轇轕，二者必犯其一。及後果見有人，到會訪問，語氣之間，似屬索債，茶役雖守諾言，代為推託，而事實真相則已大白矣。至於他在黃炎培的跟前，如何說辭，雖不得知，為就迹象以觀，則黃於其苦衷，必以早有所聞，否則對此不速之客，時時來擾，決不致茶煙招待，歷久不厭。如此約經二月，才見他按日到來，諒其債務已獲解決矣。

任矜蘋受惠既深，知感彌切，從此便以黃炎培的走卒自居，追隨甚力。莫說開會時做個啦啦隊，任務輕微，算不得一回事，即遇重大工作，亦將義無反顧，獻身投效了。黃炎培手中所擁有的會員，其成分則多如此，在相互利用中各得其所。因此地方協會開會時，雖其議程空洞，毫無內容，而車水馬龍，卻有一番盛況，有時捕房且派出臨時警探，到場疏通車輛，以免道路壅塞，這些都是老噱頭所安排的局面。從無生有，從平淡變為絢爛，倒是不能不承認他卻有幾度散手呢。

另闢煙間討好癮君子

記憶所及，「地方協會」會址在靜安寺路戈登路口一一三八號時，樓上小間內，居然布置了一個燕子窠，煙榻之上，槍膏燈托，無不具備。這是出於黃炎培的心裁，為招徠會員，到場開會，因特有此設備，好讓會員中的癮君子吞雲吐霧，提神補氣。其時杜老板已將嗜好戒絕，而張嘯林則仍為一老槍；故在每次聚會時，張嘯林總是這燕子窠的「常務委員」，一榻橫陳，擎槍對火，狂抽猛吸，直把這屋子幻為氤氳世界。

張嘯林性烈如火，倚老賣老，一百個看不順眼，開口便是「三字經」，罵過再說。即使在高興的時候，也是老套，把「國罵」作為開場白，一若其七情六慾非如此不足以完全表露。他是杜老板的把兄，又是杜老板所「尊重」的人，在協會中他也是理事之一。黃炎培深知他倆個關係密切，如要拉攏杜老板，必先討好張嘯林，否則他在背後說壞話，其影響力已經夠大；若因大意之故，似應不週，惹起他的性子，這位莽張飛是不顧人臉面的，當場搶白，可不管人是否受得下去。倘果如此，坍臺猶屬小節，而敗壞乃公之事，其失則大。因此黃炎培對於張嘯林總是特別寅畏小心的，該會另闢煙間，名為招待會員，實則專為張嘯林一人而設。而會員中的癮君子，藉此香上幾筒，流連於一燈如豆之間，不忍遽去，則又於黃炎培的拉人開會，具有幫助作用，一舉兩得，噱頭確屬不小，然而該會的內情就此亦可窺其一斑了。

領導地協杜未夠文化

杜老板是一心向上的，而在初時他在地方團體上卻未取得領導的地位。後因史量才遇害，他以該會副會長繼任會長，而會員又皆為一時名流，對他來說可說是錦上添花，益增光寵。無如他既無文化，又乏口才，作領袖的條件殊不配合，恰正合著「死要面子活受罪」的老話。

以前他於開會一類場面，雖曾參加，卻是老做鋸了嘴子的葫蘆，一言不發，在屢進屢退中敷衍一番，當然易於混充過去，而以其儀表態度而論，像模像樣，有時還能混充得體，不露馬腳，但如要他在稠人廣坐之前，開腔說話，那就等於要他的命，萬分難受。

有人說，他曾「票」過好多次的戲，在無數的鳥蜂窠下（象徵觀眾的鼻孔），道白唱詞，雖屬荒腔走板，甚至忘了轍兒；但皆自頭到尾，唱到完場，毫不畏怯，何致在會場上噤若寒蟬，不敢露臉？殊不知唱戲和演講不同，唱戲還有假借之方；演講則無閃躲餘地。唱得不好，至多鬧個笑柄，無傷大雅；演講而不成話，則顯見其為草包，當場「出彩」，下不來臺，那可窘不可言了。

歡迎宋子文登臺演說

具深知杜老板的人說：他第一次登臺演講，是在宋子文的美棉借款成功，回國過滬，「上海市商會」舉行歡迎會的一次。按說，他在這個歡迎會中原無演講的必要，大可藏拙；但由於他急於竄起，有意向宋子文表示巴結，而其左右又復一味慫恿，因此他便顧不了許多，咬定牙齦，發過狠勁，幹出一次破天荒的冒險工作。

他的演詞當然是預先擬好的，內容無非歌功頌德的套語。短短一篇，原不難記憶；然以一個從小失學之人，冬瓜大的字識不了幾擔，面對白紙黑字，直鬧得頭昏腦脹，溫習多天，口誦心維，才能記入腦海。可是演講並不等於小學生背書，站在臺上，身段動作，必須與演詞相互配合，既不能如電線桿般竦立不動，亦不能如小丑般東扭西捏；尤其面部表情，輕鬆莊重，更須恰如其分。這些對杜老板說來，又是難題。儘管他應付竇姐，周旋賭客，落落大方，卷舒如意；而在帶有嚴肅性的會場上，既要表現的不感拘束，又要不露流腔，那就不是一蹴可幾的事。為了家中人雜，不便演習，因此他在下午必定跑到善鐘路×宅去，像票友綵排般預加揣摩。他是演員，×宅主人則為唯一聽客。他邊講邊做表情，×宅主人邊聽邊加指點。如此勁練，下過苦功，他才能在歡迎會上演講如儀，雖如背誦流水帳般一瀉而下，分不出抑揚頓挫，總算皇天不負苦心人，居然未出紕漏。

對杜老板似伺候長官

此時他已增長不少閱歷，逢到酒會，以不似前此怯場。然而他以會長地位，與一般演說不同，對於各項議題，除發表意見外，還需控制全場，綜合各方意見，以其折衷至當，這又不是他的能力所能勝任。因此黃炎培在開會以前，必須抓緊時間，大跑杜公館，就議程所列項目，將其來龍去脈，說的一清二楚，使他有個譜子。開會之時，黃炎培又就會長席前，安排一張小方桌僅僅地斜坐在他的右首，不時寫著方楷字的條子遞送過去，好讓他對某一議題的討論，能做一扼要的總結。這在黃炎培的職責上確已盡其所能，自屬好幫手；最令人看不順眼的即為他那一恭到地的態度，活是屬吏伺候長官的儀注，抱好文卷，聽憑吩咐，滿口的唯唯諾諾。所以黃炎培雖因地方協會由黑走紅，而一般講究氣節的人，則因其於杜老板過分巴結而至於不齒之列。

第二十四章
以黃炎培做收科人物

前文說過，黃炎培在上海搞的「地方協會」，是利用時局之倣擾，提主張、發通電而壯大聲勢的；但這不是常有的事，即使常有，一個團體亦不能專做空頭的勾當，必須有日常工作，才能對年納鉅費的會眾有所交待。談到此點，我們卻不能不佩服黃炎培的手段高明了。他以移花接木的辦法，東拉西扯，把會務搞得相當熱鬧，在「協會」下面，居然還有好幾個委員會呢！

掮著慈善招牌的善棍

上海閘北聞人王彬彥，江蘇常州人，原是道觀中的小道士，略識之無，與杜月笙恰在伯仲之間；惟其簽名則楷書帶草，點勒分明，不無帖法，而為杜老板所不及。但亦僅此而已，如果要他書寫其他字樣，則三寸毛錐等於千金擔子，使盡吃奶的氣力亦苦無法撥動，其尷尬與杜老板正復相同。他向居上海閘北地區，積久成精，儼然為一地頭蛇，該區的地方事業，他都有分，且處於領導地位。上海人所謂「吃得開」者，他頗能當之無愧；惟其範圍之小，則不能與杜老板同日而語了。

「閘北慈善團」即為他所辦的事業，其下設有孤兒院，收容孤兒數十名，管教養育，全談不到，比之「小叫化」略勝一籌者，僅為每天兩頓，尚能半飽，不致流落街頭巷尾而已。反之，這批孤兒對於王彬彥則有很大的幫助。他可以據為事實，掮起招牌，博取社會同情，便利並擴大其勸捐募款，藉償肥身潤屋的私慾。此類善棍，在花花世界的上海，大有其人，且由來已久，王彬彥不過其中之一，不足深責。話說回來，他由捐募而來的捐項，畢竟還有小部分用在孤兒身上，比之不操戈矛的大盜，天良還未全泯呢！

利用孤兒坐收名與利

以黃炎培與王彬彥相提並論，任何方面，均屬不倫。然而我們對黃炎培不必過於看高，在孤兒身上，他與王彬彥同樣打其主意。此中情形，如僅就表面看，他雖不同於王彬彥之依靠孤兒，以善棍而維持其生活與地位，但如進一步論，則這批孤兒對他所起的幫助，固亦不可輕視。所異者王彬彥是從直接得到幫助，而他則為間接而已。上面不是說過了麼？他在地方協會的日常工作，必須有所展佈，才能向年納巨費的會眾有所交代。易言之，如使他終年買空賣空，無所事事，徒擁虛名而享厚薪，人即不言，而捫心自問，亦將難安於位。那麼王彬彥的孤兒院，辦理雖屬不善，而院址是現成的，孤兒也是現成的，倘能插手進去，改頭換面，作為地方協會所辦的事業，則對會眾總算不無交代，而對自己的面子亦自好看的多，一轉移間，所全甚大，於是他的念頭便不期而然地轉到孤兒院的身上去了。

好在王彬彥原把孤兒院作為商店看待，孤兒是他的資本，由這資本所生發出來的便是他的利益。誰願插手，他都歡迎，以表示其善與人同之意。唯一條件，即為他的利益，縱不因人插手，有所提高，至少亦須確保原狀，其他各項則皆可以從長計議。而在黃炎培方面，則認為以地方協會名義辦理慈善事業，名正言順，杜老板不會不予支持，會眾亦不會不肯認捐。如由地方協會按年撥給該院一筆可觀的經費，仍准其向外募捐，自由支配，藉以交換該院名義，由「閘北孤兒院」改為「地方協會閘北平民教育院」，則以王彬彥之志在金錢，決無不肯棄虛就實，攜手合作之理。

果然，在他胸有成竹之下，各項進行，悉符理想，彼此之間，一拍即合。當更改院名之日，黃炎培還盛大其事，邀請會眾，參加儀式，其用意為暗示他們，我黃炎培並不是一味買空賣空的，只須大家出錢，儘有實際工作可做。然而細究其實，王彬彥和他都把孤兒當作豬仔，相互販賣，坐收名利，各得其所。所以我在上文，指出這批孤兒直接幫助了王彬彥，間接幫助了黃炎培。

邪道發跡晚年謀贖罪

浦東沈葆義（夢蓮），原是鹽梟出身，手下擁有不少嘍囉。蘇家湖一帶的水道汊港，他們全都摸熟，走私越貨，路路俱通。他於就撫後，一路竄紅，在孫傳芳時代，曾任緝私統領，而於黑道方面則為南橋幫的掌門人物。後來張（嘯林）杜（月笙）門中，進出的統領約有三人：一個是他；一個是俞葉封；再一個是徐季爽。不過徐的資料較晚，在水巡任職已在北伐以後了。

沈葆義於退休後，修心養性，頗致力於慈善事業，「閔行孤兒院」就是由他發起創辦的。地在滬郊，院址自建，規模設施，相當可觀，管教養育，尚合程式。大概這類邪道發跡的人，一到晚年，每易想起當年作為，多屬喪良昧理，盤旋腦海，深致愧悔；又迷信刀山油鑊之說，以死後冥罰之重為懼。於是一念之善，油然而生，趁此餘年，急謀贖罪，大把的使出錢來，矜孤恤寡，安老濟貧，雖其動機不純，卻是真心真意，絕非王彬彥這類善棍，所能同日而語。

輕易接收閘北孤兒院

黃炎培既以補助經費為餌，吊上了王彬彥，從他手中將「閘北孤兒院」移轉過來，作為地方協會所辦的事業，猶覺孤零欠缺氣派，裝點門面，還嫌不夠，於是又將念頭轉到「閔行孤兒院」去，向沈葆義提出建議，由地方協會參加合作。

沈葆義以彼此本屬鄉親，自己又是地方協會會員，而杜老闆則為該會會長，單說人事關係，已不便於推拒；又以辦理善舉，不比合夥營商，只有義務，絕無權利。茲既有人為盡義務而來，為事業著想，眾擎易舉，門戶亦應開放。何況本身是一粗人，年齒已高，雜務不少，對於院務，經驗精神均感不夠，已不易作再進一步的發展；而黃炎培則號稱教育家，名望之隆，學識之富，壓根兒不是本人所能比擬。為該院前途計，他肯出而領導，已是求之不得，更無不與合作之理。最後他又想到此輩孤兒，久居幽谷，前路正苦茫茫，今忽仰時彥，眷注有加，真是孤木逢春，三生有幸，我沈葆義倒徙以迎，猶恐不及，怎能失此寶貴機會。

他所抱觀念，既屬如此，一切純從好的方面著想，自不虞來者別有心眼，意在利用，因此黃炎培的企圖，得以順利進行，一拍即合。在不附帶任何條件之下，輕易地把他辛苦經營的孤兒院拿了過來，改名為：「地方協會閔行廣慈孤兒院」。

又多了兩個附屬機構

那麼黃炎培此後是否果能分神問事，於孤兒院有所裨益，於院務有所改進，一如沈葆義之所預期呢？事實所示，他每天跑豪門、托大腳猶苦時間不夠支配，哪有工夫趕到離滬三十華里的閔行去？招牌既經換好，他的目的已達，其餘便付之汪洋大海了。

可是他於會眾方面，則又大大地自我吹擂一番，寫成報告，便建議各別組織理事會，負責管理，提請大會通過。事屬具文，自無異議，由此他便在該會組織上添列「閘北平民教養院」和「閔行廣慈孤兒院」兩個附屬機構，不時寫其表面文章了。

黃炎培要建設新浦東

上海自吳鐵城任市長起，訂有發展大上海計劃，劃定引翔一帶為市中心區，治好藍圖，開好馬路，做為建設商業區、工業區與住宅區的準備，並先營造市政府及各局官廨，以為之倡。黃炎培也就見獵心喜，大言炎炎，以建設新浦東為地方協會的課題，組織「浦東建設委員會」，就會眾推舉若干人為理事，集合討論，杜老闆為浦東出生的大好佬，當然被推為理事長。

其實那個年代，一二八之役雖已過去，無數的一二八儘可隨時爆發。若不審查時機，貿然進行與國防無關的建設，等於斲喪國力，無問其為市中心也好，新浦東也好，均非當務之急。即使世局承平，像這樣大規模的建設，亦非民間所能擔負。單就制訂新浦東的計劃而言，便需寬籌經費，廣延專家，假以時日，分門別類，加以調查、研究、勘測、設計，才能構成一個輪廓，猶恐未必適用，還須隨時修正。其需費的龐大，與任務的艱鉅，僅此初步工作，以非該會所能勝任。

黃炎培是何等樣人，賣乖弄巧，心得獨多，哪有不知之理，怎會頂住石臼作戲。其所以張皇使大，出賣野人頭者，正與遊藝場的老闆，不時更換新鮮節目，吸引看客，先睹為快，並無二致。無非利用此一名義，與杜老闆的招牌，使會員中的投機分子，憧憬於浦東地皮，或將由此起價，為防消息不靈，機會坐失，因而修正其於協會的態度，由疏遠轉為接近。如此一來，他的目的便已完全達到了。簡單的說：則為他藉此作為興奮劑，在會員的神經上刺激一下，藉以改變他們對於會務的漠視，而使其本身有所交代。至於這份興奮劑能夠維持幾時，那是另一問題，他並不加以考慮，因他還有戲法可變。

幻境經不起時間考驗

「地協」自成立浦東建設委員會後，一時會務，果有起色。每個禮拜至少集會一二次，備有飯菜，邊吃邊談。他又請繪圖家製成一幅「新浦東的遠景」，已繁如星火的燈光，襯托出入夜後的新浦東，其中有高大的洋樓，有冒煙的工廠，有寬闊的馬路，有急駛的車輛，美觀壯闊，兼而有之。那些憧憬著地皮漲價的會員們，便在他的口講指劃中，如艾麗斯之夢遊仙境。儘管他的雌雞聲，一向聽來厭耳，而滿口浦東話，在這場合說出，卻是很配合。

可惜這是一個幻境，由幻境產生的只是錯覺，全經不得時間的考驗。那些會員們，初以鴻鵠將至，每逢集會，尚能踴躍參加；及至時間較久，只聽樓梯響，不見人下來，入耳的和觸目的始終是老套文。這才如夢初醒，發覺它是老綽頭所耍的新花樣，目的只是引誘他們開會，使他可以虛張聲勢；由是幻境錯覺，化為輕煙，並皆消失。然而此一名義，他還是堅持不肯放下，依舊保留，作為他的工作之一。

念頭又轉到國產廠商

不久，他的念頭又轉到國產廠商的身上去了，提出提倡國貨的老題目來，向會員中屬於廠商的分子遊說，由地方協會另組「提倡國貨委員會」，協辦其事。據稱這是具有雙重意義的工作，除在經濟上為廠商爭取利益外，在政治上還能發揮抵制外貨——尤其是日貨的作用，所以他的說詞，十分動聽。其實以地方協會而幹這一行，不倫不類，委實是撈過界了。以業務本質而論，此項工作，應屬於市商會的範圍。何況廠商已自設有聯合會，為了推銷商品，早就辦有定期刊物，與各地工商界取得聯繫，已不須人越俎代庖。惟以黃的面子有關，其所提出經費，亦屬有限，究竟多一個提倡的機構，比少一個總好，廠商們也就接受他的建議，讓他去搞。於是他又認為這是他的貢獻，在地方協會的組織系統上添出這個委員會的名目來。

訓練推銷女郎三件事

所謂提倡國貨，普通只是宣傳。若進而開會展覽，則需費甚鉅，不是輕而易舉的事。這回他所想出的辦法，如在今日言之，不僅毫無足奇，且已流行到濫，司空見慣；而在當時則為新鮮別緻，能使人發生興趣。其辦法由登報徵集少女數十人，以口齒伶俐、態度溫柔、容貌莊麗為標準，就中選出四位，經過短期訓練，然後各授皮包一個，內除廠家各類新出品，分頭出發，於指定區域中，挨家逐戶，登門介紹，類如香港的推銷女郎。易言之，即為利用妙齡靚女的姿色，為國貨廣其招徠，作風顯屬下流，但在當時來說，不失其為別開生面。

當她們出發的前夕，他曾訓話一番：告以登門訪問時，第一件事要在推銷之前，向人先打一個熱面笑，使對方於聞悉來意後，不致遽作冷淡的表現；然後將樣品拿出，說明用途價格，語不在多，但須明瞭。如果當場購買，應將住址姓名錄下，聲明隔日貨到取款。

第二件事要適合現場環境，如發覺氣氛不太調和，或人家正在忙碌的時候，便須見景生情，從速撤退，保留下次再去的餘地。

第三件事，最關重要，不妨視為工作成敗的關鍵，這便是妝扮與服裝問題。你們應加注意，必須具有強烈的攝引力，使人發生好感，便成為推銷的原動力，你們都曾唸過書的，愛屋及烏這句話總懂得吧。烏鴉是可惡的，而為了愛上這幢房子，連帶屋上的烏鴉也覺可愛了。換句話說，這些國貨品質總比不上來路貨，原是可以不買的；而為了你是可愛的人兒，對方也會改變主意，留下幾樣，免得你失望而去。話說回來，你們的任務究竟不是賣俏，我所說的也不是教你們賣俏，但為達成任務，手段是可以不擇的。古今中外，常有不少奇女子為了國家民族而犧牲色相的；推銷國貨，彷彿如此，不要單純地看作商業行為。由如此減少進口貨，挽回一部分利權，也就屬於愛國行動，你們縱然賣俏也是值得的。

一副假道學先生嘴臉

這番說話，雖自揭其假道學的嘴臉，卻是言之成理，無可抨擊。最令人反感的是同樣事件，由他作出，便自認是正當行為；別人作出，則斥為放誕荒謬。這裡且先說上一支插曲，以明其人之不恕。

一天，有一個花枝招展的少婦跑到地方協會來，指名求見。他原是認得這個少婦的，延晤之頃，卻佯為不識，楞磕磕的故作思索之狀。

少婦說：「世伯，你難道忘記了我麼，我的父親是黃涵之呀！」

他才若有所悟，轉作笑容，以揶揄的口吻說道：「這倒使我萬想不到，涵之先生竟有這麼一個女兒，塗脂抹粉，像花蝴蝶一樣的美麗。」

這少婦隨聽隨臊紅了脖子，頓時呆住，接不上話來。

他又問：「你來何事？」

少婦答：「我現在作人壽保險經紀，想托你世伯介紹幾個戶頭，沒有別的。這事不忙，隨便幾時都好，我不打擾你了，謝謝你。」

言猶未了，人已起立，急匆匆的奪門而去。

按黃涵之先生亦為海上名流，與王一亭先生等共辦慈善事業。北伐後最初成立的上海市政府，設有公益局，涵之為第一任局長，亦為最後一任局長，因不久該局便撤銷了。其家風門第，敦厚清白，向為社會所樂稱，至少與黃炎培的家庭足相頡頏。至於他的女公子裝束趨時，無非兜攬生意，不得不爾，與黃炎培囑咐女推銷員注重修飾，用意正同。可是他卻只知有己，不顧他人，當場譏笑，使人難堪。這還不算，他仍去函涵之，叫他以後留心家教哩！

收穫鉅大始料所不及

話歸正文，他為了訓練和管理這四位女推銷員，特將他的胞妹黃冰佩找來，擔任其事。冰佩並不受薪，未便指為任用私人；但她由此認識不少廠家，又扯起黃炎培的旗號，一般廠商，刮目相視，所得實惠，著實不少。各廠新鮮出品，自絲綢花布以至毛巾肥皂，市面上尚在開始發售，她已不費一文綑載而歸，儘夠全家受用。

同時，黃炎培亦由此與廠商作進一步的結納，成為提倡國貨的專家。抗戰以前，他所辦的事業多賴捐款維持，於是廠商成為他的募捐對象，因而大開方便之門。勝利以後，他又拉上這批廠商，參加他的「民主建國會」，作為政治投機。時到運來，居然成為民族資本的代表。收穫之鉅，諒亦為其始料所不及也。

獨具隻眼拉攏美國人

以上各節，雖嫌瑣屑，但足說明其人架空虛構，因人成事，十足為一馬路政客的典型。如今再說他和美國人的關係：時當清末民初，正是英日兩國勢力雄視中國之際，他卻撇去熱門，獨具隻眼，先和美國人緊緊拉上。

遜清末年，南京開南洋勸業會時，美國商團曾來華參觀。及至民國四年（一九一五），美國為巴拿馬運河開闢完成，舉行博覽會，我國商人因組織實業團，遊美報聘，團長張振動，副團長聶其杰，團員俞怯塵等若干人，雖非全屬鉅商，卻各代表一業。黃炎培向與工商無緣，又不懂英語，根本不夠參加的資格；但他有機必投，有縫必鑽，所抱的又是崇美主義，怎肯坐失機會？當以為實業團編製報告為名，死纏硬夾，混了進去，作為團員之一。

該團在美耽留期間甚短，包括往返行程在內，不到一百天。他以門外漢參觀新興的工業國，又屬行色匆匆，走馬看花，所能得到的自如捫燭扣槃，膚淺之至。可是後來他卻印行了《考察日記》，誇誇其談，一若《鏡花緣》裡的多九公，滿肚都是瀛寰方物。美國人很欣賞他的宣傳，由此經常有所聯繫。

替美國宣傳一段插曲

這裡先寫一段插曲：有人嘗以美國的月亮大為言，從誇張美國以自炫其見識之廣。結果並不討巧，突為自己製造被人譏彈的笑料。黃炎培也是誇張美國的，但他別有肺腸，專找小事物為話題，既發揮其崇美主義，又能不落媚外的痕跡。

當時抽水馬桶的設備，在上海尚不多見，他便大談美國人「大便」問題，如何舒適，如何清潔，如何適合衛生，從而說明美國家庭都已安裝抽水馬桶，物質文明，一日千里。雖不免言過其實，究亦不甚離譜。胡扯的是他說到後來，竟然加油加醬，為美國大吹其牛，說甚麼美國之大，人口之多，全國只需一個化糞池，便能通過地下管道將所有排泄物，自東到西，自遠而近，輸送到達，集中容納。聽的人未必盡信，卻苦於無從駁詰，因化糞池不比掛在天空的月亮，誰也不能指證。而他則在聽眾將信將疑下曲達其為美國宣傳的目的了。諸如此類，不一而足。

通過蔣夢麟依附杜威

由於他抱有強烈的崇美主義，因此他的兒子大多留美鍍金，家庭中亦有美國籍的成員，他的思想更自承與美國學派互相吻合。

他的大公子方剛，留美讀哲學，娶美國籍太太，抗戰時在成都病故；二公子競武，留美讀經濟，上海「解放」前夕被殺。前文均略提過。三公子萬里，留美讀水利；女婿張心一，留美讀農科。其他子女，可惜入世以遲，時代過去，大陸已由親美轉為仇美，否則一古腦兒送往美國讀書，決無疑問。方剛的遺孤，後由其太太帶返美國，一去不歸，所以他到現在還有一支美籍的家屬。

他所辦的「中華職業教育社」，據說是根據教育、生活、勞動三者不可脫節的關係，而由職業教育社已完成其具體化，與哲學學派中的實用主義頗有相通之處。按實用主義的立說，認為真理是相對的，常隨時代環境而變動；適合於時代環境而有效果者即為真理。此一學派的代表人物，在英國為席勒爾，在美國為皮耳士・詹姆士・杜威。

當時國人所辦事業，因崇洋心理作祟，無問性質如何，總想依附於外國人，作為背景，以期易於取得社會的信任。這風氣在上海尤其表現得十足，黃炎培更不例外。因此他所辦的職業教育，在杜威未曾來華講學以前，他已依附其門，大賣人頭，用資標榜；及杜威來華講學以後，他更矢志追隨，通過蔣夢麟的介紹，而為杜威所賞識。在此一階段裡，他所寫的文章，全為實用主義立言，並表示他在杜威的啟迪下，將以辦理職業教育為其畢生職志。果然，信仰實用主義的真理倒是確有效果的，掮起杜威的招牌，配合當時崇洋的環境，他曾為職教社募到大量的捐款。

時勢轉變又大力反美

不料，大陸變色後，將崇美分子通通劃歸反動派，清算鬥爭無所不用其極。他雖倖被「保證過關」，不須經過考驗，但仍戰戰兢兢，不能不力加洗刷。所以他在《八十年來》書中，提到美國，總是口誅筆伐，大肆抨擊。於杜威的實用主義，他竟把自己描繪為一個首先反對之人，一若此類學派所包含的毒素，他已早經發覺；而將其以往行為，一筆抹煞。其實細按之下，那些年來，馬列主義和毛澤東思想僅能改變他的一把嘴，杜威的實用主義則仍為其精神的寄託。他所以能在紅朝取得高官厚祿，則正因其篤信實用主義，依循「適合時代環境而有效果者」的真理，才能有此突出的發展。

勿相信年譜自傳回憶

筆者開始寫《杜月笙軼聞》時，曾先聲明：「杜月笙軼聞，自不僅以杜氏一人為描繪的對象。」以後即本此一自定規例，就記憶所及，拉雜書來，或舉某人一端，或說某事始末，意盡即止，不事支蔓。像現在為寫黃炎培一人而費去如許篇幅，自己亦意想不到。所以喋喋不休者，說實在話，即由他所著的《八十年來》一書中生發而來。為使他在一生經歷中的真相，保持完整，所以將他所遺漏的、所掩飾的、所不敢提的，補充一下，俾世人不致為其一手所蔽，明白他是一副甚麼心腸和嘴臉。

於此，我還要奉勸世人，對於年譜、自傳、回憶這類著作，閱讀之餘，只能作為說部看，千萬不要相信。這是欺世盜名的勾當，無論是自述的，或他人代編的，均屬如此。筆者讀書雖少，於此類傳記亦嘗涉獵一二，始終卻找不出一位肯將喪天昧良的事，據實直書，坦白揭發。總是把自己寫成一個可以在孔廟中配享兩廡的人物。讀者諸君或亦有此同感乎！

又本文以杜月笙開場，斷斷續續，寫來已越一年，搜索枯腸，已早生厭。現在所寫的黃炎培，和杜老闆都是浦東人，就把他作為本文的收料人物吧。歪詩一首，附博一粲。

大觀園內論清白，僅賸門前雙石獅。
衡以杜門眾賓客，委瑣齷齪復奚疑。
我今所寫愧漏萬，況難畫骨只畫皮。
安得地下起焦大，使酒怒罵快人頤。

附錄

忠義豪邁的杜先生

顧嘉棠

先生秉性豪邁，而少有大志。故雖出身寒微，未嘗學問。卒能奮起滬江，廣樹義聲，造福社會，功在國家。蓋以其誠於中者為忠肝義膽，發乎性者為淡泊寧靜，立諸志者為利人濟世，見諸行者為急公好義；以故朝野推重，譽滿中外，望重一時，式範後世者，良有自也。

回憶先生微時，即知團結合作為創業之母。曾於上海公共租界及法租界結納有志之士十六人，甘苦與共，聲應氣求。相期創業自立，服務社會。先生尤能捨己全人，主持公道，精誠所至，貢獻殊多，其後之得以領袖社會，為中外人士所欽仰，實基於此。

自先生著聲滬瀆，其慷慨義俠，樂善好施，有助於社會人群者，口碑載道，不勝枚舉。嘗憶民國十九年間，上海法商電車工人大罷工，法當局威迫利誘，久無善策，市民交通感受嚴重威脅，法人於焦頭爛額之餘，敦請先生出面調解；先生立以鉅款銀元數十萬，償付工人工資損失，並以大義曉喻工人復工，使工潮迅歸平息。法人感德，市民稱快，先生則怡然處之；並並鉅額款項之賠累，亦始終不願為外人道，其急公好義之精神，有如此者。

自斯法租界及公共租界當局，對先生信賴彌篤，欽敬逾恆，凡與治安有關之重大事件，多與先生咨商進行。彼時法租界總巡費沃利，公共租界總董費信惇及總巡喬生等氏，均竭誠與先生交遊；而先生之任俠慷慨，排難解紛，協助治安，保護工商，尤為外國僑民所稱道。

先生一生淡泊明志，除致力工商社會事業外，未嘗涉獵政治，然自名公鉅卿，至方面將帥，無不樂與之交，先生揖讓中規，週旋中矩，磊落大方，尤能濟人於困頓之中。某年黎元洪被迫下野，避難來滬，先生設法助之隱居於前法租界杜美路二十六號。民國二十二年張學良解職南來，先生為之安居於福煦路一八一號。世謂先生有朱家郭解之風，或譽為當今孟嘗，豈意先生為國惜才，維護國運，迥非前賢所可及也。

八一三抗日軍興，國府西遷，日人百般遊說，極盡威迫利誘，挽其留滬；先生忠愛國家，大節凜然；毅然摒棄所有世界財富，遠走香港，間關赴渝，追隨政府，共赴國難。並受命從事敵後情報策反鋤奸等地下工作，經常往返於渝港之間，親自策劃督導；先生處事機密精微，為常人所不及。東南敵後工作之開展，先生與有力焉。惟以操心危而慮患深，加以跋涉奔波，備嚐艱辛，致患氣喘之症。此種無名英雄之奮鬥事蹟，外間知者甚鮮，惟我 總統蔣公久簡於心，曁戴故將軍雨農稔之綦詳耳。

抗戰勝利前夕，先生奉命親赴東南區，加強敵後工作。自渝經黔桂贛閩等省而至浙東，策劃一切，足跡遍東南七省，以耳順之年，抱病之軀，長途辛勞，喘疾益劇。厥後盡力國事，敬恭地方，旋且以共禍而遠走香江，憂勞過甚，終以病致死，蒿目時艱，緬懷老成，寧不悲夫！

附錄

杜月笙先生言行紀略

楊管北

杜月笙先生病逝香港，倏屆週年。一代賢豪，天人永隔，傷時感逝，悼念何如！蓋　先生出身寒微，而智周庶物；匡時濟世，而功在國家。宜乎生而人榮，死而人哀也！管北從遊日久，知之較深。緬當日之典型，綜生平之事蹟，謹就記憶所及，紀述數端，藉誌景仰之忱云爾。

一、誠懇求知：先生幼孤家貧，從師僅四閱月。憶某年大達輪船公司之大達輪，舉行下水典禮，時　先生為該公司董事長，出席參加，途經楊樹浦，遙指該處禮拜堂謂管北曰：「此余幼時讀書處。每月學費僅五毛。然以家貧故，至第五月，先母已無力措辦，遂輟學。」言下不勝感喟！　先生幼年失學，但仍刻苦自勵，好學不倦。民國十七年，　先生寓上海法租界時，交遊既廣，函牘亦繁。凡來書文義有涉奧衍者，每不恥下問。日必習字四紙。其勤求字義，輒至徹底瞭解而後已。如是兩年，已能閱讀書報，不復倚人指點矣。

先生關心國是，日必讀閱雜誌報章。每遇有關政治及經濟之重大改革，或其他專門問題，無不諮詢友好，邀請專家，集思廣益，研討周詳。民國廿二年，政府實行廢兩改元，先生以該項措施，對於民生經濟關係甚大，乃延富有經驗之商業鉅子及大學教授多人，協同悉心研究。凡遇一問題，經研討後，即能提綱挈領，融會貫通。至於會議發言，提供意見，尤能恰中肯綮，聽者翕然。其誠中形外，好學敏求，於此可見。

二、崇儒重道：先生幼雖就學教會，但於中國道德，極為重視。因早歲廢學，澤古不深，乃擇西漢演義，三國誌，水滸及岳傳等故事之易於通曉而可資勸懲者，倩人講述。鑒古衡今，涵濡志趣，遂養成忠孝俠義之風。章太炎先生國學泰斗，折節論交；湯斐予楊晳子之輩，一時彥碩，亦與偕遊。而先生之於彼輩宿儒，亦莫不奉之以禮，尊之以道。

三、扶助工商：先生素以扶助工商，進而配合政府經濟政策為己任。上海各重要工商企業之由先生任董事長者甚多，然均屬協助性質未嘗居以為利。

民國廿年，長江大水。上海商業銀行發生提存風潮，金融界深受影響，情勢險惡。先生乃召集存款大戶，勸以顧全大局。於是未提者停止提存；已提者復行存入，風潮乃告平息。否則以該行在滬金融業中地位之重要，一旦倒閉，後果不堪設想。當時，上海銀行主持人陳光甫先生，原與先生交泛；及經此變。始敬佩而深德之。又國華銀行於民國廿二年受閩變影響。因其中粵股與蔣蔡有關，有人欲藉詞策動，收歸國有。實則多係唐壽民等所有，經先生紓解，始獲維持。

民國十九年，上海法租界電車大罷工，係共黨分子策動搗亂。租界當局無法解決，乃請助於　先生。一面將煽動首要驅除；一面私人墊款，維持工人生活，計共耗費三十餘萬金，工潮遂寢。

上海麵粉交易所，向為上海麵粉業所把持，故市價全由復新阜豐兩廠操縱。蘇浙皖內地數十廠，則均被擯於交易所之外，不能加入拍板；其產粉滬售價格，強被抑低，不平殊甚。先生乃出為紓解，並改組交易所，使內地各廠，得以平等參加。更進而化除上海廠家與內地廠家之界限，精誠團結，異日抗戰軍興，遂能對軍糈民食，作偉大之貢獻。

此外，上海之紗布，金業，物品等交易所，凡遇風潮發生，中央政府必請先生調解。縱問題複雜，情勢困難，以　先生望重信孚，無不片言冰釋。

四、興學濟貧：　先生以幼年失學，深知不學無文之苦。既尊儒重道，以補讀未竟之書；復創立正始中學，培養後進，慮始慎終，斥資不下六十萬金。凡窮苦無以為生者，無論識與不識，莫不寄予同情，有求必應。每月持摺至其家支領生活費者，達二百餘戶。長江、蘇北、兩湖，歷次水災；陝西、河南、東北旱災；以及朱子橋，許靜仁二公先後主持全國賑濟會時，所有各種賑濟，必邀　先生協助，無不竭誠倡導，解囊襄事。抗戰前三年，每年捐輸恆達五十萬銀元。至上海之孤兒院，老人堂，亦均賴　先生出資維持，使幼有所養，老有所終。

五、精忠救國：抗戰前，日本海軍軍令部長永野修身，歸自日內瓦，過滬，訪先生。謂日本政府願出資三千萬日元，與　先生合辦中日建設銀公司，意在與宋子文先生所辦之中國建設銀公司競爭貿易。　先生以平民與外國政府合辦公司，為不合體制，辭之。永野氏嗣又更請由　先生自行組設公司，而以日資為其後盾，並願以三千萬日元為　先生創辦銀公司之資金。　先生深知日人有所利用，乃決予拒絕。蓋日人之於　先生，素極重視，上海日總領事館，甚至月費多金，搜集情報。凡與　先生來往人士，無不詳悉。即以中國通著稱之板西土肥原，亦慇懃結交，謙恭備至。此次多方煽誘，實為政治上鉅大之投資。殊不知先生氣節凜然，始終不為所動也。及至淞滬棄守，　先生決心赴港。事為張嘯林所知，特自莫干山返滬，以　先生一旦離滬，失所憑依相阻。　先生以向與張善，未便峻拒，乃佯允之，仍暗中離滬。後與宋子文、胡筆江、錢新之諸先生同船赴港。日本數度派人至港，與　先生接洽，欲事羈縻，但均拒不謀面。

先生病氣喘。因抗戰期間，由香港飛重慶，遭敵機追逐，飛機升入高空，遂染斯疾。竟以不治，惜哉！

六、處世待人：上述五端，固為　先生一生事功之由；而其處世之謙和，知人之明，尤為人所不及。嘗品別天下士為四等：有才幹，無脾氣者，為特等；有才幹，有脾氣者，上等；無才幹，無脾氣者，次等；無才幹，有脾氣者，下等。意謂天之生才，難得完全，是在用才者知所節取耳。故先生對於好人，則獎掖扶持；對於壞人，則誘導改過。收容流亡，不使為害地方；嚴懲首惡，令人有所畏懼；因物付物，不滯不拘。故　先生交遊遍天下，與人無忤；而人服其度量，聲應氣求，亦得收互助之益也。

先生生平大節，先後有陳布雷先生祝　公六十壽序，及政府當軸褒嘉誄輓諸文，言之綦詳，榮哀備至，恕不多及焉。

附錄

追思月公往事

胡敘五

抗戰軍興，淞滬淪敵。　先生斂屣一切，悄然去港。未及一載，寧漢踵失，政府西遷巴蜀，距滬益遠。香港一地，遂隱為西南與東南聯繫之中心。　先生以在野之身，雅負時望。既為東南人士之所信從，而政府亦視之為股肱心腹，故雖不在其位，而從旁贊翼，負荷獨多。

淞滬為亞東巨埠，繫國際之聽聞。在我雖以陣地轉移，暫淪敵手，而於人心之啟發，正義之宣昭，情報之搜集，行動之展布，必須有精幹大員，密踞其間，發蹤指示，藉以領導群倫，鼓舞眾庶。而就敵偽方面言之，此一禁區，決不容他人涉足。其防範之嚴，偵查之密，自較其他淪陷區域，周密嚴固，警惕有加。因此政府所遣黨政軍駐港人員，抵港以後，必先就商於　先生。其聞如抵滬時之如何掩護，抵滬之後如何部署，行動必如何始獲安全，工作必如何始獲推動，經濟必如何始獲接濟，小型槍械必如何始獲駁運。由於工作之開展，其所需要之協助人員，就地遴選，必如何始能獲其死力，不致二心。又由於工作之開展，就地所蒐集之情報及其他資料，與夫渝方所頒發之訓令與指示，必如何始能相互溝通，及時有效。凡此種種，俱由 先生冥心默運，妥為規畫，始告有成。當時滬港航線上之海員， 先生在滬所手創之中匯銀行，以及其留滬之及門子弟，悉在 先生指導之下，於交通經濟行動各部門，盡其最善之努力，因而為敵偽仇視，名捕以去，蹂躪於嚴刑峻法之下，屢瀕於死者，不乏其人。噩耗傳來，徬徨繞室，既懼有所株連，又須設策營救。其勞心焦思，寢饋俱廢，有非常人所能堪者。至若大計籌維，巨艱共濟， 先生與留滬之故舊親朋，信使往還，反復商榷，所獲亦多。少陵詩云，與人一心成大功， 先生既以其一心與之於國家民族，故人亦各以其一心歸之於 先生。其途雖殊，其意則一，蓋皆欲以全力，以蘄達抗戰必勝建國必成之一念耳。

偽維新政府，袍笏登場，為時未久，而汪逆精衛又率其侏儒醜類，微服去滬，靦顏事仇。此輩既已自絕於神明黃胄之子孫，且欲強他人之同流合污，以盡其欺罔愚蒙獻媚敵酋之能事。故於遜清遺老，社會名流，林間耆宿，學府通儒，以及闤闠中堅，地方巨子，悉力搜羅，不擇手段，威脅利誘，無所不至。直欲使通國蒙羞，而後為快。 先生於維護正氣，宏揚善類，夙具熱忱。往時在滬，賓客盈門，大有孟嘗之風，邇遐馳譽，至是就其力所能逮，馳書促駕，遣使敦迎。一時如吳光新、曾毓雋、李思浩、湯漪、章士釗、許崇智、魏伯楨諸先生，相率南歸，隱以 先生為東道之主， 先生斟酌情形，或為綢繆宇舍，或為料量薪水，俾能一椽有託，隨寓而安。有時薄治盤飧，相逢樽酒，就當前大計，博訪週詢，彙其所長，製為建議，以書面呈達當道，藉備採納。惟是此項辦法，但適於家累較輕之人。至若老病交侵，室家負重，心存魏闕，路阻蔴鞋，則首陽之薇，何所恃以為續。　先生因與賑濟委員會委員長許靜仁先生再四會商，呈准政府，就賑款中指撥專款，按月濟助，其範圍擴展至全國淪陷區，其對象則由各方提名列報。

所有經紀配發，悉委　先生以總其成。自是以後，近如兩粵，次則華中，遠及河北，每月專款到達，分途匯送，未嘗愆期。並為避敵偽耳目，顧念受款人之安全，所取途徑，迂迴曲折，獨運匠心，於此橫流洶湧之際，保全明節，支撐正義，功不在小。遜清兩粵總督張鳴岐先生，時寓津門，特集杜句成聯，密寄　先生，以彰高義。聯曰：「老夫生平好奇古，使君意氣凌青霄。」其感人之深，有如此者。

民國廿九年十月，高陶反正事件，　先生實為參加內幕重要之一人。先是高君有父執黃溯初先生，於抗戰前，去日休養，旅居於長崎附近之一小邨落中。溯老為留日前輩，民初議員，於政治經濟，造詣精深，梁任公先生生前視之如智囊。雲南起義，推翻帝制，溯老實隨新會參與機密。故高對之，敬禮備至。高既啣汪命赴日折衝，怵於敵酋所提密約草案，其嚴酷苛細，遠在廿一條之上。憬然以悟，無所為計，乃迂道與溯老密商，一夕深談，發人深省，高君反正之念益決，而溯老以摘奸發伏，保全人才，為生平快事，遂亦樂於歸國，為之奔走斡旋。於是一後一先，接踵旋滬，高於　先生，以往薄有往還。而　先生之於溯老，則向未謀面，溯老為有心人，遇事持重，以茲事體大，必須覓一崇尚道義，獨具肝膽，而不汲汲於功利者，出面擔承，始克有濟。思慮所及，捨　先生殆無他人。因先與　先生留滬密友取得聯繫，旋即南行，當面計議。先生乃於隻月之間，兩度飛渝，請示方略。一面密電滬友，設法翼護，使高君得以離滬南歸。於極端機密之中，策畫指揮，曲盡其妙。迨至卅年一月五日，高持密約，潛乘柯立芝總統輪抵港，加以揭露，震駭一時，先生累月之縈繞哀曲者，至是始覺釋然。當時隨高以來者，尚有一人，即為陶希聖君。蓋受高之感召，於倉猝間幡然變計者也。今　總統蔣公，曾親筆作函，露封致高，交由　先生轉遞者。內有句云：「兄不失為淛中之健者。」又　先生初度飛渝時，今總統蔣公，適有桂林之行，原擬小駐，及聞此訊，即囑　先生少待，一宿便返。可見此事之在當時，固與疆場破敵，同其重要。而　先生於不動聲色之中，完成此一驚人奇舉，其才大心細，洵非恆流所能企望者也。

從來代議政治制度，政府與議會之間，每難洽合無間。蓋議會之所著重者，為法與理。而政府之所執行者，則有時不能不於法理以外，兼顧事實。用是詬誶責難之聲，時有所聞，無間中外。抗戰時期，政府設立國民參政會，所以溝通民隱，以備諮詢。其性質體制，原與議會稍殊。而其功效發揮，則幾與議會無異。　先生非參政之一員，而會中巨子，則多與　先生莫逆。每當集會期中，群情洶湧，眾議紛紜，顧大言未必切於時艱，求疵反有傷於團結。　先生遇此場合輒以第三者之地位，事先事後，或為疏解，或為闡明。其在重大必爭者。　先生亦認為事理愈辯則愈明，固當使之盡言盡意。而於瑣碎之不必深計者，則不妨姑置緩圖，以免引起無謂之紛擾。蓋　先生之意，抗戰第一，勝利第一。為求嶄達此一目地，意氣必須摒除，團結必須鞏固。決不宜輕啟裂痕，而使力量消失。故常以消弭隔閡，引為己任。民國卅一年十一月， 先生即以此故，由港飛渝。亦即以此故， 先生得脫身於同年十二八香港之變。

太平洋戰事突起，猝不及防，群苦無措。 先生雖幸去渝，免於斯厄。而瞻顧天南，其所招致之故舊親朋，胥在其中，且不少為敵所欲得而甘心者，五中憂焚，自難言喻。兼以山城冬霧，喘哮大作，精神體力，益感不支。猶復扶病與當道計議，派遣航機，設法搶運。卒以港中機場，遭敵破壞，無從著陸，徒虛往返。所幸其時香港各界，有還鄉隊之組織。敵人欲遂其東亞共榮圈之迷夢，對於華人特意懷柔，因獲其許可，得以自由離境。 先生所最關心之蔣伯誠陶希聖及其它人士，藉是機緣，微服就道，幸脫於難。當時由港轉入內陸，大致為經由惠陽及廣州灣兩途。倉卒成行，資用匱乏，一抵內地，幾於囊橐皆空。救濟委員會雖在各地，設站施濟。奈杯水車薪，於事無補。且公文輾轉，緩不及時。 先生乃以其私人力量，廣加援引。所接告急電文，無日無之。 先生斟酌情形，指撥電匯，如響斯應。綜計是役，共耗一百五十萬元以上。（其時金價每兩約二萬）

先生以作客之身，何來多金。所恃者通商銀行時適在渝開業 先生以董事長地位，騰挪挹注，徐謀歸償已耳。

香港既陷，渝滬間之聯繫，益形棘手。當由有關方面集議，經行政院之認可，組織上海市統一委員會，而以 先生為主任委員。 先生因委託至友，在滬密設無線電臺。又在屯溪設立聯絡處，俾便自由淪陷兩區之有關人事，於緩急之際，得一停留，諮詢、引避、接洽之處所。電臺工作，每週通報兩次。雖以形格勢禁，未易盡如預期。而關於滬上經濟之變化，敵偽之動態，以及戰事末期敵人浼請蘇俄斡旋和局之動向，均能及時報告，不無裨助。迄至敵人受降，國府頒給敵酋岡村寧次之第一電令，亦即由是臺轉遞，此誠大可紀念之一事也。

西北大後方，蘊藏甚富，而工業落後。抗戰為艱鉅而持久之大業，為謀物力之充實，民間生活之維持，則開闢後方，自為急務。 先生因於民國三十一年冬，親歷三秦，實地考察，以求於西北社會，有所貢獻。一路所經，深受歡迎。在成都、廣元、南鄭、寶雞等地，小作勾留，藉事休息。當地軍政首長，以及地方領袖，實業巨子，設筵歡宴，情況熱烈。抵秦之日，主何競武先生家。車甫抵站，萬頭鑽動，迎者塞途，其中且多為鬚髮全白之老人，延頸企踵，以一見顏色為榮。蓋以民國廿五年間，陝西大旱， 先生曾募鉅金，從事濟助，威德在人，故皆不辭風雪，竚立以待，稍申感激之忱。西北地大，全力以赴，猶慮難盡其利。況在戰時，談何容易。 先生此行，因亦先樹風聲之意。經與熊斌主席凌勉之廳長多度洽商，以寶雞一地，產鐵頗豐，因先籌設陝西冶鐵廠，而以唐纘之君主其事。褒城原有三秦麵粉廠，絀於資力，產量無多， 先生為之規畫，俾獲改觀。梁節之君辦有 某廠， 先生參加部署，使其益臻健全。復以振興實業，必先爭取游資，活潑金融，使貨幣得一正常出路。因又於西安蘭州籌設通商銀行分行，藉為調劑盈虛之助。此其工作之大概也。西安近郊，故多名勝， 先生驅車攬景，雪泥鴻爪，聊寄遊踪。獨於朱子橋先生之墓寢，見其黃土一坏，松楸未植，徘徊太息，感不自禁。其篤念舊遊，無間生死，有如此者。 先生原定遊秦之後，東趨洛陽，西出隴上，盡此勝情。適其時豫中戰事頗烈，行李戒途。華家嶺一帶，積雪凝冰，非所任受。而　先生久處高寒之地，舊疾復發，遂皆作罷。旋於民國卅二年一月，由秦折返寶雞，乘航機歸渝。

抗戰累載，後方財物，日益匱乏。民生日用所需，補給不易，價格騰踊，　先生惄然憂之。經密商留滬至友，採購棉紗數千件，布匹數千捆，設法內運，並派員去滬，就地詳商。其最重要而不易解決之點，即為此項紗布，應純以法幣給價，絕不以物資交換，藉免資敵之嫌。電訊往還，磋商累月，始告就緒。先由商邱界首一路，駁運來渝。後以豫東戰起，道途梗塞，改於淳安接貨。此在常人，居奇計贏，宜可坐擁多金。而　先生則以此項紗布，悉數解繳有司配給，藉資平抑。其後黃金案起，有人指摘　先生亦攫非法之財，何不思之甚也。

兵不厭詐，事重伐謀。敵偽要員，於　先生旅港其中，亦嘗遣使輸款，預留餘地。　先生於不即不離之間，虛與委蛇，留以有待。而以其經過，隨時報告當軸。民國卅四年秋，盟軍將有事於東南。　先生因奉最高密諭，遄赴浙江，密謀策反，配合反攻。六月廿五日，由渝首途。抵貴陽後，與戴雨農將軍及美國海軍准將梅樂斯會合，飛抵芷江，旋轉長汀，自後遵陸以行。戴將軍直轄部屬，及中美合作機構，遍布其間。以順道之便，分頭視察。故與　先生時聚時散，沿途多所躭留。七月十五日，始抵達浙江之淳安，寓西廟中，蓋為預定之目的地也。此行經歷川黔湘閩贛浙等省，六月炎蒸，萬里行役，辛勞疲乏，不言可知。　先生以有大任在躬，視之晏如。在閩晤劉主席恢先，在贛晤顧長官墨三，促膝深談，籌謀大計。雖以多病之軀，而精力猶自沛然。抵淳以後，　先生之計，擬一面派員與偽軍徐樸誠輩取得聯繫。一面招集滬上具有潛勢力之分子，來淳集商，加以組織，準備合應。正在著手部屬之際，忽傳和謠，疑信參半。迨至報章證實，始知敵果受降。八年抗戰，勝利終屬於我，此誠普天同慶之事。而　先生轉以此行未獲一顯身手，暮年烈士，報國無多，似又不免憮然自失也。淳安距滬，信宿可達。　先生未嘗受職，進止自屬裕如。但念責有所歸，或虞尚有後命，故雖歸滬之念，油然以興。而進退之間，審慎至再。遲至八月杪，知淞滬一帶，飛將軍自天而來，潛伏者脫穎以出，即循公路由渝經淳轉滬者，亦已絡繹於途。　先生始買舟去杭，轉車歸滬，時在九月二日。天雨迷茫，迎者大集，　先生悄然於西站下車，借寓顧宅。一去九年，重履鄉土，雖河山無恙，而人事多非。少陵詩云：「卻看妻子愁何在，漫捲詩書喜欲狂。」不知當時　先生心情，是否同此境界也。

自九一八以還，　先生於抗敵大業，讚翊甚殷。他姑不論，即以慰勞救濟等工作言之，其捐輸之鉅，致力之勤，亦非他人所能望其項背。滬歸以後，悉置不談。政府酬庸所頒發之勝利勳章，於　先生獨付闕如，亦未嘗稍露辭色。馴至上海當地公團社會，聯合歡迓，　先生以無補時艱，受之有愧，並皆敬謝未遑。而於慈善救濟等公益事業，則仍一本初衷，唯力是視。上海慈善團體聯合會，冬令救濟會，四川等地水災救濟會，均奉　先生以為龍首，藉資號召。此外於金融實業，事關國計民生者，　先生亦就力所能逮，扶持護翼，未敢後人。當時如銀行紡織、輪船、電力、製粉、造紙等業，　先生或董其事，或總其成，並遴選人才，相助為理。南市華商電氣公司，遭敵破壞，至為慘重。戰後供應，須向電力公司購電饋給，費鉅量微，至感不便。　先生殷勤督導，不期年間，自行發電四千基羅瓦特，於工業民用，裨助匪鮮。

戰後上海社會，隨時代推演，事前迴殊。加以機構紛紜，人事複雜，經濟不能安定，奸人從而構煽，幾感治絲愈棼，大苦棘手。　先生於此繁劇紛擾之際，每遇一事，慎思明辨，審度再三。政協期間，奸匪亦嘗逞其狡謀，欲與　先生聯繫，函約晤談，遣人問候，　先生皆以病拒，無所往還。而所謂民盟民革人物，其中多有　先生舊遊。其間晉接周旋，亦限於友誼，不及其他。　先生襟懷開朗，氣度淵深。戰後數年間，以其聲望，以其地位，就表面言之，浸浸然不失為國中一老。而其衷曲之私，難言之隱，則有非常情所能相喻者。且有時拂逆之來，在他人容可出而校量，在　先生則唯有委屈順受。民國卅七年秋，其公子維屏因金元一案，累繫迎縲絏。而人證物證，皆屬子虛烏有之鄉，法既無據，情所不平。顧　先生視若無睹，悉如故常，未常託人緩頰，亦未嘗一紙干請，其涵養深沉，動心忍性，則又非常情所能窺測者也。

　先生於此數年中，因擇地養疴，曾於民國卅六年春去港小住，兩月即歸。其後國民大會開會，兩度去寧。民國卅八年四月廿九，　先生以世變日亟，宿疾復作，因又南下去港，以事小休。藥罏茶灶之間，摒絕囂塵，杜門簡出。不謂天不假年，道山遽賦，能不痛哉。

讀歷史34　史地傳記類　PC0314

上海大亨杜月笙　續集

作　　者 / 簾外風
主　　編 / 蔡登山
責任編輯 / 蔡曉雯
圖文排版 / 陳姿廷
封面設計 / 陳佩蓉

發 行 人 / 宋政坤
法律顧問 / 毛國樑　律師
出版發行 / 秀威資訊科技股份有限公司
114台北市內湖區瑞光路76巷65號1樓
電話：+886-2-2796-3638　傳真：+886-2-2796-1377
http://www.showwe.com.tw
劃撥帳號 / 19563868　戶名：秀威資訊科技股份有限公司
讀者服務信箱：service@showwe.com.tw
展售門市 / 國家書店（松江門市）
104台北市中山區松江路209號1樓
電話：+886-2-2518-0207　傳真：+886-2-2518-0778
網路訂購 / 秀威網路書店：http://www.bodbooks.com.tw
國家網路書店：http://www.govbooks.com.tw

2013年9月　BOD一版
定價：450元

國家圖書館出版品預行編目

上海大亨杜月笙. 續集 / 簾外風著. -- 一版. -- 臺北市 :
秀威資訊科技, 2013. 09
面 ; 公分. -- (讀歷史 ; PC0314)
BOD版
ISBN 978-986-326-137-7 (平裝)

1. 杜月笙 2. 傳記

782.886 102012077

讀者回函卡

感謝您購買本書，為提升服務品質，請填妥以下資料，將讀者回函卡直接寄回或傳真本公司，收到您的寶貴意見後，我們會收藏記錄及檢討，謝謝！如您需要了解本公司最新出版書目、購書優惠或企劃活動，歡迎您上網查詢或下載相關資料：http:// www.showwe.com.tw

您購買的書名：____________________

出生日期：________年________月________日

學歷：□高中（含）以下　□大專　□研究所（含）以上

職業：□製造業　□金融業　□資訊業　□軍警　□傳播業　□自由業

□服務業　□公務員　□教職　□學生　□家管　□其它____

購書地點：□網路書店　□實體書店　□書展　□郵購　□贈閱　□其他

您從何得知本書的消息？

□網路書店　□實體書店　□網路搜尋　□電子報　□書訊　□雜誌

□傳播媒體　□親友推薦　□網站推薦　□部落格　□其他________

您對本書的評價：（請填代號　1.非常滿意　2.滿意　3.尚可　4.再改進）

封面設計____　版面編排____　內容____　文／譯筆____　價格____

讀完書後您覺得：

□很有收穫　□有收穫　□收穫不多　□沒收穫

對我們的建議：____________________

____

____

____

請貼
郵票

11466
台北市內湖區瑞光路 76 巷 65 號 1 樓
秀威資訊科技股份有限公司 收
BOD 數位出版事業部

（請沿線對折寄回，謝謝！）

姓　　名：＿＿＿＿＿＿＿＿　年齡：＿＿＿＿　性別：□女　□男

郵遞區號：□□□□□

地　　址：＿＿＿＿＿＿＿＿＿＿＿＿＿＿＿＿

聯絡電話：(日)＿＿＿＿＿＿＿＿ (夜)＿＿＿＿＿＿＿＿

E-mail：＿＿＿＿＿＿＿＿＿＿＿＿＿＿＿＿